厦门的兴起

[新加坡]吴振强 著

詹朝霞 胡舒扬 译

厦门大学出版社 国家一级出版社
XIAMEN UNIVERSITY PRESS 全国百佳图书出版单位

图书在版编目(CIP)数据

厦门的兴起/(新加坡)吴振强著;詹朝霞,胡舒扬译.—厦门:厦门大学出版社,
2018.12
(海上丝绸之路研究丛书)
ISBN 978-7-5615-7105-7

Ⅰ.①厦… Ⅱ.①吴… ②詹… ③胡… Ⅲ.①厦门—地方史—清代 Ⅳ.①K295.73

中国版本图书馆 CIP 数据核字(2018)第 270012 号

Copyright © Ng Chin-keong
First published in English by NUS Press,Singapore
版权登记图字:13-2018-019

出 版 人	郑文礼
责任编辑	章木良　薛鹏志
封面设计	夏　林
电脑制作	张雨秋
技术编辑	朱　楷

出版发行 厦门大学出版社
社　　址 厦门市软件园二期望海路 39 号
邮政编码 361008
总 编 办 0592-2182177　0592-2181406(传真)
营销中心 0592-2184458　0592-2181365
网　　址 http://www.xmupress.com
邮　　箱 xmup@xmupress.com
印　　刷 厦门集大印刷厂

开本　720 mm×1 000 mm　1/16
印张　18.75
字数　320 千字
插页　4
版次　2018 年 12 月第 1 版
印次　2018 年 12 月第 1 次印刷
定价　76.00 元

本书如有印装质量问题请直接寄承印厂调换

厦门大学出版社　　厦门大学出版社
　微信二维码　　　　微博二维码

Trade and Society

The Amoy Network on the China Coast
1683–1735

(Second Edition)

Ng Chin-keong

NUS PRESS
SINGAPORE

厦门的兴起

吴振强 著

连心 译

To my parents

献给我的父母

海上丝绸之路研究丛书

总　　序

　　海上丝绸之路是自汉代起直至鸦片战争前中国与世界进行政治、经济、文化联络的海上通道，主要包括由中国通往朝鲜半岛及日本列岛的东海航线和由中国通往东南亚及印度洋地区的南海航线。海上丝绸之路涉及港口、造船、航海技术、航线、货品贸易、外贸管理体制、人员往来、民俗信仰等诸多内容，成为以往中外关系史、航运史、华侨史乃至社会史研究的热点领域。

　　当然所谓"热点"，也随时代的变化而呈现出冷热变化。鸦片战争前后，林则徐、姚莹、魏源、徐继畬、梁廷枏、夏燮等已开始思索有关中国与世界的海上关系问题，力图从历史的梳理中寻找走向未来的路。此时，中国开辟的和平、平等的海上丝绸之路何以被西方殖民、霸权的大航海之路所取代？中国是否应该建立起代表官方意志的海军力量，用于捍卫自己的国家利益，保证中国海商贸易的利益？

　　随着20世纪中外海上交通史学科的建立，张星烺、冯承钧、向达等对海上丝绸之路进行了诸多开拓性的研究。泉州后渚港宋代沉船的出土再度掀起了海上丝绸之路的又一股研究热潮，庄为玑、韩振华、吴文良等学者在这方面表现显著。20世纪80年代之后，海上丝绸之路研究又获得了国家改革开放的政策支持，呈现出"百花齐放，百家争鸣"的活跃局面。学者们对中国古代海外贸易制度演变、私人海上贸易、中国与东南亚海上交通路线、贸易商品和贸易范围等问题进行了更加深入的探讨。

　　进入21世纪，海上丝绸之路建设与研究逐渐明显地被纳入到"海洋强国"战略之中，先是有包括广州、漳州、泉州、福州、宁波、扬州、南京、登州、北海在内的诸多沿海港口的联合申请世界文化遗产项目的启动，继而有海洋考古内容丰富的挖掘成果,接着是建设海洋大国、海洋强国的政策引导,建设21世纪海上丝绸之路成为该领域研究更强劲的动员令。

从海上丝绸之路百年研究史中,我们能清晰地体会到其间反复经历着认同中华文明与认同西方文明的历史转换,亦反复经历着接受中国与孤立中国的话语变迁。

从经济贸易角度看,海上丝绸之路打通了中国与沿线国家之间的物资交流通道,中国的丝绸、陶瓷、茶叶和铜铁器纷纷输出到海外各国,海外各国的珍奇异兽等亦纷纷输入中国。在海上丝绸之路上活跃的人群频有变幻,阿拉伯人、波斯商人是截至南宋为止海上丝绸之路上的主角,时至明代,中国的大商帮如徽商、晋商、闽商、粤商乃至宁波商人、山东商人等等都纷纷走进利厚的海贸领域,他们不仅主导着中外货品的贸易,而且还多次与早先进入东亚海域的西班牙、葡萄牙、荷兰直至日本的海上拓殖势力展开了针锋相对的斗争,或收复台湾,或主导着澳门的早期开发。时至清代,中西海上力量在亚洲海域互有竞争与合作,冲突有时也会特别地激烈。中国的海上贸易力量在西方先进的轮船面前日益失去优势,走向了被动挨打的境地,但民间小股的海商、海盗乃至渔民仍然延续着哪怕是处于地下状态的海洋贸易,推动着世界范围内的物资交流与汇通。从文化交流角度看,货物的流动本身已是文化交流的重要载体,东亚邻国日本对"唐物"充满敬佩与崇拜,走出中世纪的欧洲亦痴迷中国历代的书画及各种工艺,因此,伴随着丝绸、陶瓷等的向外输出,优秀的中华文化亦反复掀起一波又一波的中国热。

在既往的海上丝绸之路研究中,或着眼于国际间的经贸往来,或着眼于港口地名的考辨、航海技术的使用与进步,或着眼于各朝海疆疆域、海洋主权的维护等内容,这些或被纳入中外关系史学科,或被定义为边疆史地研究,缺乏整体系统的全面把握。

重建21世纪海上丝绸之路战略的提出是在建设海洋强国的国策下的具体而微,这标志着中国将重启与海上丝绸之路沿线各国之间业已悠久存在的平等的国与国之间的政治关系、和谐的文化交流与融合互摄关系以及国与国之间友好的民间交往等等,历史的梳理便于唤起人们对共同文化理念的笃信,便于彼此重温既往共同精神纽带之缔结的机理,历史传统可以历经岁月的淘洗而显得清晰,亦势必将主宰人们的心理倾向和处世态度。

因此抓住重建21世纪海上丝绸之路的时代契机,认真开展历史上海上丝绸之路的人文思索和挖掘，其学术意义与社会意义都是不可小视的。借着国家"一带一路"策略的东风，海上丝绸之路研究进入了新的再出发阶段。与中国综合国力的迅速提升相比，中国当下的文化建设似未得到足够的重视。我们理应回归到更加理性的层面，思索在海上丝绸之路早期阶段中国话语权的树立，思索海上丝绸之路顿挫时期中国海洋话语权的失落，思索当今建设海上丝绸之路时我们在文化上、历史中可以寻找到的本土资源，形成具有中国风格、中国气派、中国特色的话语体系，弘扬儒家"仁"、"和"、"协同万方"思想，为新时期人类和谐、和平、合作开发利用和开发海洋做出我们自己的理论贡献。

如今，包括广州、漳州、泉州、福州、宁波、扬州、南京、登州、北海在内的九个港口城市联合申请世界文化遗产，这些城市的港口史研究均能被称为申遗的重要佐证。

如今，海洋考古取得了长足的发展，诸多的沉船考古新发现为我们拓展海上丝绸之路的研究提供了丰赡翔实的资料来源。

如今，若干新理论、新方法和新史料的调查、汇集与整理为我们开展专题性的研究提供了更好的平台。

我们有充分的理由相信，海上丝绸之路系列丛书的面世将能够向世人充分展示海上丝绸之路更加丰富的历史面貌，揭示以中国为主导的海上丝绸之路时代贸易的实态、参与人群及其生活方式、海洋贸易及其制度管理状况等，从而使中国海上丝绸之路文化有更进一步的呈现，为新时期海上丝绸之路建设提供一份资鉴。

王日根

2016 年 12 月

中文版序

19世纪新加坡华族在当地人口统计中分为福、潮、广府等帮,以福建帮人数最多,商业影响力也最大。福建帮以操厦门语系的漳泉人为主。当时福建会馆的领导班子为商人,有如明清时代中国主要商埠的漳泉或泉漳会馆。

在20世纪60年代末,我在思考硕士学位论文题目时,选择了这个族群南来的历史。经过追根溯源后,论文聚焦于明代后半期的闽南地区,讲述闽南农村社会和经济生活的变化、沿海绅商和农民小商贩之间的互动和冲突,以及月港(后设海澄县)时代葡萄牙人与当地官绅小民之间的合作与斗争三大板块。

到了20世纪70年代末撰写博士学位论文时,心里带着这样的一个问题,那就是月港衰退后,经历了明清之际长达数十年的动乱和海禁,中国海上商贸是否又进入泉州、月港之后的另一个衰退周期?很自然的,厦门港进入了视野,于是我便采用了《厦门的兴起》这个题目。论文完成于1980年年初。为了更好地凸显全文的讨论重点,把题目改为《贸易与社会:1683—1735年中国沿海的厦门网络》(*Trade and Society: The Amoy Network on the China Coast 1683-1735*),中文译名仍保留了原先拟定的《厦门的兴起》。

厦门如同许多海港城市,是一个与商贸密不可分的移民社会。它是闽南商人往外发展的基地,也是闽南人从农村走向海外的中转站。闽南农村社会文化和城镇的商业文化在此碰撞、融合,形成具有城乡文化双重性且极具活力的商贸文化,也是外地漳泉商人的凝聚力和组织力的文化基础,使得他们在高度竞争的各个港口社会立足,并且构建了广阔的漳泉商贸网络。这是英文书名的几个关键词所要反映的内容。

《厦门的兴起》在1983年推出首版。在2015年重印时,只在文字上做了一些更动,内容并没有任何修订,保留了此书原貌。自此书第一版面市以来,有关福建和厦门的研究收获丰硕,与四十年前对厦门的认识不可同日而语。因此，此书只是起着抛砖引玉的作用，十分期待一本更为深入和完整的厦门史早日出现。

此书出版后，曾引起一些西方学者的注意。其中一个原因是恰在此时，西方学界对唐宋以来中国的海上贸易活动做了一个总结性的观察，认为17世纪初之前，中国的航海事业可以划分为泉州和月港两个活跃的周期。但从政局动荡的明清之际开始，中国的海洋活动终于停滞，进入了长达两百余年的"黑暗时代"，要到鸦片战争后，中国才得以摆脱闭关自守的羁绊，重与海洋接触。此书所呈现的却是一个海洋活动的高潮。这种说法也不是首创，田汝康前辈早在1957年发表了有关17—19世纪中叶中国帆船贸易的著作，勾画出活跃的帆船贸易图景。《厦门的兴起》引起注意的另一个原因，相信是此书以宏观视角和网络的构建来看厦门的发展。前面已经说明，撰写过程并没有先带上这个概念，而是在追踪厦门的发展后，才发现厦门的发展与网络的构建密不可分。此书带出许多仍需讨论的问题。就以商贸网络为例，此书只做了概括性的描述。以今天的研究条件来说，可以在许多细节上做深入的挖掘。作为一个贸易港，网络的结构是十分复杂的。网络这个概念，指的是连接性。数世纪以来的西方商业史和近数十年来社会人类学的著作中常用这个概念来讨论商业活动。20世纪八九十年代，在讨论海外华人的商业行为和东亚（含东南亚）的华人商贸活动时，更是广泛地应用了这个概念。作为一个贸易港，连接性不仅是港与港之间的联系，仍需补上另一个重要的环节，即港口和内陆腹地的联通。内陆腹地提供了市场和货源，是一个港口发展的基础。

这本书写作时，我并没有到过厦门。这对于今天的研究者来说是不可想象的事。但那时的客观条件下，厦门的确遥不可及，更谈不上到第一历史档案馆看档案资料。我首次访华是在1985年，那是一个到厦大做学术交流的机会。我方由南洋学会六位会员组成，厦大接待方是当时的南洋研究所。整个行程的安排是与南洋所老中青三代学人见个面，还谈不上深入的学术交流。由于个人对福建研究和海洋史相关课题的关注，除了和所里的韩振华前辈有较多的谈话外，也得到安排拜见了傅衣凌、庄为玑、陈诗启几位前辈学人和方志办的洪卜仁、历史学者方文图两位先生。

当时在静养中的傅老欣然给予接见。交谈中，我提及1970年在华盛顿国会图书馆复印了傅老写于1944年的《福建佃农经济史丛考》一书。他听后十分惊讶，三十来岁时的著作竟然珍藏在地球的另一边。他得知我的来意后,随手写下几位老中青学人的名字,并简单介绍了他们的研究概况。我至今仍珍藏着傅老手书的纸片。在告别时刻,傅老惠赠了《鸦片战争前后湖南洞庭湖流域商品生产的分析》的签名抽印本。在傅老安排下,和厦大几位中青代的学人做了交流,他们在这三四十年来在各自的领域都是有影响力的学者。在南洋所同仁带领下,渡海到鼓浪屿拜见了陈诗启老前辈。在厦门的短暂逗留期间,有幸参加了厦门海关学会的成立大典;也见到了厦大图书馆的陈三畏先生,并蒙惠赠墨宝。访问尾声匆匆来到了泉州,当地的学者带我看了几处海交史的遗迹,亲睹了20世纪70年代泉州湾发掘的宋代海船。

四日的日程从早到晚安排得十分紧凑。返新后陈诗启前辈还不时寄赠多种海关史出版物。韩振华先生后来在他从荷兰莱登大学返国途经新加坡时,给我带来了从莱登汉学图书馆复印的《鹭江志》残本,这是我寻找多年的古文献。1985年,方文图先生寄来了一本《月港研究论文集》。

如今新中往来通畅,无法想象当年得以近距离接触厦门时的兴奋。

《厦门的兴起》曾由李金明先生翻译了"厦门的兴起"和"厦门的沿海贸易网络"等章节,发表在《厦门方志通讯》1986年第1—4期。但我读到这几篇译作还是在它们发表后的20余年后,当时洪老来新访问并带来了这几期的通讯。

这次《厦门的兴起》一书的全文中译,并编入"海上丝绸之路研究丛书",全仰仗日根先生的抬举和安排,又得到厦门市社科院鼓浪屿国际研究中心詹朝霞先生和日根先生的博士生胡舒扬先生共同翻译,章木良、薛鹏志两位老师为责任编辑,由厦大出版社出版,在此一并致以衷心的谢意。日根先生还在最后定稿前将译稿寄给我审读,我便花了20天左右的时间进行了全面的审读,校正了一些小的瑕疵。在译文即将完成和付梓之际,日根先生来函嘱咐写篇译序,就借此也谈了我和福建以及厦门的学术情缘,并向当年关心我的厦门学术前辈致以崇高的敬意。

吴振强
2018年11月

英文版再版序

这部专著于 30 年前首次出版。当出版社建议再版,以便呈现给新一代读者时,我同意了,希望以此激励新一代学人在新史料和新视角的基础上推动该主题的研究。

本书以中国地方志、清代档案和明清史料为基础,考察帝国晚期位于中国东南沿海的闽南地区之社会经济变迁。海洋是这一次级区域农村人口的"稻田",从这个意义上说,它提供了一种替代农业的方法,以及令人兴奋的可能性。在本书所论述的时期,由于闽南商人从事跨境的长途贸易,港口城市厦门成为重要的海上贸易中心。这一过程是整个中国沿海贸易网络广泛扩张的一部分,需要当地官员和士绅的默许支持,并于其有利,于乡土社会有益。

闽南人的海上事业范围不仅包括中国沿海,还包括今天的东南亚海域,即中国所说的南洋。本研究只涵盖华南沿岸地区,但须全面考虑海外贸易活动。

要了解闽南人的贸易网络,就需要研究四个相互关联的活动领域,即传统农村社会、港口城市、沿海贸易和海外贸易。自 20 世纪 50 年代以来,这些主题的各方面都有大量的研究。

傅衣凌开创了明清时期中国社会经济史研究的先河,特别是福建农村社会经济研究。他的著作跨越了从 20 世纪 30 年代开始的长达 50 年的研究周期,成就卓著。

如商品贸易和销售活动的增长所显示的那样,海上贸易的扩大可以在更广泛的背景下得到更好的解释,因为它与经济的多样化联系在一起。

20 世纪 50 年代,中国学者研究了明清时期新兴的手工业,作为对"中国资本主义萌芽"的探索的一部分。到了 20 世纪 70—90 年代,西方学者开始研究农村—城市体系的形成和城市中心的扩张。这些中心位于施坚雅(G. William Skinner)所定义的覆盖了晚期中华帝国大部分地区的宏观区域。

　　松浦章(Akira Matsuura)关于中国海港和沿海航运的杰作是数十年深入研究的产物,揭示了埋藏于庞大的中国文献中的大量信息。20世纪50年代以来,田汝康在沿海和海外帆船贸易方面的开创性著作为进一步的研究提供了一个良好的起点。20世纪70年代,詹妮弗·W.库什曼(Jennifer W. Cushman)和吴汉泉(Sarasin Viraphol)对闽南人和潮州人开展的中暹海上贸易进行了出色的研究。潮州人来自毗邻福建南部的粤东地区,18世纪末在暹罗的帆船贸易中占主导地位。这两大商人集团既合作又竞争,为南洋贸易的繁荣做出贡献。他们是中国南海地区的主要参与者,使得荷兰学者包乐史(Leonard Blusse)称该地区的18世纪为"中国世纪"。

　　关于闽南人和潮州人的海上事业还有许多研究要做。除了在北京和台北的中文档案资料外,欧美档案中也有零散的记录,包括西方商人或参与中国贸易的贸易公司人员的信件、报告、账簿等。这项任务需要使用多种语言,也需要付出极大的努力,如范岱克(Paul A. Van Dyke)关于1700—1845年间广州贸易的典范研究。

　　本书提供了这一令人兴奋的研究领域的基本介绍,只不过了解中国海上贸易历史的粗浅一步。此课题许多方面仍显粗略,有待研究者搜寻档案,填补空白。

　　除了编辑上的改进,本书没有尝试更新数据或考虑过去30年中所做的新的研究。若要做到这一点,就需要另起炉灶。

吴振强

2014年8月

1983年初版序

此项对厦门商人的研究,为18世纪及之后他们在东南亚的活动提供了一个启发性的背景。在中国以外,福建省与广东省一直被视为南部和西部的最早的海外接触点。更近些时候,它们也是东南亚以及美洲、澳大利亚和非洲等遥远大陆的种植园和采矿殖民地的贸易商和苦力来源。可以肯定地说,到20世纪,这两个省的几乎每一个县(福建超过60个,广东超过90个)都为外界提供了移民,并且沿海每一个村落都有一些人定居海外。

这是一种异乎寻常的发展,主要发生于19世纪40年代到20世纪30年代这百年间。它已成为许多研究的主题,并产生了各种解释。解释范围从对中国历史上的南迁的广义解读,到促使某些人背井离乡的个人悲剧和创业投机的生动个案。但整体情况似乎是矛盾的,一方面,是"南方扩张"的画卷,"中国向热带挺进",数百万中国人不可阻挡地冲出南部海岸的边缘;另一方面,帝国于14世纪末实行对移民和海外旅行的禁令,直到1893年在名义上仍在执行。这一禁令也得到中国人不离故土观念的支持;得到由紧密的亲属关系,特别是孝敬父母所维系的自给自足的农村社会的支持。

两种观点各有其是。很明显,福建和广东的大多数人从来没有离开过家乡,很少有人与外国人有过直接接触。但是,帝国禁令在大多数情况下显然是无效的,当饥荒发生和政权崩溃时,儒家的理想世界就无法维持。因此,去留皆有压力,二者之间并没有真正的矛盾。我们所缺乏的是对这两个南方省份的社会经济发展状况,以及人们在帝国禁令和儒家理想世界框架下所从事的多方面活动的更好的理解,虽然也正是这些活动造成了最终出国并定居的压力。吴振强博士关于厦门和闽南的研究,是提高这方面认识的一项重要工作。

吴振强博士选择了一个重要时期进行详加考察。1683年,清朝最终对福建人,尤其是郑成功的支持者及其在厦门和台湾的后继者实现控制。清政府第一次有权力刺激和规范他们的海上活动,或根据帝国的安全利益加以限制。到了这一时期末尾,1735年,朝廷终于与充满打拼精神的福建人达成妥协,使他们在追随自己的贸易和工业本能的同时,仍能遵纪守法。因此,当政者灵活的政策和基层民间领袖的合作,稳步推进了帝国和地区的经济利益。

对于闽南商人来说,这是一个机遇期。他们早期在东南亚,特别是在菲律宾和婆罗洲北部,在泰国南部和马来州,以及在爪哇北岸的贸易基地的努力,由于福建叛军和清军之间的长期斗争而受到阻碍。最重要的是,他们在漳州府和泉州府家乡的营商环境未能稳定下来,阻碍了他们在中国的贸易活动。许多福建商人成为郑成功政治事业的牺牲品;还有许多人被迫依赖东南亚本地贸易或与日本的贸易,而失去一个可靠的中国市场,至少可以说是让他们的海外生活岌岌可危。因此,郑成功政权的结束可能是他们大多数人的一种解脱,现在他们可以希望恢复与中国国内传统市场的贸易关系。

吴振强博士的研究集中于福建人如何在40年的混乱之后,快速复苏经济。他从农业开始,追溯福建农民如何适应社会,以应对地少人多的问题。宗族组织的创造性运用是厦门新交易网的关键。这类组织不限于亲属关系,特别是对那些不得不与大宗族竞争的小姓氏团体而言。反过来,在贸易上被证明如此有效的非亲属方式,使福建人可以轻易地发展他们自己的各种秘密社团,支持他们在中国沿海和海外的贸易和移民。对福建海外贸易特别重要的是移民台湾的经历,以及大米和蔗糖贸易的广泛网络,这对闽南地区的经济发展也至关重要。在1735年之后的世纪中,二者都得到了长远的发展。无此经历,福建人在面对19世纪东南亚快速变化的环境时将更加困难重重。

另外,他们随时可以进入台湾和中国沿海以北,这就解释了为什么福建人很少卷入1850年后亚洲以外的黄金热和对苦力的无止境追求,而宁愿专注于他们在东南亚原有的贸易中心:菲律宾、马来半岛和印度尼西亚大部分岛屿。这儿是他们熟悉的土地。他们在日常沟通、当地知识和数世纪东南亚贸易产品的专业化方面具有优势。这些都为闽南地区的历史发展和厦门的兴起所证实。

这项研究首次对福建商人(包括从事海外贸易的商人)在不利情况下如何保持活跃进行了认真的研究。这有助于我们了解他们与贪婪而蛮横的中国官僚打交道的经验如何帮助他们在其他地方与类似的殖民地和本土官员打交道,以及他们的创新能力如何帮助他们保持在东南亚的中国人中的统治地位。无疑,对广东其他大语言族群(如潮州人、广东人和客家人)的类似研究将使关于东南亚地区的其他中国商人和移民的成败比较最终成为可能。这些仍待研究。同时,所有对海外华侨华人近代史感兴趣者都将发现这一对厦门商人的研究富有启发意义。

王赓武
堪培拉
1982 年 9 月

致 谢

本书是笔者攻读澳大利亚国立大学远东历史系博士学位的论文成果。我很感谢学院和大学提供了一个充满智力刺激的环境,并慷慨授予我澳大利亚国立大学研究奖学金。

无论是出于个人还是专业,我对我的导师王赓武教授的感谢都难以言表。如果不是因为他最初对我的研究课题感兴趣,这项研究就不可能进行。他敏锐的问题和富有启发性的评论,拓展了我对福建贸易研究的广度。王教授慷慨为本书作序,在此特别致谢!

我要感谢詹妮弗·W.库什曼博士,她对我的研究始终抱有兴趣。她在相关课题上的专门学养及提出来的建设性批评,加之她对最后书稿的编辑,对我的写作提高居功至伟。

此外,我也要感谢西德尼·克劳科尔(Sydney Crawcour)教授、骆惠敏(Lo Huimin)博士、傅因彻(John Fincher)博士、蒂姆·赖特(Tim Wright)博士、庞百腾(David Pong)博士、路易斯·西格尔(Louis Sigel)博士及鲍雪侣(Sally Borthwick)博士阅读及评论初稿。牟复礼(F. W. Mote)教授、史景迁(Jonathan Spence)教授、梁肇庭(S. T. Leong)博士和科林·杰弗特(Collin Jeffcott)博士作为评阅人所作的评论,亦弥足珍贵。

还有许多人为这项研究做出了贡献。我谨向澳大利亚国立大学孟席斯(Menzies)图书馆、奇夫利(Chifley)图书馆和澳大利亚国家图书馆的工作人员表示感谢,感谢他们提供的帮助。我想特别提到澳大利亚国家图书馆东方部主任王省吾(Sidney S. W. Wang),他对我申请各种材料的请求给予了热情的回应。

1976—1977 年,我在哈佛燕京学社担任研究员,对原始资料进行了一次总体调查。1977 年秋天,我在台北故宫博物院查阅清宫档案中未出版的清代奏折,对于工作人员的耐心帮助,谨表衷心的感谢。

我感谢台北故宫博物院的刘家驹(Liu Chia-chü)。《宫中档雍正朝奏折》一经台北故宫博物院出版,他立即寄给我一套。同时也要感谢庄吉发(Chuang Chi-fa)对一些满文奏折进行翻译。感谢潘受(P'an Shou)题写文雅的中文书名。

在整个研究的准备过程中,我的妻子莲(Lian)不断地给予我支持。我想向她表达我最深切的感激。

当然,我自己对本书所呈现的观点负责。事实和判断的所有错误皆出于我,但如果没有在此所感谢的人们的慷慨帮助,这些错误只会有增无减。

目　录

1735 年福建行政区划 …………………………………………… 1
1683—1735 年福建总督、巡抚和水师提督名单 ………………… 3
重量、度量和货币 ………………………………………………… 5
脚注缩写 …………………………………………………………… 7
罗马字注解 ………………………………………………………… 9

导言 ……………………………………………………………… 15

第一章　1600—1800 年的闽南农村 ………………………… 21
　　经济状况 ……………………………………………………… 21
　　社会状况 ……………………………………………………… 32
　　走出农村 ……………………………………………………… 44

第二章　厦门的兴起 …………………………………………… 47
　　从卫所到反叛基地 …………………………………………… 47
　　海运中心的合法化 …………………………………………… 57
　　城市移民和社会融合 ………………………………………… 76

第三章　厦门的沿海贸易网络 ………………………………… 88
　　发展和台湾因素 ……………………………………………… 88
　　沿海贸易 ……………………………………………………… 103
　　沿海航运 ……………………………………………………… 124

第四章　商人 137
船主和承运者 137
行商 141
台湾的米商和糖商 145
厦门的铺商和行商 148
同乡外的联系 156

第五章　社会政治环境 162
国家与贸易 162
省级官员 169
福建学者和官员 173

结　论 183

附　录 190
附录一　1707—1735 年的福建米价 190
附录二　1717—1732 年间往天津贸易的福建船只 226
附录三　天津贸易中的福建土产 239
附录四　1717—1732 年间往天津贸易的随船商人 241
附录五　1717—1732 年间往天津贸易船只的货物价值估算 244

术语汇编 257

参考文献 265

译　后　记 279

表、图、地图和版画目录

表

表 3-1　1683—1735 年水稻种植面积的增长 ……………………… 94
表 3-2　1683—1735 年甘蔗种植面积的增长 ……………………… 95
表 3-3　福建地区的大米价格 ……………………………………… 105

图

图 3-1　厦门沿海贸易网络及其海外延伸 ………………………… 90
图 3-2　1726—1729 年间福建平均米价 …………………………… 115

地图

地图 0-1　1735 年的福建省 ………………………………………… 19
地图 0-2　《泉州府志》(1763 年版)中的泉州府 ………………… 20
地图 0-3　《漳州府志》(1877 年版)中的漳州府 ………………… 20
地图 2-1　厦门地区 ………………………………………………… 48
地图 2-2　闽南沿海 ………………………………………………… 51
地图 3-1　1735 年左右的台湾府 …………………………………… 98
地图 3-2　台湾西海岸主要港口 …………………………………… 100
地图 3-3　中国沿海 ………………………………………………… 109
地图 3-4　长江下游及相邻航道 …………………………………… 113

版画

版画 3-1　中式帆船：厦门船 ……………………………………… 128
版画 3-2　中式帆船低地诸国《东印度公司航海汇编》
　　　　　中的版画(阿姆斯特丹,1725) ……………………… 129

1735年福建行政区划

府 (Prefectures)

Foochow	福州	Yen-p'ing	延平
Hsing-hua	兴化	Chien-ning	建宁
Ch'üan-chou	泉州	Shao-wu	邵武
Chang-chou	漳州	Ting-chou	汀州
Fu-ning	福宁	Taiwan	台湾

州 (Autonomous Departments)

Yung-ch'un	永春	Lung-yen	龙岩

闽南及台湾各县 (Districts in South Fukien and Taiwan)

泉州府 (Ch'üan-chou Prefecture)

Chin-chiang	晋江	T'ung-an	同安
Nan-an	南安	An-ch'i	安溪
Hui-an	惠安		

漳州府 (Chang-chou Prefecture)

Lung-ch'i	龙溪	Ch'ang-t'ai	长泰
Chang-p'u	漳浦	P'ing-ho	平和
Hai-ch'eng	海澄	Chao-an	诏安
Nan-ching	南靖		

龙岩州 (Lung-yen Autonomous Department)

Lung-yen-chou	龙岩州	Ning-yang	宁洋
Chang-p'ing	漳平		

永春州 (Yung-ch'un Autonomous Department)

| Yung-ch'un-chou | 永春州 | Te-hua | 德化 |

台湾府 (Taiwan Prefecture)

Taiwan	台湾	Chang-hua	彰化
Feng-shan	凤山	Tan-shui-t'ing	淡水厅
Chu-lo	诸罗	P'eng-hu-t'ing	澎湖厅

1683—1735年福建总督、巡抚和水师提督名单

总督(Governors-General)①

Yao Ch'i-sheng (1678—)	Chin Shih-jung (1703—)
姚启圣	金世荣
Shih Wei-han (1684—)	Liang Nai (1706—)
施维翰	梁　鼐
Wang Kuo-an (1684—)	Fan Shih-ch'ung (1710—)
王国安	范时崇
Wang Hsin-min (1687—)	Gioro Manpo (1715—)
王新命	觉罗满保
Wang Chih (1688—)	Kao Ch'i-cho (1726—)
王　陟	高其倬
Hsing Yung-ch'ao (1689—)	Shih I-chih (1729—)
兴永朝	史贻直
Chu Hung-tsu (1692—)	Liu Shih-ming (1730—)
朱宏祚	刘世明
Kuo Shih-lung (1695—)	Hao Yu-lin (1732—)
郭世隆	郝玉麟

巡抚(Governors)②

Chin Hung (1683—)	Gioro Manpao (1712—)
金　铉	觉罗满保
Chang Chung-chü (1686—)	Ch'en Pin (1716—)
张仲举	陈　瑸

---

① 1684—1726年间及1734年后，其管辖区包括浙江(浙)和福建(闽)。来源：《福建通志》(1868—1871年版)，卷一〇七，第1页。

② 资料来源：《福建通志》(1868—1871年版)，卷一〇七，第2页。

厦门的兴起

Pien Yung-yü (1690—)
卞永誉

Kung Meng-jen (1697—)
宫梦仁

Chang Chih-tung (1699—)
张志栋

Mei Chüan (1701—)
梅 鋗

Li Ssu-i (1705—)
李斯义

Chang Po-hsing (1707—)
张伯行

Hsü Ssu-hsing (1710—)
许嗣兴

Huang Ping-chung (1710—)
黄秉中

Lu Yü-lung (1719—)
吕犹龙

Huang Kuo-ts'ai (1722—)
黄国材

Mao Wen-ch'üan (1725—)
毛文铨

Ch'ang Lai (1727—)
常 赉

Chu Kang (1728—)
朱 纲

Liu Shih-ming (1729—)
刘世明

Chao Kuo-lin (1730—)
赵国麟

Lu Cho (1735—)
卢 焯

水师提督（Naval Commanders）[①]

Shih Lang*(1682—)
施 琅

Chang Wang (1696—)
张 旺

Huang Fang-shih*（?）
黄芳世

Wu Ying*（1698—）
吴 英

Shih Shih-p'iao*（1714—）
施世骠

Yao T'ang*（1722—）
姚 堂

Lan T'ing-chen*（1725—）
蓝廷珍

Hsü Liang-pin*（1729—）
许良彬

Wang Chün (1733—)
王 郡

[①] 资料来源：《厦门志》，卷一〇，第11～13页。

* 闽南人。

重量、度量和货币[①]

重量

1. 石作为体积单位

   1 石米＝138.75 斤（chin）

2. 石作为重量单位

   1 石＝120 斤＝157.896 磅

   1 斤＝1.3158 磅（"库平"或英制）

   1 吨＝2240 磅＝1702.3863 斤

3. 船舶容量

   250 石＝30000 斤＝17.5 吨

   500 石＝60000 斤＝35 吨

   1000 石＝120000 斤＝70 吨

   1500 石＝180000 斤＝105 吨

   2000 石＝240000 斤＝140 吨

   3000 石＝360000 斤＝210 吨

   4000 石＝480000 斤＝280 吨

   5000 石＝600000 斤＝350 吨

   6000 石＝720000 斤＝420 吨

   7000 石＝840000 斤＝490 吨

   8000 石＝960000 斤＝560 吨

4. 100 斤＝1 担（石）

[①] 资料来源：Ch'üan Han-sheng and Richard A. Kraus, *Mid-Ch'ing Rice Markets and Trade: An Essay in Price History*, Cambridge: Harvard University Press, 1975, p. 79; Hosea B. Morse, *The Chronicles of the East India Company Trading to China 1635－1834*, Vol. 1, Oxford: The Clarendon Press, 1926, p. xxii; *Mathew's Chinese-English Dictionary*, 1969.

厦门的兴起

度量

1. 1 尺＝14.1 英寸
2. 1 里＝1890 英尺或大约 1/3 英里
3. 6.6 亩＝1 英亩

货币

1. 10 分＝1 钱
   10 钱＝1 两
2. 1 镑＝3 两＝4 西班牙元

脚注缩写

CC	chou-chih 州志
CPYC	Yung-cheng chu-p'i yü-chih 雍正朱批谕旨
CSL：KH	Ta-Ch'ing li-ch'ao shih-lu：Sheng-tsu（K'ang-hsi）ch'ao 大清历朝实录：圣祖（康熙）朝
CSL：KT	Ta-Ch'ing li-ch'ao shih-lu：Kao-tsung ch'ao 大清历朝实录：高宗朝
CSL：ST	Ta-Ch'ing li-ch'ao shih-lu：Shih-tsung ch'ao 大清历朝实录：世宗朝
FC	fu-chih 府志
FCTC	Fu-chien t'ung-chih 福建通志
G-G	Governor-General 总督
HC	hsien-chih 县志
HCCSWP	Huang-ch'ao ching-shih wen-pien 皇朝经世文编
HFHCYTTC	Hsiao-fang-hu chai yü-ti ts'ung-ch'ao 小方壶斋舆地丛钞
HMC	Hsia-men chih 厦门志
KCTTC：CL	Kung-chung tang Ch'ien-lung ch'ao tsou-che 宫中档乾隆朝奏折
KCTTC：KH	Kung-chung tang K'ang-hsi ch'ao tsou-che 宫中档康熙朝奏折
KCTTC：YC	Kung-chung tang Yung-cheng ch'ao tsou-che 宫中档雍正朝奏折
MCSL：CP	Ming-Ch'ing shih-liao：Chi-pien 明清史料己编
MCSL：KP	Ming-Ch'ing shih-liao：Keng-pien 明清史料庚编
MCSL：TP	Ming-Ch'ing shih-liao：Ting-pien 明清史料丁编
MCSL：WP	Ming-Ch'ing shih-liao：Wu-pien 明清史料戊编
PCHSTK	Pi-chi hsiao-shuo ta-kuan 笔记小说大观
TC	t'ung-chih 通志

TCHTSL	Ch'in-ting ta-Ch'ing hui-tien shih-li	钦定大清会典事例
TWWHTK	T'ai-wan wen-hsien ts'ung-k'an	台湾文献丛刊
WHTP：KSSL	Wen-hsien ts'ung-pien："Yung-cheng ch'ao kuan-shui shih-liao"	文献丛编：雍正朝关税史料

罗马字注解

除了一些在欧美地区很熟悉的地名,如厦门、广州、福州、福建、苏州、长江、天津和其他几个名词,本书使用威妥玛罗马拼音系统。这些地名从威妥玛罗马拼音①到拼音的词汇转换如下所示(其中还包括一些地名在较为古老的西方文献中的不同罗马式拼音):

Amoy	Xiamen	厦门
An-ch'i	Anxi	安溪
An-hai	Anhai	安海
An-p'ing	Anping	安平
Cha-p'u	Zhapu	乍浦
Chang-chou	Zhangzhou	漳州
Chang-hua	Zhanghua	彰化
Chang-p'ing	Zhangping	漳平
Chang-p'u	Zhangpu	漳浦
Ch'ang-t'ai	Changtai	长泰
Ch'ang [-men]	Changmen	阊门
Chao-an	Zhaoan	诏安
Ch'ao-chou	Chaozhou	潮州
Che-Min	Zhe Min	浙闽
Ch'e-t'ien	Chetian	车田
Chen-chiang	Zhenjiang	镇江
Chen-hai	Zhenhai	镇海
Ch'eng-shan-t'ou	Chengshantou	成山头
Chi-lung	Jilong	鸡笼(基隆)
Chia-ho-yü	Jiaheyu	嘉禾屿
Chia-hsing	Jiaxing	嘉兴
Chia-i	Jiayi	嘉义
Chia-ying-chou	Jiaying zhou	嘉应州

---

① 包括旧罗马字拼音形式。

Chien-ning	Jianning	建宁
Chihli	Zhili	直隶
Chin-chiang	Jinjiang	晋江
Chin-chou	Jinzhou	锦州
Chiu-lung	Jiulong	九龙
Chou-shan (Chusan)	Zhoushan	舟山
Chu-ch'ien	Zhuqian	竹堑
Ch'u-chou	Chuzhou	处州
Chu-lo	Zhuluo	诸罗
Ch'üan Chang	Quan Zhang	泉漳
Ch'üan-chou	Quanzhou	泉州
Ch'ung-ming	Chongming	崇明
Chung-tso-so	Zhongzuosuo	中左所
Feng-ch'iao	Fengqiao	枫桥
Feng-shan	Fengshan	凤山
Foochow	Fuzhou	福州
Fu-chai	Fuzhai	附寨
Fu-ning	Funing	福宁
Fu-shan	Fushan	福山
Fukien	Fujian	福建
Hai-ch'eng	Haicheng	海澄
Hai-t'an	Haitan	海坛
Han-chiang	Hanjiang	汉江
Hangchow	Hangzhou	杭州
Heng-ch'un	Hengchun	恒春
Ho-feng	Hefeng	和凤
Hou-lung-kang	Houlong gang	后垄港
Hsia-men	Xiamen	厦门
Hsin-chu	Xinzhu	新竹
Hsing-hua	Xinghua	兴化
Hsing-yü	Xingyu	星屿
Hu-chou	Huzhou	湖州

Hu-wei	Huwei	湖尾
Huai-te	Huaide	怀德
Hui-an	Huian	惠安
Hui-chou	Huizhou	惠州
Jen-ho	Renhe	仁和
Kan-chou	Ganzhou	赣州
Kiaochow	Jiaozhou	胶州
Ku-ch'eng	Gucheng	古城
Kuei-yü	Guiyu	圭屿
Kulangsu	Gulangyu	鼓浪屿
Kwangtung	Guangdong	广东
Lang-chiao	Langqiao	琅峤
Lang-shan	Langshan	狼山
Lieh-yü	Lieyu	烈屿
Lu-erh-men	Lu'ermen	鹿耳门
Lu-men	Lumen	鹿门
Lü-shun	Lüshun	旅顺
Lu-tao	Ludao	鹭岛
Lung-ch'i	Longxi	龙溪
Lung-yen	Longyan	龙岩
Ma-hsiang	Maxiang	马巷
Mei-chou	Meizhou	梅州
Mei-ling	Meiling	梅岭
Min	Min	闽
Min-hsien	Minxian	闽县
Min-nan	Minnan	闽南
Nan-an	Nan'an	南安
Nan-ao	Nan'ao	南澳
Nanchang	Nanchang	南昌
Nan-ching	Nanjing	南京
Nan-hao	Nanhao	南濠
Nan-sheng	Nansheng	南胜

罗马字注解

厦门的兴起

Nan-t'ai	Nantai	南台
Nan-t'ung	Nantong	南通
Nanyang	Nanyang	南洋
Ningpo	Ningbo	宁波
Ning-te	Ningde	宁德
Ning-yang	Ningyang	宁洋
P'eng-hu	Penghu	澎湖
P'ing-ho	Pinghe	平和
P'ing-t'an	Pingtan	平潭
P'u-t'ien	Putian	莆田
P'u-t'ou-hsiang	Putou xiang	埔头乡
Quemoy	Jinmen	金门
Shao-hsing	Shaoxing	绍兴
Shao-wu	Shaowu	邵武
Shih-ching	Shijing	石井
Shih-hsün	Shixun	石浔
Shih-ma	Shima	石码
Soochow	Suzhou	苏州
Ssu-ming-chou	Siming zhou	思明州
Ta-chia	Dajia	大甲
Ta-kou	Dagou	打狗
T'ai-chou	Taizhou	台州
Taiwanfu [-ch'eng]	Taiwan fu	台湾府
Tan-shui	Danshui	淡水
T'ang-pei	Tangbei	塘北
Ta-tan	Dadan	大担
Tainan	Tainan	台南
Te-hua	Dehua	德化
Tientsin	Tianjin	天津
Ting-chou	Tingzhou	汀州
Tou-liu-men	Douliumen	斗六门
Tung-an	Tong'an	同安

12

Tung-kang	Donggang	东港
T'ung-shan	Tongshan	铜山
Wen-chou	Wenzhou	温州
Wu-yü	Wuyu	浯屿
Yen-p'ing	Yanping	延平
Yüeh-kang	Yuegang	月港
Yün-hsiao	Yunxiao	云霄
Yung-ch'un chou	Yongchun zhou	永春州
Yung-ning	Yongning	永宁

导　　言

　　福建是一个位于中国东南部的沿海省份。这里地形多山,山脉绵延环绕,阻碍了它与中国腹地尤其是与富庶的长江流域的陆路交通。尽管如此,这绝不意味着福建沿海区域与国家核心区的疏离,因为海路可以十分便利地把它同其他沿海省份连接起来。

　　自9世纪起,福建就是中国活跃于海上贸易的主要省份之一。福建人也是进行海外贸易和建立海外永久居住地的中国人中最重要的一部分。他们的社区分布广泛,从日本到南洋(今天的东南亚),及中国其他许多地区,特别是台湾。福建的海上贸易以历史悠久、分布广阔、参与人数众多、富有航海精神而著称。这些突出特点使福建海上贸易区别于在中国海上交通发展史上也占有一席之地的其他沿海省份。

　　福建海上贸易在17世纪和18世纪得到了长足发展。在此期间,福建商人成为海上贸易中无可置疑的开路先锋。这一时期,也见证了厦门的兴起,厦门既成为福建海上贸易的新中心,又成为海洋活动原生性、创造性和成就的象征。

　　福建海上贸易的发展极大地得益于福建沿海的三个商业中心,即福州、泉州和漳州。它们在经济上的成就,源自与施坚雅提出的解释中国一般城市功能的相类似的那些因素。它们为周围延伸区域或腹地提供零售商品和服务,它们处于联结经济中心的分销渠道结构之内,它们是交通网络的交汇处。[①] 更具体地说,福州服务于闽北腹地及福建省内最长水系闽江的支流地区;泉州商业网络覆盖晋江流域;漳州位于九龙江及其支流所形成的福建省内最大平原的中心。

　　闽南,包括泉州和漳州二府,长久以来都在海上贸易领域中处于领先地位。泉漳人称呼自己为"闽南人",或者简称"福建人""闽人",尤其是在海外,则暗指他们代表整个福建,因为他们是超越省界的主要福建人群体,还

---

① G. William Skinner, "Cities and the Hierarchy of Local Systems", in *The City in Late Imperial China*, ed. G. William Skinner, Stanford: Stanford University Press, 1977, p.276.

因为他们参与海上贸易及其他跨省活动。

福建沿海的经济在很大程度上依赖于海上贸易。最具活力的是海港,它们可作为省内商业网络的中心。在厦门兴起以前,泉州城曾是9—15世纪福建海上贸易的中心。自15世纪末,漳州的月港开始取代泉州成为航海活动的中心。①月港的兴起伴随着明朝政局鼎盛期的逝去。作为一个非行政市镇,月港被用于与葡萄牙人和日本人进行走私贸易。为了控制局面,明政府决定提升这个海港的行政级别,于1567年设县并命名为海澄。

17世纪中期以后,厦门作为海上新中心的兴起,开启了闽南海上贸易历史的一个新时代。海上贸易呈现快速发展的态势,1683—1735年间的增长尤为引人注目。② 这一阶段处于平定台湾后的康熙朝后期及其继任者雍正时期(1723—1735),两位统治者不断巩固其统治权,名副其实地达到了鼎盛,③与晚明时期形成了鲜明的对比。明朝晚期,国家权力式微,几乎无力控制私人贸易。

闽南人在海上贸易中的杰出表现,为我们研究从商风气在福建社会中的生成,及考察贸易如何在康熙帝及雍正帝强权统治的国家框架下得以拓展和运转,提供了很好的个案。本研究也将考察这些贸易团体竭力立足于传统上被视为"非根本"的经济追求中所面对的机遇和限制。

更具体地说,本研究的意旨显示,一方面,闽南的区域内贸易以泉漳地区为中心、以台湾地区为外延进行扩张;另一方面,中国沿海跨区域贸易的活力来源于泉漳人。虽然闽南海外贸易的国内部分会作为沿海贸易的延伸进行讨论,但福建人的海外活动则不在此研究之内。④

---

① 见吴振强:《缙绅商人及农民小贩》,《1522—1566年闽南海外贸易机会反应》,《南洋大学学报》1973年第7期,第173页。又见傅衣凌:《明清时代商人及商业资本》,北京:人民出版社,1956年,第110页。

② 从此以后,厦门成为泉漳贸易的象征,如根岸佶(Negishi Tadashi)在其《中国行会研究》(东京,1953)中所述(第112页)。

③ 黄培:《清初的独裁政治——制度研究举例》,《清华学报》新增卷,第6卷第1/2期(1967年12月),第105页。

④ 两部与闽南海外贸易相关的重要著作是 Sarashin Viraphol, *Tribute and Profit: Sino-Siamese Trade 1652-1853*, Harvard East Asian Monographs, 76, Cambridge, Mass.: Harvard University Press, 1977; Jennifer W.Cushman, "Fields from the Sea: Chinese Junk Trade with Siam during the Late Eighteenth and Early Nineteenth Centuries", unpublished PhD dissertation, Cornell University, 1975.

闽南人贸易活动蕴藏的新动力,产生了以厦门为辐射点的沿海贸易网络。此处"贸易"一词已与"商业"互为其意,包括诸如商品交换、批量生产、商业运输、经纪代理之类的活动。"网络"指的是闽南人所从事的互联活动的结构。这一术语("网络")不仅反映了厦门贸易是如何拓展和运行的,而且包括了国家与商业间的关系、官僚与商人的关系及商人间的社会联系等要素。所有这些要素推动着贸易活动的顺利进行。贸易与社会之间的相互影响将作为下面讨论的主题。社会的主要方面包括经济状况、社会对贸易的反应,以及政府对贸易的态度。

这些内容可分为三个部分进行讨论。第一部分考察17世纪与18世纪的闽南社会,揭示促使商业化及航海传统一直延续的社会经济力量。第二部分是本研究的核心部分,描述福建人努力扩展贸易以及他们如何于1683—1735年间在中国沿海建立起一个纵横交错的贸易网络。第三部分探讨福建人经营贸易所处的社会政治环境。

关于商业及航海方面,背景篇章聚焦于富有争议的"推—拉"问题,即不同学者所提出的阐释影响福建商业及航海事业的因素。"推"论强调农村贫困是大规模移民及人口渴望从事村外活动的主要因素。[①] 人地比率失调及地主阶级强加的社会压迫经常被用于支持这一论点。"拉"论则挑战传统观念所强调的田租上升及其对农民利益的影响,反而认为农民期望从非传统经济活动中获得更高的收入是对日益商业化更令人信服的解释。[②]

这两种学派的解释都有助于我们理解农村迁徙,但两者没有为社会经济现象提供一个全面的图景。以诸如16世纪起迅速发展起来的中国沿海贸易这类外部因素作为解释也不见得更令人信服。如果把这些因素割裂开来,都不足以充分解释为何闽南人能大大超过他们的邻省人,在出洋数量以及海上贸易成就方面具有压倒性的优势。换言之,过度强调一个或另一个因素都将使我们偏离不同因素之间的相互关系及相互作用,而这才是更关键的问题。因此,更有效的方法是研究这些因素在福建社会中各自如何发挥作用以及它们彼此间的相互作用,而不是把它们从社会经济背景中孤立

---

① 持"推"论的一部关于福建农村社会研究的主要著作是傅衣凌:《明清农村社会经济》,北京:三联书店,1961年。

② 持"拉"论的一个代表性研究及关于福建农业经济的又一主要著作是 Evelyn S. Rawski, *Agricultural Change and the Peasant Economy of South China*, Cambridge, Mass.: Harvard University Press, 1972。

出来。

在此必须指出的是,虽然农村人口不同程度地参与到农村内部和农村外部的贸易活动,闽南社会并未全然转变为贸易社区,闽南人也没有全都成为弄潮儿。原有的村落及乡土社会仍然完整,传统风俗习惯也依旧维持。后者的一个例证是,闽南人聚族而居,这对其社会是极为重要的。一个可能的臆测是,随着商业化发展从两方面到来,即在农村内部,福建农民努力种植更多经济作物;在农村外部,福建人参与海上贸易之类的冒险事业,福建稻作的传统社会结构势必因此动摇。另外,一边面对地理条件的限制,另一边面临新的经济机遇,宗族组织的作用何在?它们是扮演了商业化过程的代理角色,还是对在农村地区社会经济的变化及对外冒险的行为和组织模式加以限制?

希望本研究将对闽南农村状况的研究有所启发,从而重新评估"推—拉"因素对海上贸易发展的影响。

第二部分将集中于农村外部的情况,在这里,厦门是延伸的海洋疆域的门户。正如前面所说,这一港口仍然继承了由来已久的福建海上贸易传统。厦门兴起的现象本身是中国海洋史中令人印象深刻的事件。本研究将对厦门形成过程中,官方及当地人民的角色进行评价。

与此同时,厦门成为从内陆来的民众结交其他志同道合者的聚集地。厦门如何成为促进泉漳社区形成的大熔炉?人们如何打破宗族界限?这些问题有助于解释整合的过程和性质。福建移民可以从厦门前往更广阔的经济前沿。这里要探讨的,是贸易扩张的技术因素和推动广泛沿海网络顺利运行的人为努力。

最后,除了已提及的"推—拉"因素及人为的努力,也应考虑贸易得以开展的环境。其目的是要弄清楚,对于守旧势力眼中的牟利活动,国家与官僚一方及当地学者与当地官员一方采取何种态度。本研究更多地集中探讨在贸易管理中的人为因素,而不是单纯机械地描述政策与商业的对抗。后者往往倾向于夸大其词,把商业的处境说成是完全受制于国家,商人除了是担惊受怕的无助阶层外,什么都不是。

总之,本研究致力于分析促进福建地区贸易增长的内部活力。如此,试图找到本土贸易中活力与创造力的来源,并讨论闽南人如何巧妙地在国家框架内使其贸易扩展的可能性最大化。为了说明经济发展和社会状况的有机统一,可以着眼于他们在更广阔的社会背景下的贸易冒险。闽南的例子尤其适合于此类分析,因为商业活动以这样那样的方式面向和涉及整个社会,甚至涉及大量的农村辅助劳动力。除了描述船舶、货物和诸如此类的事物,笔者也希望能够刻画出历史场景中人类演员们的面孔。由此,能更好地领会闽南人贸易冒险的作用与局限。

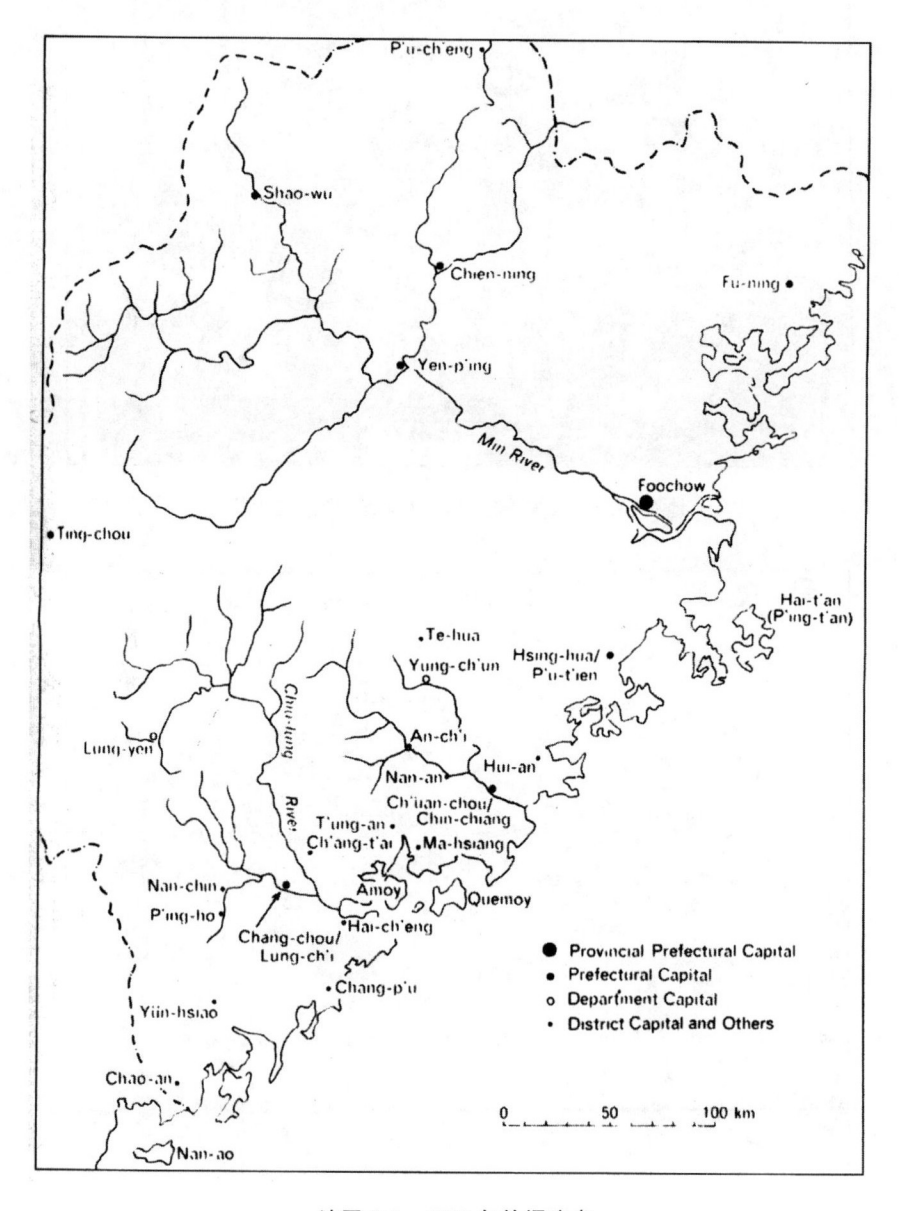

地图 0-1　1735 年的福建省

地图 0-2 《泉州府志》(1763年版)中的泉州府

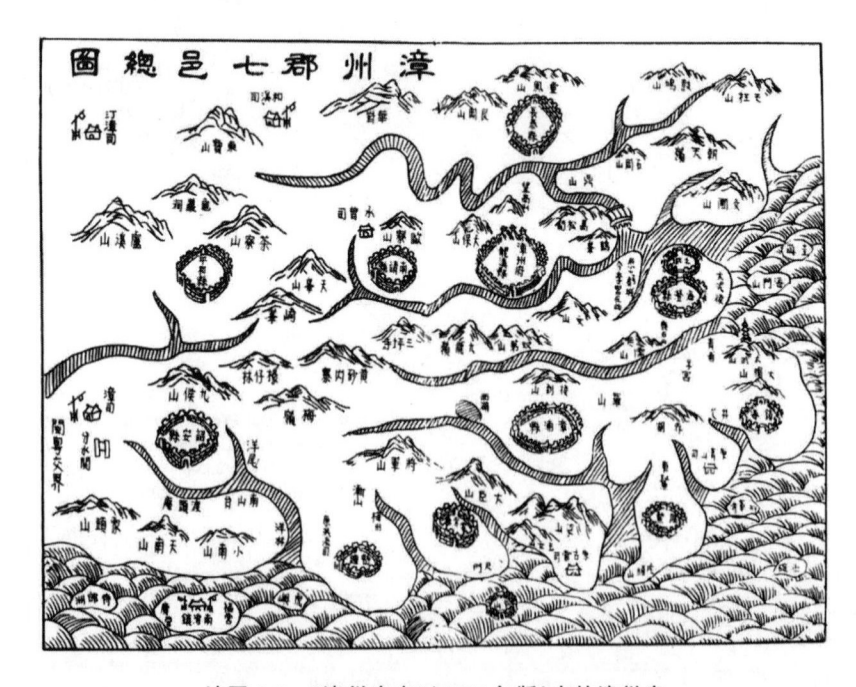

地图 0-3 《漳州府志》(1877年版)中的漳州府

第一章

1600—1800年的闽南农村

经济状况

商业对明清时期闽南经济的影响已为现代学者所普遍接受。① 通常，农村经济的商业化已显而易见。以下讨论集中于1600—1800年间闽南农村经济的变化情况。

农业改良

福建的多山地形导致耕地面积有限。然而，纵观历史，该省在农业创新方面长期居于领先地位。农业改良是通过改良种子、改变种植模式、引进新作物来提高土地利用率。② 农业改良实际上早在11世纪已经开始，一种叫早熟水稻的新作物自占婆（位于现在越南的东南沿海）引入中国，带来了诸如双季稻和梯田的革命性经济成果。③ 15世纪末，漳州人从安南带回另一个水稻新品种。④ 16世纪末从吕宋岛引进福建的番薯进一步提高了农业生产力。正如何炳棣（Ho Ping-ti）指出的那样，番薯不同寻常的亩产量，富含

---

① 比如，见 Evelyn S. Rawski, *Agricultural Change and the Peasant Economy of South China*, Cambridge: Harvard University Press, 1972.

② Ho Ping-ti, *Studies on the Population of China, 1368-1953*, Cambridge, MA: Harvard University Press, 1959, ch. 8; Dwight H. Perkins, *Agricultural Development in China 1369-1968*, Chicago: Aldine Publishing Co., 1969, ch. 3.

③ Ho Ping-ti, "Early-Ripening Rice in Chinese History", *Economic History Review*, No. 9, 1956-1957, pp. 200~218; 见《永春县志》（清嘉庆版）卷一，《物产》。

④ 郭柏苍：《闽产录异》（1886年版），卷一，第1a页。

营养,味道甘美,耐贮藏,可以作为食物替代品,对蝗虫相对免疫,抗旱能力强,能在贫瘠的土壤中生长,不与其他粮食作物争夺良田,使其成为非常理想的作物。① 花生,自 16 世纪起开始种植,被认为是中国"第二次农业革命"的主要代表作物之一。②

向商业性农业生产的转变说明传统的小农经济也充满活力并具备响应能力。③ 在引进的经济作物中,甘蔗最先于宋代在闽北种植。④ 到 16 世纪,甘蔗在闽南谷地也有种植,种植者多半是漳州南部的人。⑤ 棉花是闽南地区种植的另一种经济作物,泉州自 13 世纪起就是棉花生产的中心。⑥ 据一个 16 世纪末的观察者称,该作物在同安与龙溪之间有大面积种植。⑦

据说 16 世纪末,泉州能生产出全国最好的靛蓝。⑧ 烟草作为另一种与水稻争地的作物,于 17 世纪早期在泉漳地区种植。⑨ 商业性农业生产的发展在清朝建立后得以继续。根据当时福建人郭起元的说法,甘蔗、靛蓝、果树、烟草在福建随处可见。在这些经济作物中,烟草种植最为广泛,⑩漳州所产最佳。⑪

---

① Ho Ping-ti, *Studies on the Population of China,1368-1953*,Cambridge,MA:Harvard University Press,1959,p. 186.

② Ho Ping-ti, *Studies on the Population of China,1368-1953*,Cambridge,MA:Harvard University Press,1959,pp. 183~184.

③ 前田胜太郎:《明清时期福建的农家副业》,《铃木教授还历纪念东洋史论丛》,东京:三阳社,1964 年,第 569~572 页。

④ 斯波义信:《宋代福建商人及其社会经济背景》,《和田博士古稀纪念东洋史论丛》,东京:讲谈社,1960 年,第 489 页。

⑤ 吴振强:《闽南农业社会 1506—1644》,《南洋大学学刊》1972 年第 6 期,第 211 页。

⑥ 斯波义信:《宋代福建商人及其社会经济背景》,《和田博士古稀纪念东洋史论丛》,东京:讲谈社,1960 年,第 490 页。

⑦ 王世懋:作者自序,《闽部疏》,第 8a 页,《笔记小说大观》第四编第六册,1585 年,第 4064 页。

⑧ 王世懋:作者自序,《闽部疏》,第 17a 页,《笔记小说大观》第四编第六册,1585 年。

⑨ 中国人民大学:《明清社会经济形态的研究》,上海:上海人民出版社,1957 年,第 11 页。

⑩ 郭起元:《论闽省务本节用书》,《皇朝经世文编》卷三六,第 20 页。郭起元的著作部分写于雍正年间或乾隆初期,见《福建通志》(1868—1871 年版)中关于他的传记,第 232:5b~6b 页。

⑪ 《龙溪县志》(1762 年版),卷一九,第 22a 页。

商业活动

　　福建的地理环境所带来的挑战引起了一系列超出传统农业范畴的经济活动。福建人在国内贸易、海外商业和手工业中发现机遇。如斯波义信(Shiba Yoshinobu)所述,福建的商业活动在宋代已经颇具规模。① 当时,福建商人外出他省,活跃于国内外的贸易活动和借贷业。从这一时期起,闽商(福建行商)、闽贾(福建坐贾)及福船享誉全国。② 福建商人也为他们自己赢得了"海商"的称号,因为他们在海上贸易中地位突出。③

　　在早期的福建商人中,泉州的航海家们主导着对外贸易,而福州商人和建宁商人则更多地活跃于国内市场。④ 早在12世纪,泉州不仅崛起为国内对外贸易最重要的中心之一,而且成为最大的造船业中心,与南边的广州和北边的宁波共享海上贸易的繁荣。13世纪末,泉州以刺桐港闻名西方,在对外贸易上超越广州,成为国内最大港口。泉州港的黄金时期一直持续到14世纪末。在这一漫长时期内,除了一些短暂的中断,泉州都是政府指定的与海外朝贡国进行官方贸易的中心之一。

　　16世纪初,漳州开始成为海外贸易的新端口。其发展以月港(海澄)迅速增长的私人贸易为特点,这里一跃而为中心。闽南人对海外贸易的热烈反应导致大规模人口在17世纪与18世纪从事海外冒险。

　　16世纪前期的贸易主要是城市人口参与并由少数商人垄断。1500年前后,一份地方志记载,漳泉地区中更内陆的地方诸如南安、永春、长泰和南靖,以及漳平、龙岩仍然"不谙商道",而且当地人"重农轻商"。⑤ 16世纪中叶后,这些地区的贸易活动不再由较大的沿海城市如泉州/晋江、漳州/龙溪

---

① 斯波义信:《宋代福建商人及其社会经济背景》,《和田博士古稀纪念东洋史论丛》,东京:讲谈社,1960年,第485~498页。
② 斯波义信:《宋代福建商人及其社会经济背景》,《和田博士古稀纪念东洋史论丛》,东京:讲谈社,1960年,第485页。
③ 斯波义信:《宋代福建商人及其社会经济背景》,《和田博士古稀纪念东洋史论丛》,东京:讲谈社,1960年,第494页。
④ 斯波义信:《宋代福建商人及其社会经济背景》,《和田博士古稀纪念东洋史论丛》,东京:讲谈社,1960年,第494~498页。
⑤ 《泉州府志》(1763年版),卷二〇,第8a页;《八闽通志》(1490年版),卷三,第9a页;《永春县志》(清嘉庆版),传一;吴振强《闽南农业社会1506—1644》,《南洋大学学刊》1972年第6期,第208页。

所垄断。有更多的本地人参与贸易,成千上万的闽南农村人在海外贸易中寻找新的营生。1600年前后,估计有一半的福建人口背井离乡在外谋生。①

不难发现,手工业的发展紧随商业化步伐。比如明代,漳州丝绸甚至闻名日本。该地区也生产棉织品,销路甚广。染织业是漳州的另一特色。龙岩和漳平生产的铁壶和铁器出口到日本、琉球群岛和菲律宾。其他外销的商品包括粗瓷、漆盒、扇子和盐。②

清代早期,手工业持续繁荣。纺织业获利更多。其需求很大,以致农村妇女可以依靠针线或在家纺织养活全家。③ 纺织业也发展为城市工业,雇用男工。④ 这类产品质量更佳,品种更多。⑤

人地比率

到了1800年,在经过长期的农业改革和从事贸易活动后,闽南的农村条件有了多大改善?这是现代学者们试图回答的一个颇具争议的问题。天野元之助(Amano Motonosuke)认为农业的新发展改善了农民的生活。⑥ 罗友枝(Evelyn Rawski)也强调经济发展的积极意义。根据她的说法,16—18世纪的潜在和可能的条件对于一个有能力和野心的农民而言是有利的。罗友枝认为在这一时期,多数农民"生活水平即使没有略为上升,至少安享稳定"。⑦ 而另一些学者,包括清水泰次(Shimizu Taiji)和傅衣凌,则持相反的观点。他们所展现的,是一幅明清时期福建农村贫穷困乏的图景。⑧ 为了反驳他们的观点,罗友枝有针对性地指出"一大群挣扎在生存线上、边缘

---

① 谢肇淛:《五杂俎》,卷四,第35b页,《笔记小说大观》第八编第八册,第3471~3472页。

② Evelyn S. Rawski, *Agricultural Change and the Peasant Economy of South China*, Cambridge: Harvard University Press, 1972, pp. 46~47, p. 66.

③ 记载于地方志节妇章,如《龙溪志》(1762年版),卷一八,第18~45页。

④ 《龙溪县志》(1762年版),卷一〇,第2b~3a页。

⑤ 《龙溪县志》(1762年版),卷一〇;《平和县志》(1917年版),卷一〇,第7a页。

⑥ 天野元之助:《明代农业发展》,《社会经济史学》第23卷第5/6期(1958年2月),第415页。

⑦ Evelyn S. Rawski, *Agricultural Change and the Peasant Economy of South China*, Cambridge: Harvard University Press, 1972, pp. 193, 24, 29, 162, 163.

⑧ 清水泰次:《明代福建的农家经济——关于一田三主的惯例》,《史学杂志》第63编第7号(1954年7月),第606页;傅衣凌:《明清农村社会经济》,北京:三联书店,1961年,第156~158页。

化的农民,负债累累,入不敷出",肯定在任何时期都存在,但她暗示这种生活状态并不是农村生活水平的典型。①

事实上,对闽南的农村状况出现截然相反的解读,反映出这些学者对该问题侧重于不同的关注点。一旦影响农村生活的多种经济因素彼此隔离,我们即可估量在农村有多少改善。首要考虑的是人地比率因素。人口与土地是闽南社会经济发展的两大决定性生态因素。由于新作物和转变种植方式而提升的生产力与劳力投入紧密相关。② 复种模式推动了更为繁忙和优良的轮作制,由此带来了人地比率的上升。帕金斯(Dwight Perkins)指出,中国人口和大致的作物产量,在14世纪到19世纪期间增长了6倍。其中只有大概一半的增长是因为耕地面积扩大,其余则是因为主要粮食作物产量的成倍增长。③ 由于该地区农业的进步是最广泛的,华南的人口增速超过华北。④ 18世纪末和19世纪初,福建人口数就已达到并超过1953年人口普查的数量。⑤ 换句话说,农业进步对人口增长功不可没,而且农业的劳

---

① Evelyn S. Rawski, *Agricultural Change and the Peasant Economy of South China*, Cambridge: Harvard University Press, 1972, p. 193.

② Dwight H. Perkins, *Agricultural Development in China 1369-1968*, Chicago: Aldine, 1969, p. 52.

③ Dwight H. Perkins, *Agricultural Development in China 1369-1968*, Chicago: Aldine, 1969, p. 37.

④ Ho Ping-ti, *Studies on the Population of China, 1368-1953*, Cambridge, MA: Harvard University Press, 1959, p. 264.

⑤ Dwight H. Perkins, *Agricultural Development in China 1369-1968*, Chicago: Aldine, 1969, p. 208. 1393—1851年间,帕金斯给出的未经校准的福建人口统计数据是: 3917000(1393),7620000(1749),8170000(1771),11220000(1776),15942000(1819),及20099000(1851)。见 Dwight H. Perkins, *Agricultural Development in China 1369-1968*, Chicago: Aldine, 1969, p. 207. 关于清朝的统计数字,包括福建在内的阐述,见 Ho Ping-ti, *Studies on the Population of China, 1368-1953*, Cambridge, MA: Harvard University Press, 1959, p. 35 and Appendix Ⅱ;李文治等:《中国近代农业史资料》第1卷,北京:三联书店,1957年,第1~6页;罗尔纲:《太平天国革命前的人口压迫问题》,1947年初版,周康燮等编:《中国近代社会经济史论集》卷一,香港:崇文书店,1971年,第471~532页;Irene B. Taeuber and Nai-chi Wang, "Population Reports in the Ch'ing Dynasty", *Journal of Asian Studies*, Vol. 19, No. 4 (Aug. 1960), pp. 403~417; Evelyn S. Rawski, *Agricultural Change and the Peasant Economy of South China*, Cambridge: Harvard University Press, 1972, Appendix.

动密集程度日益提高。①

正如何炳棣指出的那样,中国人口数的复原对人口统计学家们来说,一直都是一项抽丝剥茧的工作,②数据来源总是令人困惑。尽管如此,一个粗略的数量概念还是必要的。1711年,泉漳二府登记在册的成年男子(丁)数为259994人。③如果我们设定"丁"的人数为户主数,然后平均乘以5,我们或许可以合理地估算出二府的人口数在1300000人左右。1751年,福建省已知总人口数是7736155人。④由于泉漳人口占总人口的20%,⑤因此这二府的人口数可能为1550000人左右。

人地比率的复原带来了另一个问题。⑥官方的土地数据不能作为真实的土地面积,而且不同等级的土地被转换为财政上的"亩"。⑦退一步说,这些数据也只是一个大致的说法。未经校准的数据显示,1571年漳州平均每口5亩,而泉州在1562年的记录是每口8.4亩。⑧虽然上述人均田亩数可能高于实际情况,但考虑到明中期后土地短缺已很严重,它们的确表明情况并没有清朝那么糟糕。根据罗尔纲所述,每个人维持最低生活水平需要4

---

① Ho Ping-ti, *Studies on the Population of China, 1368-1953*, Cambridge, MA: Harvard University Press, 1959, pp.175~176, p.264.

② Ho Ping-ti, *Studies on the Population of China, 1368-1953*, Cambridge, MA: Harvard University Press, 1959, p.35.

③ 1712年,清廷规定以1711年的人丁数作为征收丁税的固定数。引用数据记录于《大清一统志》(1764年版),卷三二八,第2a页;卷三二九,第2a页。

④ 《宫中档乾隆朝奏折》(未出版),福建巡抚潘思榘乾隆十六年十一月十七日折。

⑤ 百分比摘自《大清一统志》,卷三二四,第4a页;卷三二八,第2a页;卷三二九,第2a页;卷三三五,第1b页。

⑥ 人地比率的不同解释,见 Dwight H. Perkins, *Agricultural Development in China 1369-1968*, Chicago: Aldine, 1969, pp.207, 212, 234; Ho Ping-ti, *Studies on the Population of China, 1368-1953*, Cambridge, MA: Harvard University Press, 1959, pp.124,125,283;李文治等:《中国近代农业史资料》第1卷,北京:三联书店,1957年,第9、60页;罗尔纲:《太平天国革命前的人口压迫问题》,1947年初版,周康燮等编:《中国近代社会经济史论集》卷一,香港:崇文书店,1971年,第491页。

⑦ Ho Ping-ti, *Studies on the Population of China, 1368-1953*, Cambridge, MA: Harvard University Press, 1959, p.108, 113; Dwight H. Perkins, *Agricultural Development in China 1369-1968*, Chicago: Aldine, 1969, p.218. 亩是中国土地面积单位。

⑧ 见《福建通志》(1868—1871年版),卷四八,第14a、18a页;《漳州府志》(1877年版),卷一四,第23页;《泉州府志》(1763年版),卷二〇,第80页。

亩耕地。① 可是,1812年的数据显示福建人均0.93亩——远低于需求边际。② 泉漳二府的情况可能更糟,因为其清代的人地比率总是被认为远低于别的府。尽管数据来源不够精确,但它们还是呈现出人地比率恶化的图景,用事实支持了何炳棣和帕金斯的总体评论。

多重土地所有制

多重土地所有制模式是人地比率情况的最好说明。关于明清时期福建农村状况的诸多研究,常常讨论的问题便是当地的多重土地所有制。尽管已有几十年的细致研究,但问题似乎变得比以前更令人困惑。这种模式就是"一田两主"或"一田三主"。③ 在最普通和最理想化的情况下,法定主人拥有田骨且同时有权收租,并负责交税。另一方拥有田皮,他们是无纳税义务的实际所有人。通常,第三方从实际所有人处租用土地。权利可在三方之间互相转让。

关于多重土地所有制如何运行,有不同的论述和阐释。④ 仁井田陞(Niida Noboru)提出,刺激这种做法产生的原因,可能是水稻耕作所需求的巨大劳动力投入。对使用权的保障成为吸引新佃户开垦荒地的诱因和补偿。⑤ 然而,傅衣凌强调实际中的封建性与剥削性是将农民与土地捆绑在一起的手段。⑥ 片冈芝子(Kataoka Shibako)将发展与农业商业化联系起

---

① 罗尔纲:《太平天国革命前的人口压迫问题》,1947年初版,周康燮等编:《中国近代社会经济史论集》卷一,香港:崇文书店,1971年,第489~492页。

② 罗尔纲:《太平天国革命前的人口压迫问题》,1947年初版,周康燮等编:《中国近代社会经济史论集》卷一,香港:崇文书店,1971年,第489~492页。

③ 这种做法在江苏、浙江、安徽、湖北、湖南、广东和台湾亦有发现。见居蜜:《十九、二十世纪中国地主制溯源》,《沈刚伯先生八秩荣庆论文集》,台北:联经出版事业公司,1976年,第336页;片冈芝子:《关于福建的一田两主制》,(日本)《历史学研究》第294号(1964年9月),第42页。

④ 罗友枝给出不同阐释的概要,见Evelyn S. Rawski, *Agricultural Change and the Peasant Economy of South China*, Cambridge: Harvard University Press, 1972, pp.189~191。

⑤ 仁井田陞:《中国法制史研究(土地法・取引法)》,东京:东京大学出版会,1960年,第167~168页。

⑥ 傅衣凌:《明清农村社会经济》,北京:三联书店,1961年,第158页。

来,后者强化了佃户讨价还价的能力。① 清水泰次和傅衣凌都侧重于该做法的逃税取向。②

之所以会有这些不同,往往是因为每位学者对所有制形式的某些方面过分强调。因此,有必要从历史的角度审视多重土地所有制的发展。迄今对之最早的记录是1558年编撰的《龙岩州志》。龙岩在明中期是一个经济落后的内陆地区。③ 据该方志记载,为了避税,富裕的土地所有者通常将其土地所有权转让给其他人(名义土地所有人)。名义土地所有人仅仅是名义上拥有土地所有权,然后从实际持有者手中收取一定数量的租金,并且支付土地税。④ 另外,也有不同的情况,编撰于1613年的《漳州府志》讲述了土地热潮如何诱使地主为了快速变现而卖掉土地。购买者同意出高价,前提是原持有人保留土地所有权。这两种情况中,逃税是主要的潜在动机,实际所有人不负有纳税义务。⑤

对多重土地所有制形式的阐释之所以引起混淆,是因为在阶级概念中使用"地主"和"佃户"这两个术语不受限制。比如,傅衣凌强调地主阶级的权力,⑥而罗友枝指出佃户的强势地位。⑦ 业主(所有人)一词经常被不加区别地用以指同类型的地主阶级。同时,名义上不具备土地所有权的实际所

---

① 片冈芝子:《关于福建的一田两主制》,(日本)《历史学研究》第294号(1964年9月),第48页。

② 傅衣凌:《明清农村社会经济》,北京:三联书店,1961年,第49页;清水泰次:《明代福建的农家经济——关于一田三主的惯例》,《史学杂志》第63编第7号(1954年7月),第611页。

③ 见《八闽通志》(1490年版),卷三,第9a页;《龙岩州志》(1835年版),卷七,第1~5页。片冈芝子《关于福建的一田两主制》[(日本)《历史学研究》第294号(1964年9月),第44~45页]引用了1558年及1738年版本的《龙岩州志》。

④ 片冈芝子:《关于福建的一田两主制》,(日本)《历史学研究》第294号(1964年9月),第44页。

⑤ 《漳州府志》(1613年版),卷八,转引自清水泰次:《明代福建的农家经济——关于一田三主的惯例》,《史学杂志》第63编第7号(1954年7月),第615页。

⑥ 傅衣凌:《明清农村社会经济》,北京:三联书店,1961年,第49,158页。

⑦ Evelyn S. Rawski, *Agricultural Change and the Peasant Economy of South China*, Cambridge: Harvard University Press, 1972, pp.19~22.

有人被误认为佃户。① 实际上,如前所示,土地的持有人,或者说名义所有人,不一定是业主。相应地,后者并不总是选择将实际持有权登记在自己名下,以此避税。从清水泰次的研究中可以看到,这种做法在明代已相当普遍。② 换言之,不是名义土地所有人而是实际土地所有人受益最大。一部明代修撰的府志显示,实际所有人"多有身家"。③ 保守来说,许多名义土地所有人要么没有土地,要么是原小业主。

多重土地所有制的情况在清代历经改变。由于清朝统治者推行仁政,出台了一系列周期性减免土地税的政策,④那些实际土地所有人被鼓励成为土地所有权的持有人。尽管如此,地方当局并不干预佃户间的租赁权转让。⑤ 这一态度代表了地方官员对农民转让权的认可。

有了买卖田皮权与田骨权的自由,福建人可以在人地比率不利的条件下以灵活的方式分享土地。此举对土地所有权流转颇有效果。个人可以根据自己的经济状况灵活买卖。某种意义上而言,多重土地所有制被注入了与商业发展相关的要素。

在退休后过上更有保障且更体面的生活,养育后代,保持血统完整的愿望足以吸引相当数量的土地投资者。该制度也使许多不富裕的人能够用一生的积蓄购买一小块土地,或者至少是为其待在家乡的家庭成员取得租赁权。尽管如此,正如罗友枝指出的那样,清朝的土地持有更多是出于对安全感而不是对利益的需求。⑥ 在18世纪的闽南,并未出现大量的土地集中。这可以用罗友枝的观点来解释,吸引大量投资的主要还是商业,而非

---

① 罗友枝的著作尤其持这种观点,见 Evelyn S. Rawski, *Agricultural Change and the Peasant Economy of South China*, Cambridge: Harvard University Press, 1972, pp.19~24.

② 清水泰次:《明代土地制度史研究》,东京:大安出版社,1968年,第443~458页。

③ 《漳州府志》(1573年版),卷五,第8b页;也见1877年版《漳州府志》所述"富贵者得享土地而不税,贫弱者无地而纳税"(卷一四,第32a页);《漳浦县志》(1700年版,卷七)也持此论。

④ 刘翠溶:《清初顺治康熙年间减免赋税的过程》,周康燮等:《中国近三百年社会经济史论集》卷一,香港:崇文书店,1972年,第33页。

⑤ 《漳浦县志》(1700年版),卷七。

⑥ Evelyn S. Rawski, *Agricultural Change and the Peasant Economy of South China*, Cambridge: Harvard University Press, 1972, p.87.

农业。①

总的来说,在其他学者关于多重土地所有制的讨论中,仍有一个重要方面被忽视了。在 18 世纪盛行的体制下,转让田骨、田皮的能力和租赁权自由对农村民众意味着更大的机遇。土地所有权的可获得性和可转让性为农村外部的资金流入打开了方便之门。然而,当非经济动机的土地购买变得普遍,真正意义上对土地和农业的投入变得不足。多重土地所有制导致农业的土地碎片化特征比以往更为突出。

农业发展的局限性

上述讨论有助于更好地评估农业发展和商业活动。首先要考虑的问题是,农业进步到何种程度可以保持生产力水平,同时在不严重降低人均收入的情况下吸收额外的人口。达到饱和点是迟早的事,如果传统农业不寻求外部扩张的话,终将作茧自缚。② 如果经济作物已经成为农村经济的主要产品,农业商业化应该会为不利的人地比率提供一个可能的补救之道。在这点上,前田胜太郎(Maeda Katsutaro)正确地指出经济作物在福建粮食中仍居于次要地位。③ 总之,闽南仍然是水稻种植区。诚然,水稻本身已经成为经济作物,但是闽南稻米自给尚且不足,更别说对外出口了。

闽南农民在农业商业化的势头上,没有一劳永逸地从种植水稻转向种植其他经济作物,这一点确实令人费解。农民对非食物性经济作物总投入不多,并不是由迫使他们回避非传统生产方式的价值观造成的,而是出于其他因素。人地比率不断恶化是主要的因素,极大地减慢了经济作物的扩张,

---

① Evelyn S. Rawski, *Agricultural Change and the Peasant Economy of South China*, Cambridge: Harvard University Press, 1972, p.87.

② 克利福德·格尔茨(Clifford Geertz)在其关于爪哇水稻耕作的研究中观察到:"水稻耕作凭借其非凡的能力维持边际劳动生产率,总是设法在个人人均收入不严重下降的情况下起作用,几乎吸收了,至少间接吸收了西方入侵造成的全部额外人口。正是这一弄巧成拙的过程,我称之为农业的内卷化。"他接着写道:"'内卷化'的概念我得自美国人类学家亚历山大·戈登威泽(Alexander Goldenweiser),他用其描述这样一些文化模式,即在达到某种似乎是特定的形式后,尽管不稳定或未转变为新模式,却通过内部的复杂化继续发展。"见 Clifford Geertz, *Agricultural Involution: The Process of Ecological Change in Indonesia*, Berkeley: University of California Press, 1963, pp.80~81.

③ 前田胜太郎:《明清时期福建的农家副业》,《铃木教授还历纪念东洋史论丛》,东京:三阳社,1964 年,第 585 页。

并限制了它们改善地方经济的作用。从多重土地所有制这一特殊制度可以看出,土地碎片化已经进一步阻碍了农业的顺利发展。田骨、田皮和租赁权的频繁易手,以及"农村内零碎的土地出售",①以经济实用性为代价,减少个人的土地持有。对土地的实际投入不足,如多重土地所有制的运行所显示的那样,是另一个不利于农业商业化发展的因素。另外,市场的投机性和小农经济地位的脆弱性,也是他们不愿全力以赴改变传统种植模式的原因。当沿海贸易不断增长,他们不得不面对来自其他供应源的激烈竞争。比如,随着海上贸易的增长,长江地区变得更易到达。它供应着更具价格竞争力、品质更优的丝绸和棉布。到了17世纪中叶,闽南人发现有必要逐步淘汰他们的养蚕业和棉布业。② 有理由相信,几十年后,即便是制糖业的利润率也会因台湾的巨大供货量而备受威胁。

因此,不应该过高估计源于农村内部农业商业化的财富。进一步观察会发现,泉漳二府种植的经济作物,仅仅很有限地改善了生活水平,并不足以消除农村的贫穷状况。

一般说来,农村贫穷继续影响着农民。"地赤民贫"是地方官奏报给朝廷的农村状况的典型描述。③ 实际上,泉漳二府2/3的种粮土地,除番薯外收获甚微。④ 总督高其倬和巡抚潘思榘分别在1726年和1751年的奏疏中提到农民只能勉强维持生活。农村人口大多吃不起大米,不得不在一年的几个月里以番薯作为主食,⑤甚至最低的生活水平也常受到旱涝的威胁。这种情况可以解释为什么"雨水""粮价"经常被官员认为是维持社会稳定的两个重要因素。18世纪早期的郭起元对农村经济状况做了很好的概括。他写道:

> 今户口日蕃,而地不加增,民以日贫者,人与土赢诎之势异也。一人之食十人食之,则必饥矣;一人之衣十人衣之,则必寒矣。⑥

---

① 这一表述被格尔茨用于描述爪哇案例,Clifford Geertz, *Agricultural Involution: The Process of Ecological Change in Indonesia*, Berkeley: University of California Press, 1963, p.97。
② 王胜时:《漫游纪略》,卷一,第5a页,《笔记小说大观》第二编第七册,第3869页。
③ 《宫中档雍正朝奏折》第10辑,福宁总兵颜光昨雍正六年四月十八日折,第282页。
④ 《宫中档乾隆朝奏折》(未出版),福建巡抚潘思榘乾隆十九年九月二十一日折。
⑤ 《宫中档雍正朝奏折》第6辑,浙闽总督高其倬雍正四年六月十九日折,第174页。
⑥ 郭起元:《论闽省务本节用书》,《皇朝经世文编》卷三六,第21a页。

尽管如此,情况很少坏到极点,很大程度上是因为闽南农村人口的生计,通过商业或本地村庄外的其他活动所得收入得到补偿。① 每当村外经济收入来源受到政府限令的影响,农村的生计就会受到严重威胁。

总而言之,18世纪时闽南在农业上是贫困的,但其来自于农村外部的,尤其是那些贸易活动的收入数目巨大。1600—1729年间,一年光从西属菲律宾流入的白银总量达200万～400万比索(150万～300万两),② 许多白银直接流入漳州和泉州。③

虽然有一部分村外收入流向农村地区,但大部分还是推动了城市的富足,当18世纪的见证者谈论起福建的繁荣时,他们指的是城市而非农村。比如,郭起元批评福建人"用物奢靡",过着奢侈的生活,试图在优质服装方面与最富庶的地区比如苏州、杭州的居民攀比。④ 他所描述的可能是一种都市现象。在闽南的城市中,商业繁荣,无数的舟船载着成百上千的商品驶进厦门港和海澄港,吸引了同时代观察者们的注意,使得他们将泉漳描述为福建省最富庶的地区。⑤

社会状况

16世纪、17世纪和18世纪见证了商业化的趋势。商业发展对农村社会结构的影响达到何种程度?对这一问题的考察将阐明传统体系是否有所改变,以及这种改变如何反过来作用于农村社会和村外活动。

明末的农村冲突

《泉州府志》提供的一则信息,研究中国社会史的学者可能会很感兴趣。

---

① 《福建通志》(1868—1871年版),卷八七,第17b页;卷一四〇,第9b页。

② Evelyn S. Rawski, *Agricultural Change and the Peasant Economy of South China*, Cambridge: Harvard University Press, 1972, p.76;全汉昇:《中国经济史论丛》,香港:香港中文大学,1972年,第438页。

③ Evelyn S. Rawski, *Agricultural Change and the Peasant Economy of South China*, Cambridge: Harvard University Press, 1972, p.76.

④ 郭起元:《论闽省务本节用书》,《皇朝经世文编》卷三六,第21a页。

⑤ 见《宫中档乾隆朝奏折》(未出版),福建巡抚潘思榘乾隆十六年九月二十一日折;《宫中档乾隆朝奏折》(未出版),福建巡抚陈宏谋乾隆十九年六月十三日折;郑振图:《治械斗议》,《皇朝经世文编》卷二三,第47a页。郑振图是乾隆年间闽北人。

它描述了17世纪中叶,市场力量如何开始侵蚀农村社会关系。据记载,这里的地主与其佃户之间的关系在明末日渐紧张。佃户已经变得更趋于商业化,因此也更加独立。这是自17世纪初以来的趋势。府志中记载"佃农所获,朝登陇亩,夕贸市廛"。[①] 同时,地主与其佃户之间的疏离随着人情冷漠而日益加剧。这则史料表明,在商业化的全面影响形成以前,地主主要住在村里,与其佃户保持密切的关系。他们亲自到佃户家收租,田租的数量取决于收成的好坏。[②] 然而,商业化的发展开始吸引地主走向城市。后来,田租由地主的家仆征收,讲人情的、融洽的氛围由于收租者的滥用职权而迅速恶化。对抗开始以抗租的形式出现。[③] 地主与佃户关系继续恶化,然后佃户暴动几乎遍及府内各县。[④]

这一发展似乎说明社会关系以前是个人的,通过服务换取保护和指导,儒家道德准则规定了行为模式。明末,那种和谐的关系渐渐被没有人情味的、合同式的关系所取代。市场关系的增长代替了传统的家长式管理,17世纪中叶的福建已经见证了基于儒家思想的传统社会道德关系的消亡。一个更加有主张的佃农群体的出现成为社会发展的走向。佃农运动甚至有可能被视为是在为建立新的农村秩序做准备。佃农地位从依附转向自主。[⑤] 在评估商业化对农村社会的影响程度时,傅衣凌认为佃户与市场的接触刺激了阶级意识的增长,造成了地主和佃户间的农村冲突。[⑥]

罗友枝在其关于地主与佃农关系的讨论中,强调了商业参与、不在地主所有制和永佃权给佃农带来的自主地位和经济改善。不在地主拥有土地的增长是由于市场扩张,这为通过贸易积累财富提供了新机遇,从而诱使地主

---

① 《泉州府志》(1763年版),卷二〇,第13a页。
② 《泉州府志》(1763年版),卷一〇,第13b页。
③ 《泉州府志》(1763年版),卷二〇,第13页。
④ 《泉州府志》(1763年版),卷二〇,第13~14页。
⑤ 一个相关讨论,见居蜜:《十九、二十世纪中国地主制溯源》,《沈刚伯先生八秩荣庆论文集》,台北:联经出版事业公司,1976年,第326~329页。
⑥ 傅衣凌:《明清农村社会经济》,北京:三联书店,1961年,第42、92、93、104页。

离开农村。这对从事耕作的佃户而言是有利的,他们的土地使用权得到保障。①

评估商业化对农村状况产生的影响时,有两方面的发展值得关注。第一,正如前面所讨论的,不能过高估计以经济作物为基础的农村内部的商业化。第二,应记住闽南相对于其他同等的商业地区,有其自身的特殊性,它从16世纪起就深刻而持续地卷入海上贸易。正是这种大规模的村外活动给农村带来了巨大的社会经济冲击。通过将农村冲突与农业商业化的发展联系起来,《泉州府志》并未呈现出社会经济变化的完整图景;而且,将地主与其佃户描述为阶级意识下的敌对方,也有忽视社会关系治理中更加动态和更复杂方面的倾向。

在明朝最后几十年,泉州彻底的土地侵占似乎很普遍,不在地主所有制十分严重。泉州本地人陈懋仁注意到,许多泉州南部的大户人家为了占有更多土地而相互竞争。②另有史料称,泉州府城内的一些望族接管了德化驻军的土地,③安溪的土地也落入他们手中。④通过海上贸易获得财富的城市暴发户可能试图将占有土地作为社会地位的象征,以便与他们新获得的财富相匹配。通过检索方志中记载的有关地主佃农冲突的文字可以清楚地看到,那些在村里拥有土地的不在地主往往不是本村人。

但是,前面提到的资料并不一定说明了农村地区两个冲突阶级的形成。更引人深思的是,描述农村抗争之实质的资料,诸如"强族悍佃"的表述并不少见。⑤明末泉州的冲突意味着不同宗族间激烈竞争的开始,而不是阶级层面上的地主与佃户的冲突。在此期间,商业化的加速使本地宗族更加强大,它们开始挑战外来暴发户的土地所有权。漳州也有类似的发展历程。

---

① Evelyn S. Rawski, *Agricultural Change and the Peasant Economy of South China*, Cambridge: Harvard University Press, 1972, pp.24, 86, 87;傅衣凌:《明清农村社会经济》,北京:三联书店,1961年,第42、92、93、104页;居蜜:《十九、二十世纪中国地主制溯源》,《沈刚伯先生八秩荣庆论文集》,台北:联经出版事业公司,1976年,第333、336页。片冈芝子《关于福建的一田两主制》中也将佃户的自主地位与商业活动联系起来。

② 陈懋仁:《泉南杂志》卷一,第5a页,《笔记小说大观》第四编第六册,第3563页。

③ 傅衣凌:《明清农村社会经济》,北京:三联书店,1961年,第166~167页。

④ 清水泰次:《明代福建的农家经济——关于一田三主的惯例》,《史学杂志》第63编第7号(1954年7月),第606页。

⑤ 清水泰次:《明代福建的农家经济——关于一田三主的惯例》,《史学杂志》第63编第7号(1954年7月),第619页。

对于一个想要查清自己土地的非本地地主而言,多重土地所有制本身制造了太多混乱,佃农可以轻易挑战其所有权。地方农民敢于与富户对抗,仅仅因为他们有本地宗族组织的强力支持。这更加支撑了我的观点,即把地主阶级分到一边,佃农阶级分到另一边,会让人产生误解。仅仅把这两个阶级置于对立位置是对复杂动态的社会现象过于简单化的处理。在农村地区,在宗族血缘的幌子下的纵向团结常常比以阶级划分的横向联盟更发达。宗族政治作为清代闽南农村权力结构的重要因素,有助于进一步解释这些农村冲突。

换言之,村里那些最初集中在非本地人手中的土地由于地方宗族的蓄意破坏而逐渐减少。多重土地所有制也缩小了土地持有的规模,更重要的是,有助于创造出一种土地为本村人持有的新模式,不论村民是留驻还是外出。一个本地地主可能已习惯离乡而居,不过,土地的经营管理被委托给近亲,而佃农往往是宗族成员。亲属关系未必会在很大程度上改变剥削的本质,但支配农村社会关系的是宗族家长制,而非阶级层面上的地主—佃农对抗。

在宗族的支持下,佃农们在和非本地地主打交道时变得更有主张,这种发展阻碍了来自己方宗族地理边界以外的土地投资。商业投资的巨大利润,恢复太平后农村人口的经济性流动,以及1683年后海上贸易的冲击,都对农村的紧张和冲突起到了缓和作用,而不是刺激。

为了解释农村社会的运转方式及其与外部机遇的互动,宗族组织是另一个需要详细考察的关键因素。

宗族组织的动力

亲属关系是人类社会的普遍现象之一,在行为规范与社会群体构成中都有重要作用。[①] 在中国的社会结构中,亲属关系以几百年来处于显著地位的共同继嗣群为特点。同一个继嗣群的成员寻根时可以追溯到在某个特定地方定居的始祖。他们是单一父系祖先的男性后代,以及他们的妻子和

---

① David L. Sills, ed., *International Encyclopedia of the Social Sciences*, Vols. 7-8, New York: Macmillan and Free Press, 1969, p.390.

未婚的姊妹。① 理论上,父系的亲属关系通过族谱得以确认,如果他们有族谱的话。这种共同继嗣群在相当大的程度上类似于其他社会中的宗族。

同一宗族的成员继承同一个姓。通常,中国人假定同姓的人是同一个父系祖先的后代,是有血缘联系的。实际上,同姓家族不一定属于同一宗族。②

几乎在中国的每一个地方,宗族经常只是村庄的一个部分。在福建和广东,宗族纽带最为发达。宗族和村庄结为一体,因此许多村庄为单姓居民。在长江流域的稻作区,父系亲属与本地社区的一致性也很明显。对于华北而言,亲属关系不如中国东南部和华中那么正规和紧密。③ 产生这种区域特征的原因尚不明确。这两个地区明清时期商业大发展的事实也许可以为这一难题提供某些线索;然而,还是很难把这一经济因素与地方化的宗族现象联系起来。莫里斯·弗里德曼(Maurice Freedman)给出的一个解释是,这类宗族在本质上是政治和地方组织。④

只须粗略地查看关于当时泉漳社会的资料,注意力立即会被频繁提及的宗亲关系和姓氏集群所吸引。许多地方宗族会将他们的族谱追溯到东晋(317—420)或者唐宋时期(618—1279),认为那是他们最早从北方移民而来的时间。⑤ 宋代,著名学者朱熹在他给朝廷的奏折中提到,地方宗族在福建社会的作用重大。⑥ 虽然一些宗族或许真的可以追溯到较早时期,但其中很多是在明末清初才出现的,其间经历了解散、形成、重组和成长的过程。

---

① Hu Hsien-chin,*The Common Descent Group in China and Its Functions*,New York:Viking Fund,1948,p. 9;Maurice Freedman,*Chinese Lineage and Society:Fukien and Kwangtung*,London:Athlone Press,1966,p.3;Jacques Amyot,*The Manila Chinese:Familism in the Philippine Environment*,Quezon City:Institute of Philippine Culture,1973,p.29.

② Hu Hsien-chin,*The Common Descent Group in China and Its Functions*,New York:Viking Fund,1948,p.18.

③ Hu Hsien-chin,*The Common Descent Group in China and Its Functions*,New York:Viking Fund,1948,p.11;Maurice Freedman,*Lineage Organization in Southeastern China*,London:Athlone Press,1958,p.1.

④ Maurice Freedman,*Lineage Organization in Southeastern China*,London:Athlone Press,1958,p.2.

⑤ 举一个例子,见《晋江灵水吴氏家谱》(1909年版),丘逢甲序,卷一,第3a页。灵水是晋江地区的一个小村庄。

⑥ 《漳州府志》(1877年版),卷一四,第3b页。

弗里德曼明确地指出宗族并不总是一种以始祖为顶点、在世后代为广泛根基的谱系金字塔。用他的话说,"许多宗族可能简单地因死亡而减少,另一些可能因为流行病、贫穷和迁移而大量地消失,甚至灭绝"[1]。他进一步评论道,许多世系深的宗族规模并不大,而一些世系较浅的只有几代的宗族已经通过早婚和普遍结婚、高生育率和收养而人丁兴旺。[2]

16世纪与17世纪在绝望与希望、毁灭与繁荣之间形成强烈对比。16世纪的日本倭寇和中国海贼,以及清初(1644—1683)效忠明朝的抵抗势力所引起的混乱尤其对福建沿海人民造成极大的困扰。为了自卫,他们自发地联结成地方宗族组织。宗族聚集成了农村生活的必要部分。[3]《同安县志》记载了一个案例,清初战乱期间一个名叫王士豫的人集合被家乡村庄驱逐的族人,在埔头乡重新定居下来。他还出资修建了两个堡垒,训练乡勇以作防御。[4]

尽管如此,海上贸易仍是影响宗族组织的最重要因素。凭借来自于土地的资本,以及强大的宗族组织所提供的人力支持,地方望族可以独占贸易活动中的巨额利润。[5] 他们派出亲戚或仆人在航海冒险中充当经理"合伙人"。这两类人的关系介于上级与下级之间,并不是平等的伙伴关系。对贸

---

[1] Maurice Freedman, *Chinese Lineage and Society: Fukien and Kwangtung*, London: Athlone Press, 1966, p.14.

[2] Maurice Freedman, *Chinese Lineage and Society: Fukien and Kwangtung*, London: Athlone Press, 1966, p.14.

[3]《漳浦县志》(1700年版),卷七。另有地方志记载,在16世纪中期海乱中,一些能人组织其宗族成员建立自卫村防[见《漳州府志》(1714年版),卷二三,第66b页]。村防从此成为福建农村的常见景观,甚至直到现代。见仁井田陞:《中国农村家族》,东京:东京大学出版会,1954年,第371页。

[4]《同安县志》(1885年版),卷二三,第40页。资料中用到"宗"这一词,居于海外的中国东南部华人一直较广泛地使用此词指代拥有同一祖先的同姓集团成员,然而在谱系上却无法证明这种联系。东南亚海外华人的宗亲会就是一个很好的例子,通常指同姓组织而不是指亲属集团。见Jacques Amyot, *The Manila Chinese: Familism in the Philippine Environment*, Quezon City: Institute of Philippine Culture, 1973, p. 27. 作者倾向于认为埔头乡是基于亲属关系和同姓成员建立的。宗亲会的广泛定义使其成员范围扩大,因此在动乱年间巩固了自身的地位。

[5] 清水泰次:《明代福建的农家经济——关于一田三主的惯例》,《史学杂志》第63编第7号(1954年7月),第605页;片山诚二郎:《明代海上走私贸易与沿海地方乡绅阶层——朱纨的海禁政策强化及其挫折过程的考察》,(日本)《历史学研究》第164号(1953年7月),第23页。也见《福建通志》卷九,第8页;卷六九,第35a~36b页;卷七四,第22页。

易助手的需求还在福建催生了一种新习俗——收养孩子。一本地方志写道：

> 闽人多养子，即有子者，亦必抱养数子，长则令其贩洋。赚钱者，则多置妻妾以羁縻之，与亲子无异。①

有些养子原本是奴仆。由于明朝法典禁止庶民蓄奴，后者便被称为家丁、家人或义男。② 通过冠以家人的称呼，他们就能被纳入主人的家庭圈。在其他情况下，孤儿被某些家庭当作儿子收养。贫穷人家发现把他们的孩子送给甚至卖给家境好的人家很有必要，这在中国农村社会很普遍。许多养子并不使用养父的姓，而是用别的姓。③ 虽然宗族制度强调养子需要明世系、正名分，但实际上，宗法关心的是如何传宗接代以敬祖先。这并不会对收养儿子扩大家庭规模的做法造成影响。在后一种情况下，他们可以通过任何方便的途径收养子嗣。④ 招募非亲属人员成为宗族成员是如此流行，以致康熙年间漳浦县的县令陈汝咸认为有必要纠正非亲属人员出席宗祠仪式的现象，他视此为不道德的习俗。⑤

对稀缺土地的恶性竞争，对外来威胁和干扰的抵抗，也强化了宗族组织。正如前文所讨论的，抗租，经常被现代学者认为是阶级意识和佃农自主性增强的标志，在很多情况下其实都牵涉到不同宗族之间的冲突。

对宗族重组以及强化其在地方谈判地位的需要，如其所示，经常导致伪宗族的现象。胡先缙已经注意到广东人"经常认为同姓的人属于同宗"。⑥ 对闽南人而言，这种情况甚至更常见。对闽南人而言，宗族观念在明清时期具有更广泛的含义。当时的文献显示，族和姓，有时甚至家的用法都可以互换，意味着其成员间的亲属关系仅仅是假定的。特别是在清代早期的文献

---

① 《厦门志》卷一五，第13a页。类似描述亦见《龙溪县志》(1762年版)，卷一〇，第3a页；《福建通志》(1737年版)，卷九，第9a页，引用晚明地方志。

② 居蜜：《十九、二十世纪中国地主制溯源》，《沈刚伯先生八秩荣庆论文集》，台北：联经出版事业公司，1976年，第293～294页。

③ 《漳浦县志》(1700年版)，卷七。

④ Hui-chen Wang Liu, *The Traditional Chinese Clan Rules*, New York: J. J. Augustin, 1959, pp.72～77; Maurice Freedman, *Chinese Lineage and Society: Fukien and Kwangtung*, London: Athlone Press, 1966, p.7.

⑤ 《漳浦县志》(1700年版)，卷七。

⑥ Hu Hsien-chin, *The Common Descent Group in China and Its Functions*, New York: Viking Fund, 1948, p.10.

中,"大姓"和"小姓"普遍用于指代"大族"和"小族"。

清代档案中就有伪宗族被揭露的事例。在一份1727年呈送雍正帝的奏折中,福建总督高其倬报告了同安两个姓氏集团的情况。其中一个是人多势众的包家,另一个是势单力薄的齐家。① 次年,高其倬提交了一份更详细的奏折来说明当时的情形。根据他的调查,同安地区的大姓集团包括李、陈、苏、张和柯,他们在一个叫李邦的人的领导下联合起来,还采用了新姓氏包。为了对抗姓氏联盟产生的威胁,一个叫叶祖传的人在同一地区带领小姓群体组成一个稍大些的姓氏集团,他们自称为齐姓。② 有趣的是,他们讨论包氏和齐氏时,都非常自觉地互用了"姓""家""族"这样的词语。③ 阿米欧(Jacques Amyot)和弗里德曼都提到这样的例子,即一个宗族可能包括若干个姓氏集团,并且他们认为这一现象的产生可能基于中国东南部的地方联盟。④ 然而,他们都没有指出这样的地方联盟通过采用一个新的共同姓氏来充当"宗族";而且,实际上,这种方式为地方当局和记录事件的学者所接受。据1729年呈送的另一份密折记载,这种不同姓氏常常整合成更大的组织,并采用一个新姓氏的地方实践已经变得更加普遍。新创造出的姓氏比如同、海、万在奏折中都曾提及。⑤ 不幸的是,文献没有进一步说明新姓氏在什么环境中被使用,以及原姓氏是否可以继续使用。很明显的是,新姓氏实际上代表着某种形式的地方联盟。然而,鉴于官方可能对这一类地方联盟多有猜忌,新姓氏联盟便在官方认可的"宗族"形式下运转。这确实是农村权势和政府当局之间的妥协。由于县府法规不能有效下达乡里,县令十分乐意接受伪宗族事实上的方便。

---

① 《宫中档雍正朝奏折》第9辑,福建总督高其倬雍正五年十一月十七日折,第311页。

② 《宫中档雍正朝奏折》第9辑,福建总督高其倬雍正六年正月八日折,第571～573页。包为常胜之意,齐有和者胜之意,见郑振图:《治械斗议》,《皇朝经世文编》卷二三,第47页。这两个字的意思也意味着团结。

③ 以上资料之外,见周亮工:《闽小记》,《小方壶斋舆地丛钞》第九秩,第109a页。周亮工的著作可能写于17世纪60年代。

④ Jacques Amyot, *The Manila Chinese: Familism in the Philippine Environment*, Quezon City: Institute of Philippine Culture, 1973, p.27. 其在关于马尼拉华人的研究中指出同姓群体是最广义的宗族。

⑤ 《宫中档雍正朝奏折》第14辑,福建观风整俗使刘师恕雍正七年十月十六日折,第717页。

不管真伪,宗族在泉漳农村非常重要。雍正年间的一个大宗族可以由超过上千户和几千名成年男子组成,而一个小宗族往往也有100户左右。①在清代体制下,最小的行政单位是州和县,其范围在百里到几百里不等(1里大约等于1/3英里)。各自有州治或县治,常筑有城寨,被若干个城镇及几十或上百个大大小小的村庄所包围。人口在几万户到几十万户不等。②强族大多占据远离地方行政中心的山谷。福建典型的丘陵地形也极利于他们摆脱官府的控制。在同安,强族的很多村庄沿着丘陵的边缘分布,处于官府的控制之外。其他沿海的县,如漳州府的漳浦和诏安,也被地方官府认为地域太广而不能有效管理。比如,南靖县的车田离县城就有20~30英里。

在此环境下,宗族成为地方社会结构的基本部分。它本身几乎就是一个政治实体。当单个宗族在地方社区一支独大,其领导者就成了社区事务的实际管理者。如果一个地方有多个宗族,它们就比拼声望和实力。地方官很少被邀请介入其内部事务。总督高其倬曾使用"鞭长莫及"来形容地方政府的尴尬和无能为力。③

如果能保证足额交税,官方的执政理念倾向于鼓励一定程度的地方自治。间接统治被视为上策。国家看重宗族体制,并且完全清楚宗族可以作为间接社会控制的有效机制。地方管理者很乐意在每个宗族指定一名德高望重者负责管理其族人。④

然而,我们也不应过分强调地方自治,并不仅仅因为县是"集权政体的一部分,还因为官僚控制的实际的和潜在的代理人被纳入其社区"。⑤ 与宗族权力,或者说"族权"紧密相关的,是地方精英权力或"绅权"。宗族的力量并不仅凭人多势众,也来自于产生士绅阶层成员的能力。士绅群体在宗族内占据特权位置,并且经常为其提供必要的引领。它还把农民群体与核心

---

① 《宫中档雍正朝奏折》第5辑,福建巡抚毛文铨雍正四年二月四日折,第583页;汪志伊:《敬陈治化漳泉风俗疏》,《皇朝经世文编》卷二三,第42b~43a页。

② Ch'u Tung-tsu, *Local Government in China under the Ch'ing*, Cambridge, Mass.: Harvard University Press, 1962, pp.1~2.

③ 《宫中档雍正朝奏折》第12辑,福建总督高其倬雍正六年十二月二十八日折,第163页。

④ 《宫中档雍正朝奏折》第5辑,福建巡抚毛文铨雍正四年二月四日折,第583页。

⑤ Maurice Freedman, *Lineage Organization in Southeastern China*, London: Athlone Press, 1958, p.125.

群体精致的高雅文化联系起来。①

据瞿同祖研究,清代的士绅阶层由以下群体组成:(1)官绅(包括那些捐衔捐封者):在位的、致仕的、被免职的;(2)学绅(有科举功名的):文武进士(通过会试者)、文武举人(通过乡试者)、贡生(包括例贡生)、监生(国子监学生,包括捐监者)、文武生员(官学学生,通过童生试者)②。这两个群体构成了士绅阶层,即绅士或绅缙。他们代表非正式权力集团,与政府共同管理地方事务。③

回避制度规定,官员不得在本省任职,以防文官滥用私权。当告老还乡,或被免职,或告假在家时,他就成为居住在自己家乡的乡官或乡绅,并行使权力。④ 地方官府通常对乡绅阶层恭敬有礼,并视其为特权阶层。⑤

凭借崇高的社会地位和地方影响力,乡绅可以滥用权力谋取私利,他们也经常如此,可以引用几个福建的例子。一个例子是李光地。李光地来自泉州安溪,在康熙朝功成名就,身居高位。康熙帝对他评价很高,视其为官员楷模。⑥ 即使像李光地这样正直的人也无法避免他的亲戚在地方滥仗其势,这件事后来受到了雍正帝的严厉批评。⑦ 另一个例子是海澄公黄应缵。署理福建总督史贻直曾指责黄应缵轻视地方官府,剥削平民。⑧ 还有一个例子是施氏宗族。该宗族在泉州晋江自施琅成为水师提督开始就极为显

---

① 关于民间文化与高雅文化的探讨,见 Leon E. Stover, *The Cultural Ecology of Chinese Civilization: Peasants and Elites in the Last of the Agrarian States*, New York: New American Library, 1974.

② Ch'u Tung-tsu, *Local Government in China under the Ch'ing*, Cambridge, Mass.: Harvard University Press, 1962, p.171.

③ Ch'u Tung-tsu, *Local Government in China under the Ch'ing*, Cambridge, Mass.: Harvard University Press, 1962, p.168.

④ Ch'u Tung-tsu, *Local Government in China under the Ch'ing*, Cambridge, Mass.: Harvard University Press, 1962, p.172.

⑤ 《宫中档雍正朝奏折》第 7 辑,福建陆路提督丁士杰雍正五年四月六日折,第 903 页。

⑥ 王先谦辑:《东华录》卷八六,上海:广百宋斋,第 6a 页。

⑦ 《雍正朱批谕旨》第 16 函第 2 册,第 4a 页,福建布政使赵国麟雍正七年四月二日折,第 5404 页。《雍正朱批谕旨》只有在台北故宫博物院所藏清档案朱批奏折(称作《宫中档》)中找不到原始文献时才被引用。

⑧ 《雍正朱批谕旨》第 16 函第 3 册,第 46a 页,署理福建总督史贻直雍正七年□月□日折,第 5449 页。

赫。1683年，施琅指挥清朝水师平定台湾，施氏宗族在当地立即声名卓著，其势力范围遍及数村。有官员上折指责其族人在当地为非作歹。①

由于军队，尤其是水师多为泉漳本地人，福建的上述情形变得更为复杂。有官方关系的宗族通常在当地十分专横，②并对缺少博弈能力的弱势宗族巧取豪夺。③ 有生员的宗族也可以通过生员的影响力获利。生员出入衙门干涉诉讼是常有的事。他们与县吏的勾结经常以牺牲正义为代价。④在村里，他们将律法玩弄于股掌之间。换言之，一个宗族会因为在朝中有人而增强实力。

宗族作为农村不稳定的因素

在农村地区，不同宗族之间的竞争会导致社会局势的紧张。在需要抵抗外来干扰引发的地方危机时，宗族成员会迅速迎接挑战。当面对外族时，他们总会团结一致。如果纷争不可调和，他们会诉诸武力，发生械斗。⑤ 地方官往往袖手旁观，让族长们自行解决。⑥ 1727年，同安包姓与齐姓之间发生争斗，时任知县程运青赶到事发地点，却发现自己腹背受敌，只好溜之大吉。⑦

---

① 《宫中档雍正朝奏折》第14辑，福建观风整俗使刘师恕雍正七年十月十六日折，第717页。

② 通常被称为"武断乡曲"。

③ 例如，见《雍正朱批谕旨》第5函第2册，第37页，福建巡抚常赉雍正五年十月二十五日折，第1358页；《雍正朱批谕旨》第5函第2册，第41页，福建巡抚常赉雍正五年十一月二十二日折，第1360页；《大清历朝实录·世宗朝》卷六三，第13页；《宫中档康熙朝奏折》第1辑，浙闽总督梁鼐康熙四十六年十一月二十一日折，第537～538页。

④ Ch'u Tung-tsu, *Local Government in China under the Ch'ing*, Cambridge, Mass.: Harvard University Press, 1962, p.177.

⑤ 有关宗族械斗详细论述见 Maurice Freedman, *Lineage Organization in Southeastern China*, London: Athlone Press, 1958, pp.105～113; Hu Hsien-chin, *The Common Descent Group in China and Its Functions*, New York: Viking Fund, 1948, pp.91～94；刘兴唐：《福建的血族组织》，《食货》第4卷第8期（1936年9月），第43～44页；仁井田陞：《中国农村家族》，东京：东京大学出版会，1954年，第357～393页；Harry J. Lamley, "Hsieh-tou: The Pathology of Violence in Southeastern China", *Ch'ing-shih wen-t'i*, Vol.3, No.7 (Nov.1977), pp.1～39.

⑥ 《宫中档雍正朝奏折》第5辑，福建巡抚毛文铨雍正四年二月四日折，第583页。

⑦ 《宫中档雍正朝奏折》第9辑，福建总督高其倬雍正五年十一月十七日折，第311页。实际上，高其倬甚至谴责地方官的干预。

在冲突中,弱势宗族总是遭到强势宗族的打击。弱势宗族或是和其他邻近的小族联合起来,或是为避免暴力而选择顺从并依附于占优势的大宗族。比如在诏安县,小族的田地若与大族的毗连,就不得不将自己的田地置于后者的保护之下,为了保证庄稼不被蓄意破坏,得交付十分之一的收成。① 强族对弱族的剥削经常导致流血事件。②

然而,内讧也是宗族的特点,宗族内的团结并不理所当然。瞿同祖坚持认为,在宗族内部,"士绅的行为取决于阶级利益"。③ 弗里德曼也指出宗族成员"为稀缺的土地资源和荣誉而相互斗争"。他的结论是,"和谐和冲突并不互相排斥,相反地,它们暗含于彼此之中"。④这些评论很好地反映了宗族的内部矛盾。将宗族视为垂直的凝聚体也暗示了结构内巨大的财富差异。宗族内的强房(或"家")可以通过对共有财产的管理来轻易地剥削弱房,为自己谋取利益,⑤并且强征资金用于宗族械斗。⑥ 在后一类情况中,弱房和赤贫的分支不得不当掉或卖掉财产,甚至借钱凑足银子。正如刘兴唐所说,"漳泉百姓敢于抗粮,不敢于抗此钱者,不畏官法,畏强梁也"。⑦ 更甚者,当宗族成员间处理金融和土地交易时,家庭的纽带不再起作用,其交易更像是名副其实的生意行为。⑧

宗族与农村外的活动

实际中的宗族形成及结构,远比理论上更为错综复杂和充满变化。许多宗族其实是假定和虚拟的。中文文献,尤其是那些与17世纪和18世纪有关的材料中所见的"宗族"一词,应该要经过仔细甄别才能被当作血缘共同体。这是因为"宗族"一词内涵丰富,并且被用来描述许多种情况。作为

---

① 刘兴唐:《福建的血族组织》,《食货》第4卷第8期(1936年9月),第4页。
② 刘兴唐:《福建的血族组织》,《食货》第4卷第8期(1936年9月),第43页。
③ Ch'u Tung-tsu, *Local Government in China under the Ch'ing*, Cambridge, Mass.: Harvard University Press, 1962, p.181.
④ Maurice Freedman, *Chinese Lineage and Society: Fukien and Kwangtung*, London: Athlone Press, 1966, p.159.
⑤ 各房因共有财产而起的宗族内部冲突可参阅族谱资料。如,《海澄梧贯吴氏家谱》(1908年版),卷五,第17a页。
⑥ 刘兴唐:《福建的血族组织》,《食货》第4卷第8期(1936年9月),第38~43页。
⑦ 刘兴唐:《福建的血族组织》,《食货》第4卷第8期(1936年9月),第38~43页。
⑧ 傅衣凌:《明清农村社会经济》,北京:三联书店,1961年,第21、23页。

在社会经济条件受限的、充满竞争的环境中的生存方式,宗族组织和结构变得非常灵活。宗族结构延伸和包容的潜力,在地方联盟的形成中得到了很好的体现。为了适应地方官府的期望并避免后者的怀疑,清早期的地方联盟采用宗族的形式,弥补了现有宗族力不能及之处。

农村社会宗族形成的灵活性无意中为其乡民发展组织能力提供了训练场。宗族及跨宗族组织在农村环境中成为社会化的媒介。乡民不仅学会了对待亲属的恰当态度和行为模式,而且习得了与政府官员巧妙周旋的技巧。必要时,他们也变得不那么排外。

这一农村内的社会化过程,在我看来,可以很好地解释福建贸易群体在农村以外环境中的社会行为。虽然宗族组织在祖居地外不能充分发挥功能,但它们的农村经历帮助它们通过亲属关系的延伸以虚拟的方式与非亲非故的人们建立广泛的社会联系。

然而,除了导致人们走出农村的社会经济状况之外,宗族间的械斗和宗族内部的剥削也是农村不稳定性的额外因素。①

走出农村

从明中叶开始,在农村之外寻求新机遇已经成为闽南人的习惯。17世纪初,海外移民以前所未有的规模从泉漳去往西班牙属菲律宾。另有一些去了日本,而荷属东印度群岛也开始吸引大量中国人。

清早期,人口在国内的流动规模甚至超过海外。在市镇或府城当雇工成为另一种谋生之道,尤其是对无业农民而言。② 比如在龙岩,泉州人几乎从事所有金属加工、木工、裁缝甚至理发这类工作。③ 其他市镇和城市也满是找工作的农村人口。他们中的许多人被繁荣的织布作坊所雇用。④ 一个熟练的木匠在大城市找到工作一点也不困难,因为城里的有钱人流行建造

---

① 庄为玑等:《福建晋江专区华侨史调查报告》,《厦门大学学报》1958年第1期,第113页。

② 《宫中档雍正朝奏折》(未出版),福建水师提督王郡雍正十二年七月十七日折;《平和县志》(1719年版),卷一〇,第7a页。

③ 《龙岩州志》(1835年版),卷七,第4b页。

④ 《龙溪县志》(1762年版)卷一〇,第2b~3a页;《平和县志》(1719年版),卷一〇,第7a页。

带有华丽雕刻和装饰的大宅子。① 另一些被雇为店员,因为贸易为城镇新来者提供了最好的机会。②

更有进取心的农民选择远行冒险。17 世纪末,许多泉漳民众迁移到邻近的浙江开发农业。他们种植大麻和靛蓝。这些移民大多是寻求土地的赤贫者。他们在新地方定居下来后,就将家人接来。另一些与当地女性结婚。③ 甚至,还有更多福建人远行到四川。事实上,在清初,官方也急于解决因为明末大规模农民起义而造成的四川人口骤减的问题。

湖北、湖南、山西、江西、广东、福建、广西和江苏几乎没有土地可供进一步开发,因此这些地方的农民都朝四川空置的肥沃土地而去。④ 因为缺少准确的信息,无法得知究竟有多少移民是从福建来的。至于从各地来的总人数,单是 18 世纪早期就有几万户。⑤ 据当地的一本方志记载,虽然福建移民主要从事贸易,⑥并且主要是在诸如成都和重庆之类的大城市,⑦但大多数其他移民选择务农。

总的说来,福建对台湾的移民开拓意义最为深远。第一波从泉漳到台湾的大规模移民早在 17 世纪早期就已开始。清政府与郑氏家族领导下的明朝遗臣间的战争,一直持续到 1683 年,形成郑氏抵抗集团中坚力量的泉漳人,更多地跟随撤退的军队避居台湾。1683 年后,东南沿海开放,这两个地方的民众大批大批地去台湾寻求财富。几乎同时,广东东部的潮州人也来到台湾。很快,广东东北部内陆的嘉应州的人们接踵而至。但在所有这

---

① 《龙溪县志》(1762 年版)卷一〇,第 3a 页。
② 《宫中档雍正朝奏折》(未出版),福建水师提督王郡雍正十二年七月十七日折。
③ 《宫中档雍正朝奏折》第 2 辑,浙江按察使甘国奎雍正二年七月二十四日折,第 901 页;《宫中档雍正朝奏折》第 7 辑,浙江巡抚李卫雍正五年闰三月一日折,第 707 页;《宫中档雍正朝奏折》第 9 辑,浙江巡抚李卫雍正五年十月十三日折,第 121 页;《宫中档雍正朝奏折》第 10 辑,浙江总督李卫雍正六年五月九日折,第 417 页;《雍正朱批谕旨》第 13 函第 5 册,第 24 页,浙江总督李卫雍正八年七月二十五日折,第 4512 页。
④ 《大清历朝实录:世宗朝》卷六一,第 29a~30b 页;《宫中档雍正朝奏折》第 8 辑,四川巡抚马会伯雍正五年四月十八日折,第 67 页;《宫中档雍正朝奏折》第 9 辑,四川布政使管承泽雍正六年二月六日折,第 768 页; Ho Ping-ti, *Studies on the Population of China, 1368-1953*, Cambridge, MA: Harvard University Press, 1959, p.140.
⑤ 《大清历朝实录:世宗朝》卷六一,第 29a 页。
⑥ 转引自窦季良:《同乡组织之研究》,重庆:正中书局,1943 年,第 44 页。
⑦ Ho Ping-ti, *Studies on the Population of China, 1368-1953*, Cambridge, MA: Harvard University Press, 1959, p.141.

些移民中,泉漳人始终是压倒性的绝大多数。

一些数据可能有助于我们理解泉漳农村移民的动机。清政府平定台湾期间,台湾人口在100000～200000人之间。① 一份荷兰人的资料显示,17世纪末在台湾的中国人在200000～250000人之间。② 当时,仅有少量移民是来自泉漳以外的地区。③ 换言之,由于1700年左右的福建泉漳人口可能略多于100万人,④大约有20%的人口移居台湾。在台湾的总人口中,只有18827个成年男丁登记为台湾户口,⑤其余的仍保留其户籍登记为泉漳二府。

绝大多数从福建到台湾的移民被认为是农村地区最贫穷的人。⑥ 雍正年间的一个台湾地方长官,沈起元就此事为我们提供了一条说明性的评论:

> 漳、泉内地无籍之民无田可耕、无工可佣、无食可觅,一到台地,上之可以致富,下之可以温饱,一切农工商贾,以及百艺之末,计工授直,比内地率皆倍蓰。⑦

在这里,沈起元确切地将"推"和"拉"两个因素放到一起,用来解释农村移民背后的驱动力。

---

① 连横:《台湾通史》,《台湾文献丛刊》第128种,1962年,第152页。
② 转引自陈汉光:《台湾移民史略》,林熊祥等《台湾文化论集》,台北:中华文化事业委员会,1954年,第61页。当时没有任何实际的普查,同时代的人只能做出自己的估计。比如,蓝鼎元,漳州府漳浦县人,著名学者,在1721年平定台湾朱一贵起义时,写到其时台湾有几百万人口。1732年,他在广东再次写到,台湾来自广东东部的移民有几十万人,见其《经理台湾疏》,《平台纪略》,《台湾文献丛刊》第14种,1958年,第67页;《粤中风闻台湾事论》,《台湾文献丛刊》第14种,1958年,第63页。
③ 1720年前后,台湾县的一部地方志仍然宣称该县所有的居民都是泉漳人。见《台湾县志》(1720年版),《台湾文献丛刊》第103种,1961年,第57页。在18世纪,广东人开始大规模移居台湾。然而,他们仍然是少数。据1926年日据政府人口普查,泉漳人占台湾总人口的80%,而广东移民占17%,其他福建人占3%。见陈忠华:《闽人移殖台湾史略》,《台北文献》直字第1~4期(1968年7月),第78页。
④ 参考之前的人地比率。
⑤ 《大清一统志》卷三三五,第1b页。
⑥ 《宫中档雍正朝奏折》第10辑,福建陆路提督石云倬雍正六年四月二十六日折,第333页。
⑦ 沈起元:《条陈台湾事宜状》,《皇朝经世文编》卷八四,第51~52页。

第二章

厦门的兴起

从明中期开始,闽南社会就是一个流动的社会。民众中存在着一种意愿,即愿意接受不超出他们传统农业价值体系的农村外活动。在他们离开农村,去往其他地区和海外的更为广阔的经济地带时,厦门起着门户和汇聚点的作用。在闽南人的整个海上贸易网络中,厦门也是重要一环。

从卫所到反叛基地

地理条件

> 这是一个著名的海港,叫厦门,取名于其所在的岛屿,因为它是一个船舶抛锚停泊的适宜之地,世界上最优良的港口之一;……它可以容纳几千艘船只,这里的海是如此之深,即便是最大的船也能驶进海岸,并安全停靠。[1]

以上关于厦门的描述是一个叫杜赫德(P. du Halde,1674—1743)的法国人在18世纪早期写下的,至今犹然。厦门岛位于北纬24度,东经118度,东西长7英里,南北长8英里。周长近40英里,面积42平方英里。它隐藏于金门、烈屿、大担、星屿和浯屿这些离岛之后。[2] 城镇位于厦门岛的西南角。

港湾分为内外两部分。厦门岛与鼓浪屿之间的通道构成了内港的主

---

[1] P. du Halde, *The General History of China*, 4 Vols., London, 1741, Vol.1, p.169. 法文原版出版于1736年。

[2] 毕腓力(Rev. Philip Wilson Pitcher):《厦门纵横》,上海及福州:中国卫理公会出版社,1909年。

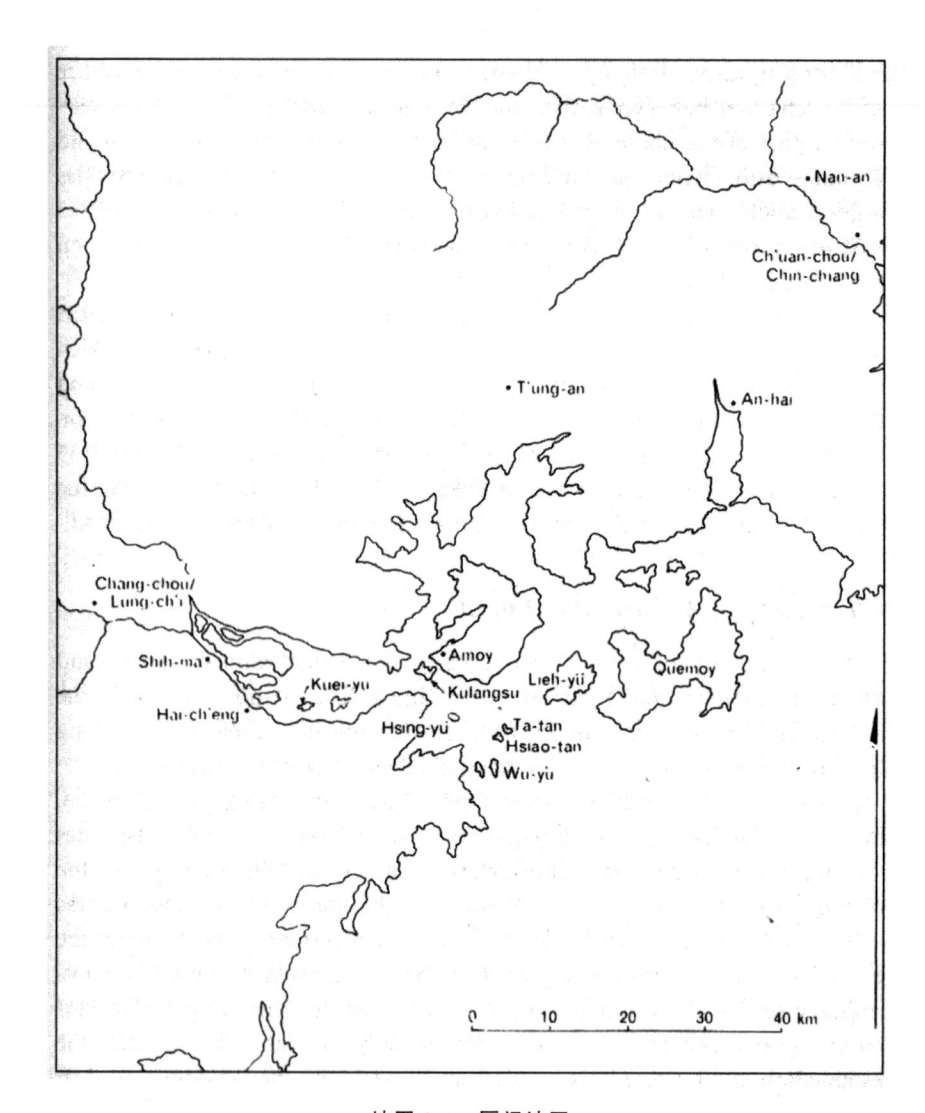

地图 2-1　厦门地区

体。商铺和货栈沿港口分布,商船在此抛锚停泊。厦门岛与鼓浪屿之间海峡入口处的宽度是 840 码(1 码等于 3 英尺),最窄处是 675 码。浯屿与大担岛之间的通道构成外港的入口处,为船只提供了一个优良的锚地。[①] 一位英国海军军官曾于 1842 年评价说:"以我所见,这是我见过的中国沿海最好

---

① 王尔敏:《厦门开辟之港埠区画》,《食货》第 4 卷第 6 期(1974 年 9 月),第 223～228 页。

的港口……"①

除了优良的港湾,厦门所在的位置使其与福建省内许多重要城市及农村进行贸易也十分便利。②泉州平原位于九龙江入海口北部,九龙江向西则进入漳州盆地。漳州/龙溪城在厦门以西35英里,它们中间是海澄和石码。因此,整个闽南地区可作为厦门的腹地。

中左所:一个驻兵重地

厦门早期的历史模糊不清,它在宋代被称作嘉禾屿(意为谷物丰茂之岛),受泉州府同安县管辖。元朝时,政府在此设置卫所。

厦门的军事重要性凸显出来是在明朝,当时中国沿海有外国人出没,尤其是日本的商业海盗,政府因此重新关注到近海岛屿。为了确保安全,明代早期引入了一套精心设计的卫所制度。卫所沿海而设。在福建,有五个卫,每个卫负责指挥五个所。③按照常规,泉州的永宁卫原本也下辖五所。永宁卫建立不久,中所和左所移至厦门。这是该岛中左所之名的由来。差不多是在同一时期的1387年,为加强海防,修筑了城墙。这时该城开始被称为厦门城(意为华夏之门),或者用当地方言叫作Amoy。明清时期的文学作品倾向于用更富有诗意的名字鹭门(白鹭之门)称呼其城镇,称岛屿为鹭岛(白鹭之岛),或是因岛上白鹭随处可见,或是因岛的形状像白鹭。④嘉靖年间(1522—1566),当浯屿的水师基地被撤回到更具防守性的厦门岛时,厦门的战略重要性进一步加强。⑤

从明中期起,在厦门建立了一个关卡,用于监督往来海澄港的船只。厦门由于地处泉漳二府的分界线,常常成为两地官府的争议焦点。行政上,厦门的管辖权隶属于泉州府。但由于处在九龙江入海口的战略要地,厦门被形容为"漳郡之咽喉"。⑥

---

① 王尔敏:《厦门开辟之港埠区画》,《食货》第4卷第6期(1974年9月),第228~229页。

② Fred Mayers et al., *The Treaty Ports of China and Japan*, London: Trubner and Co., 1867, p.248.

③ 《南安县志》(1672年版),卷五,第4b~5a页。

④ 《厦门志》卷二,第1b~2a页。

⑤ 《漳州府志》(1763年版),卷二五,第22a页。

⑥ 陈伦炯:《海国闻见录》(1730年序),卷一,第4a页。

厦门的兴起

　　漳州的官员们完全注意到了厦门的竞争性区位,曾在内部进行过商议,计划把厦门并入漳州府的管理范围。这个想法在海澄县将要新设时曾被讨论过。泉州官员反对这一计划,因为他们坚持认为,由于厦门离同安县本土仅仅一英里之隔,它更像是同安的"咽喉",而不是漳州的"门户"。这一讨论不了了之。1592年,漳州派出一支分遣队到岛上巡逻。泉州官方将此视为对他们管辖权的侵犯,他们力争保留对厦门岛的控制权,但没有立即见效。①

　　同时,泉州府的官员们图谋从漳州的海运税收中捞取油水,推动厦门成为一个独立的海上贸易中心。他们于1594年提议,在泉州与漳州商人之间划界区分贸易范围。泉州商人能涉足的区域是东洋(吕宋岛、马鲁古群岛、苏禄群岛、文莱等),而漳州商人是西洋(其余的南洋国家,如暹罗、马六甲、柔佛、北大年、爪哇以及现在的印度支那地区)。在此安排下,台湾、琉球群岛,以及日本都属于第一类范畴。如果该提议被接受,厦门将取代海澄成为督饷馆所在。这一策划的目标在于为泉州增加海运税收。漳州的官员们直接拒绝了他们对手的提议,这是可以理解的。他们担心这个计划将危及漳州在海上贸易的主导地位,使得他们长期享有的关税收入外流。在他们强烈的反对下,这一计划不可能执行。②

　　为了阻止泉州官僚的野心,督饷通判王起宗于1617年建议将设在厦门的关卡移到厦门和海澄之间的圭屿。王起宗被派驻在海澄,他作为一个漳州府的官员,想把关卡从厦门移开是很好理解的。实际上,在一个没有权力指挥当地官员的地方,对他来说是相当尴尬的。当岛上隶属于泉州的文武官员挑战他的权威时,情况会进一步恶化。他力呈圭屿的位置更适合作为关卡,因为它离海上贸易中心海澄更近。更方便的是,圭屿在海澄的行政管辖之下。③ 朝廷随后批准了移置之请。④

---

　　① 以上事件及日期,见《厦门志》卷九,第21a～22b页,以及卷三,第2b页;《泉州府志》(1763年版),卷二四,第34b页。
　　② 张燮:《东西洋考》1618年序,台北:正中书局,1962年。
　　③ 张燮:《东西洋考》卷七,台北:正中书局,1962年,第22页。
　　④ 张燮:《东西洋考》卷九,台北:正中书局,1962年,第2b页。

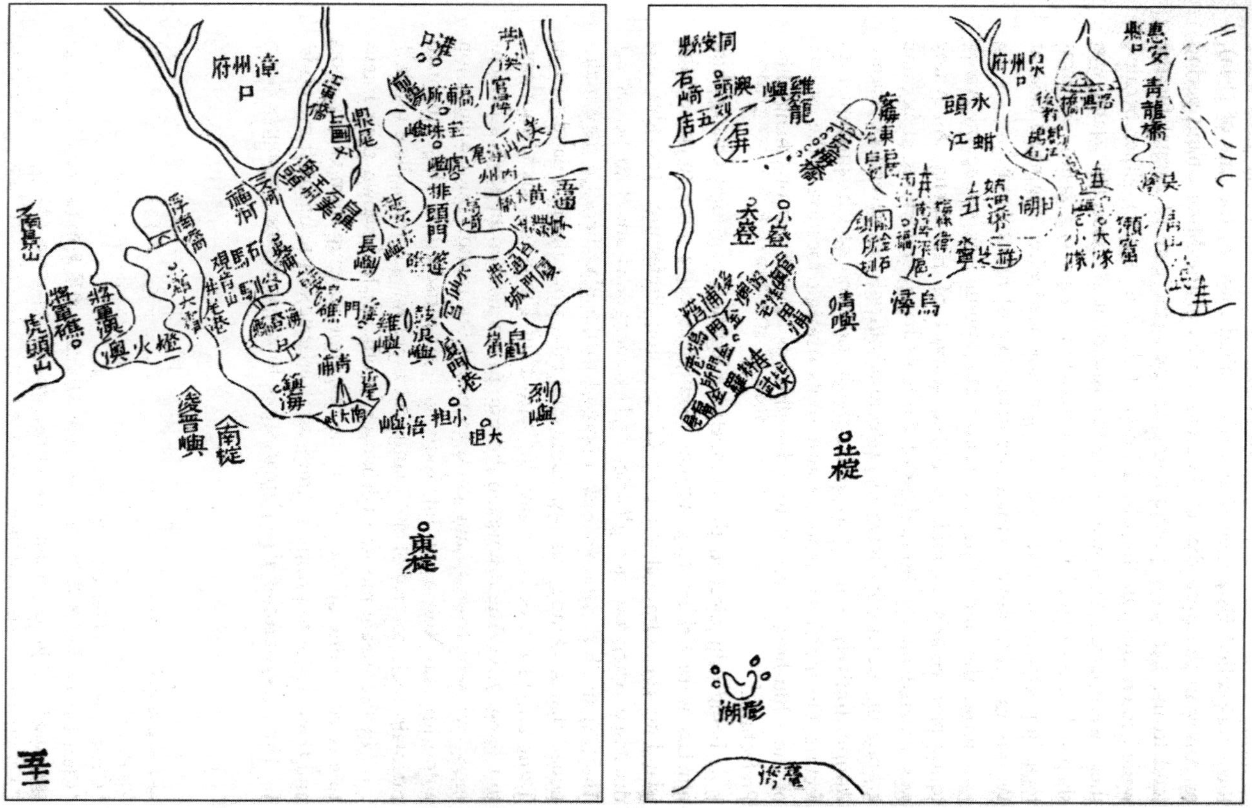

地图2-2 闽南沿海

资料来源：陈伦炯：《海国闻见录》。

虽然关卡移置了,但泉州的官员们最终于天启早期(1621—1627)成功地接管了厦门的卫所,并在这里驻扎了自己的营兵。但这并未结束长久以来的争论。两年之后,将厦门并入漳州的建议又一次被提出。这一次还是由于厦门岛上士绅的强力抵制,行政变更才没实现。①

16世纪和17世纪早期,尽管作为一个非行政城镇,仅以其军事功能而为外界所知,厦门已经开始在泉漳贸易社区有了自己的名声。它是周边为国内外走私者提供庇护而声名狼藉的岛屿之一。因为几乎没有官员会把那里作为驻地,在1567年海澄设县后,厦门在走私者中变得特别受欢迎。海澄设县后,在海澄贸易必须按照官府的正式手续,这也正是进行行政变更的原因。可能被各种错综复杂的行政管理束缚住的贸易者,倾向于在更偏远的岛上做生意,尤其是和外国人做生意时。考虑到巡逻队主要是当地新兵,而且对他们来说在交易中挟带私货是惯例,因此偏远区域的水师巡逻是与商人方便,而不是找麻烦。贸易者受到更少的骚扰,轻松通行,只因贸易是在水师官员心照不宣的保护和支持下进行的。《厦门志》记载,整个16世纪,本地人、日本人、葡萄牙走私者暨海盗活跃于浯屿和中左所。每当对交易量不满意,或是处于地方政府的压力之下时,他们就密谋大胆袭击这些岛屿并建立走私窝点,以便轻松进入同安和海澄内陆。荷兰人后来如法炮制。为了跟福建人做生意,他们于1622年首次出现在中左所,第二年再次到来。②

思明州:反叛基地

厦门发展的第二阶段,从1626年持续到1680年,见证了一个反叛基地的崛起。这一时期也见证了郑氏家族带领下的福建海上帝国的出现。在经济上,厦门仅仅是走私者的天堂,比起它的邻居海澄并没有更大的竞争力。因此,厦门作为商业中心的成长,与郑氏海上商业帝国的发展有着密不可分的联系。

郑氏家族的巨大财富始自郑芝龙时期。他是一个海上冒险家,老家在安海港湾入口处的石井村,属于泉州府南安县。他通过海上贸易和当海盗

---

① 《厦门志》卷九,第21a~22b页,卷三,第2b页;《泉州府志》(1763年版),卷二四,第34b页。

② 《厦门志》卷一六,第1~4页。

发家致富。17世纪20年代,郑芝龙已经成为福建沿海无可争议的霸主,拥有庞大的舰队。若干年来,他对福建和广东的沿海地区侵扰不断。1626年和1627年,他入侵厦门,击败官方军队并夺取财物。厦门岛随之成为郑芝龙的商业和募军基地。①内陆走私者从苏州和杭州带来诸如优质丝绸和棉布之类的货品,甚至还有来自南京和北京宫廷中的贵重物品,用以交换东亚和东南亚的商品。② 1628年,郑芝龙决定向明朝统治者称臣。他随即被委以游击之职,后来又被提升到都督同知的高位。军事力量、商业财富、官方地位使郑芝龙及其家族成为福建的实际统治者。③现在他的海上事业更加繁荣。④厦门和金门之外,他在泉州城十里以外的安平(安海)修筑了城镇。安平很快发展成一个不亚于泉州城的繁忙海港。他不仅称霸海上,而且扮演了福建出海人口保护者的角色,为贸易者们提供有偿保护,有超过一千艘船和一支私人海军在他的控制下。⑤这是福建海上权力和贸易首次独为一人所控。在此背景下,厦门开启了它成长为政权基地和贸易中心的重要新篇章。

清军进入福建后,郑芝龙向新建立的清政府投降。他的两个族人郑彩和郑联则退回厦门支持鲁王的复明事业,甚至连他出生在日本的儿子郑成功(更多以国姓爷为人所知)也反对他投降的决定。1647年,年仅23岁的年轻国姓爷带领仅仅90余名追随者,在鼓浪屿开始了他抵抗清政府的运动。他起初扩军的财政困难,因继承父亲庞大的海上资产而迎刃而解,资产包括未被清军俘获的从日本和东南亚返回的大型商业船队。

1650年他从两个族人手中夺回厦门是一个关键事件。他合并了厦门和金门的军队。有了这次成功,"他毫无疑问地掌控了郑氏家族在福建的遗

---

① 《厦门志》卷一四,第4页。关于福建沿海的郑氏家族,见John E. Wills, Jr, *Pepper, Guns, and Parleys: The Dutch East India Company and China 1622-1681*, Cambridge, Mass.: Harvard University Press, 1974.

② 计六奇:《明季北略》卷一一,第25b~26a页,《笔记小说大观》第12编第4册,第2416~2417页。

③ Ralph C. Croizier, *Koxinga and Chinese Nationalism: History, Myth, and the Hero*, Cambridge, MA: Harvard University Press, 1977, p.12.

④ 《厦门志》卷一六,第5a页。

⑤ 《厦门志》卷一六,第5a页;计六奇:《明季北略》卷一四,第24页;江日昇:《台湾外记》卷八,第8b页,《笔记小说大观》第2编第10册,第6104页;瞿昌文:《粤行纪事》卷一,第3b页,《笔记小说大观》第2编第7册,第3887页。

产,及其父亲在厦门和金门这两个战略岛屿上的老根据地,并以之为军事活动和发展海上商业帝国的中心"。①

实际上,郑成功还没接管时,厦门就已经成为他的仓库。从东南沿海控制地区征收的税粮,被运往厦门入库。② 海上贸易所获利润也存放在那里。在国姓爷的治理下,厦门作为转口港甚至比以前更繁荣,是广为人知的金银岛。③ 1651年,趁国姓爷在广东东部作战时,福建巡抚张学圣和右路总兵马得功攻破了厦门岛。

国姓爷很快返回并重夺厦门,并以此为基地在随后的几年里对福建、广东和浙江实现控制。他从这些在他控制之下的地区征税,全部的税收都集中在厦门入库。④ 所有这些进一步促进了以厦门岛为中心的商业网络的形成。

1655年,国姓爷将中左所更名为思明州(意为思念明朝),来表达他对明朝正统的忠诚。⑤ 在国姓爷余生的军事活动中,思明州一直是反抗力量的筑防之都。为了寻找一个安全的后方基地,国姓爷于1661年带领他的军队从荷兰人手里夺回了台湾的热兰遮城(今台南)。带着未酬的复明壮志,他于次年去世,年仅39岁。

抵抗事业由他的儿子郑经继承。郑经的第一个任务是扩大厦门城区。他指派转运使翁天佑为总设计师。翁天佑执行指示,于1663年开始重建城区,设计市场,修建寺庙。一则史料显示,"新街、横街,皆其首建也"。⑥ 重建工作因为那年年底厦门岛的突然失守戛然而止。郑氏集团被一支荷兰人和清军组成的联合舰队赶出了厦门和金门。清朝当局在攻克两岛后毁城,

---

① Ralph C. Croizier, *Koxinga and Chinese Nationalism: History, Myth, and the Hero*, Cambridge, MA: Harvard University Press, 1977, p.14.

② 颜兴:《郑成功的财经政策》,《文史荟刊》第1辑(1959年6月),第40页。

③ 《明清史料丁编》,第79页。

④ 颜兴:《郑成功的财经政策》,《文史荟刊》第1辑(1959年6月),第40~41页。

⑤ 关于年代,见谢浩:《明郑思明州建置史料考异》,《台北文献》直字第28号(1974年6月),第63、65页。

⑥ 林谦光:《台湾纪略》,《小方壶斋舆地丛钞》第九秩,第136a页。林谦光是闽北人,1672年乡试副榜贡生。

将所有沿海人口内迁。① 尽管厦门城惨遭摧毁,但其后来的发展仍然效仿了翁天佑原先的计划。②

郑经退据台湾后,厦门成为一些海盗团伙的庇护所。在短短六年间,郑经再次在弃岛厦门重建了他的商业基地。他派遣江胜带领一支队伍到厦门,修复与内陆的联系。1674年三藩之乱爆发,为郑经提供了一个在福建沿海恢复势力的好机会。他重新占领了厦门,势力范围涉及广东和福建沿海八府。③

接下来的三年里,清廷与郑氏集团的拉锯战持续着,直到后者再次被迫后撤并退守厦门。1680年,清朝水师第三次登陆夺回了厦门。郑氏的所有兵力撤退到台湾。郑经于第二年去世,在一番斗争后,其子郑克塽继位。1683年,施琅,原国姓爷的旧部,成功地指挥统一了台湾。郑克塽降清,结束了郑氏家族经营四代的海上集团,这一海上集团曾见证了厦门作为贸易中心的兴起。当它不再是一个海盗庇护所和反叛基地时,厦门开始了它在清帝国怀抱下的第三个发展阶段。

厦门贸易网络形成时期

为了应对郑氏的抵抗,清廷采取了消极的海洋政策。镇压郑氏抵抗失利后,1656年朝廷决定颁布第一道禁海令。④ 朝廷非常清楚走私活动是郑氏武装源源不断的财政来源。新法令规定,省府被要求确保切断叛军的所有商品供应。当海禁政策没有达到预期目标时,朝廷提出强制的居民内迁计划。几乎康熙帝一登基,就命令省级官员严格执行禁海令。⑤ 清早期对海上贸易的消极政策未能阻止内陆与厦门之间繁荣的走私交通。事实上,这使得海上贸易进一步集中到厦门。东亚及东南亚国家"凡中国各货,海外人皆仰资郑氏。于是通洋之利,惟郑氏独操之,财用益饶"。⑥

---

① 《厦门志》卷一六,第8a页。1661年清廷颁布严格的强制内迁令,命令沿海居民内迁30~50里(10~16英里)。详情见浦廉一:《清初边界考》,赖永祥译,《台湾文献》第6卷第4期(1955年12月),第109~122页。
② 正如林谦光著作中所提及的。
③ 《厦门志》卷一六,第8页。
④ 该诏令全文见《明清史料丁编》,第155a页。
⑤ 该诏令全文见《明清史料丁编》,第257页。
⑥ 郁永河:《郑氏逸事》,《裨海纪游》,《台湾文献丛刊》第44种,1959年,第48页。

而且限制越多,贸易越有利可图。商人不费什么事就能贿赂驻兵或水师巡逻队让他们守口如瓶。显然,即使像总督和巡抚这样的高官也会受贿,对非法活动睁只眼闭只眼。① 在他们的默许下,有无数船只在不同港口和厦门之间进行商品走私。② 正如总督范承谟1673年奏报的那样,走私物品主要包括造船材料和出口丝绸、棉布。范承谟指出,只有那些拥有足够资本的人才可能从事这类贸易。③ 换言之,有许多沿海富商直接卷入其中。它也吸引清朝官员和士绅阶层参与投资。④ 与此同时,走私活动为厦门大部分沿海贫困人口提供了生计,尤其是在他们被迫内迁,并因此失去原先的生计后。⑤ 简而言之,即便是在清政府强力迫使沿海人口撤离和警告商人们将贸易转移到海澄时,也没能削弱厦门的商业地位。⑥

具有雄厚资本的大商人通常要么是郑氏集团的官员,要么是隐蔽性极高的商业网络中的官商。郑氏集团的高官拥有自己的商船,可以航行到东洋和西洋,厦门是他们海外贸易的中心。船主投资的份额最大,所有船员也加入公司。许多其他的幕后投资者则在船上附搭他们的货物。运回厦门的外国商品多达百余种,包括不同类型的布料、红糖、安息香、藤黄、燕窝、苏木、铅、锡、象牙、海参等。⑦ 这些进口物品由走私商分销全国。

官商是指那些被任命管理商号间保密网络的人。他们的总部在杭州和厦门。他们中也有许多靠从郑氏集团借贷来做生意的个体商人。他们的主业是走私贩卖造船和制作武器的材料,诸如木材、麻绳、桐油、钉子、铁具、硝石。走私生意中的其他大宗船运货物主要是如长江下游的出口丝织品等。⑧

郑氏控制下的被称为"行"的商号总共有十个。其中五个的总部设在杭

---

① 1684年,此违规之举被康熙帝指出,见《大清历朝实录:圣祖(康熙)朝》卷一一六,第4a页。
② 郁永河:《郑氏逸事》,《裨海纪游》,《台湾文献丛刊》第44种,1959年,第48页。走私船也叫"透越船",亦见于江日昇:《台湾外记》卷一四,第5a页,《笔记小说大观》第2编第10册,第6130页。
③ 范承谟:《条陈闽省利害疏》,《皇朝经世文编》卷八四,第61b页。
④ 《明清史料丁编》,第257页。
⑤ 江日昇:《台湾外记》,《笔记小说大观》第2编第10册,第6128页。
⑥ 沈云:《台湾郑氏始末》,《台湾文献丛刊》第15种,1958年,第52页。
⑦ 《明清史料丁编》,第289a~299a页。
⑧ 《明清史料丁编》,第257页。

州。它们负责从杭州和苏州收购丝织品和棉布,并把这些货品走私到厦门。另外五个商号设在厦门。它们的任务是把内地的商品出口到台湾和海外。①

除了这十个商号之外,还有一些从户官借贷资本起家的零星商家。他们借资的数额从几万到几十万两银子不等。借贷者的月利息是1.3%。②商人们可以用这笔钱从苏州和杭州购买丝织品,然后运给厦门的国姓爷。③

国姓爷时期,厦门已经成为福建出海帆船("洋船")的中心。同时,所有与郑氏集团有生意往来的外国商人也在厦门港停留。在郑经退守台湾期间,外国船只不得不从厦门转往台湾。1674年郑氏武装重夺厦门后,英国船和那些从西爪哇的万丹、暹罗以及安南来的船只重新停靠在厦门。厦门的商品是如此丰富,以致英国商人在同一年表示,如果他们同郑经做生意,实际上就如同和中国做生意。④ 内地商品从厦门向台湾的流动也大量恢复。⑤ 厦门快速增长的海洋活动反映出商业的迅速复苏。⑥ 简言之,厦门贸易网络在郑氏时期已初步形成。

海运中心的合法化

1680年之后,厦门的商业活动开始逐步归于平淡。内迁的法令于1681年年初被废除。1684年,统一台湾后,朝廷批准取消海禁。随着海外贸易的恢复,厦门成为福建仅有的帆船与南洋贸易的指定港口。清政府在此设立海关,以及其他军事和民事行政机构。这些举措使厦门作为福建海运中心的地位合法化。

---

① 南栖:《台湾郑氏五商之研究》,《台湾研究丛刊》第90期(1966年9月),第44页。
② 《明清史料丁编》,第215页;《明清史料己编》,第576a页。
③ 《明清史料己编》,第576a页。
④ 《十七世纪台湾英国贸易史料》,《台湾研究丛刊》第57种,台北:台湾银行,1959年,第96页。此处引用文本为翻译本,附有摘抄自英联邦关系办公室印度事务部图书馆所藏商站记录的原始文本。
⑤ 《十七世纪台湾英国贸易史料》,《台湾研究丛刊》第57种,台北:台湾银行,1959年,第96页。
⑥ 夏琳:《闽海纪要》,《台湾文献丛刊》第11种,1958年,第48页。作者为当时的泉州人。

海外贸易扩张

据1685年施琅奏报,海禁解除后的第一年,去往海外的洋船就已经不计其数。他们大多只携带少量资金和货物,但载有许多移民。施琅提到其中的一艘船,正说明了这一点。这艘于1685年驶向吕宋的船只载重量有限,仅仅运载了少量货物,但却超载有133名乘客。施琅上书提出,应该限制洋船的数量,以便海外贸易可以集中于资本雄厚的大船。[1] 他的建议被朝廷批准。在随后几年里,建造船只和远洋航行的许可只授予富裕的申请者。[2]

然而,洋船依旧搭载大量非法移民。除了20~30名船员和40~60名出洋商人外,每艘帆船通常搭载200~300名这类乘客。[3] 由于只有少量帆船能获准出洋,每次航行的投资金额便因此增加。比如18世纪30年代,每艘去南洋贸易的海船经常装载价值十万两的货物。[4] 利润率通常能达到100%。一些商品,比如茶和瓷器甚至获利更多,它们有可能以高于成本150%~200%的价格售出。[5]

关于1683年之后福建与南洋贸易的洋船数量,能找到的资料不多。一个见证者写于17世纪90年代的报告,记录了从厦门出发的所有福建到南洋的洋船,[6]但没有给出确切的数据。第一份在帆船数目上可用的报告是福建总督高其倬1729年送呈的奏折。从中我们可以得知,1726年年末盛行东北季风时,有21艘船离开厦门到南洋贸易。次年春季,其中12艘已经运载超过11800石(大约962吨)稻米,以及诸如燕窝、海参、苏木和水牛皮

---

[1] 施琅:《靖海纪事》,《台湾文献丛刊》第13种,1958年,第93~95页。

[2] 《厦门志》卷五,第16页。

[3] 《宫中档雍正朝奏折》第8辑,福建总督高其倬等雍正五年九月九日折,第836~837页。

[4] 《宫中档雍正朝奏折》第21辑,福建总督郝玉麟雍正十一年四月五日折,第353~354页。

[5] 《宫中档雍正朝奏折》第21辑,福建总督郝玉麟雍正十一年四月五日折,第353~354页;John Crawfurd, *History of the Indian Archipelago*, vol. 3, Edinburgh: Archibald Constable & Co., 1820, p.179.

[6] 郁永河:《宇内形势》,《裨海纪游》,《台湾文献丛刊》第44种,1959年,第70页。

等其他货物归来。① 下一次东北季风时,航行到南洋的船只数量增加到 25 艘。② 1733 年,总督郝玉麟的另一份奏折指出每年有 28~30 艘帆船离开福建。1755 年,共计有 74 艘船只从南洋返回厦门。③

1683 年后,海上贸易的增长是厦门越来越欣欣向荣的主要因素。1716 年之前,地方官府的呈报都显示出商业前所未有地日益繁荣。④

1717 年,康熙帝推行一项新的海禁令,以确保沿海地区的安全。尽管如此,海禁的影响并不如想象中那么具有破坏性。出海民众在此不利的情况下也不是完全无助。和以前不同,这次禁令仅是部分限制。国内贸易网络是被认可的,未遭破坏。即便是对外贸易,也没被完全禁止,与日本、琉球群岛和安南的贸易得以继续。⑤ 更重要的是,外国船只仍然被允许停靠在中国港口。但是,福建洋船与南洋贸易仍是非法的。他们在驶往澳门或安南的幌子下,设法航行到暹罗或巴达维亚。⑥ 1727 年,雍正帝接受福建省级官员的建议,取消了这项限制。

开海之后,最重要的行政措施是,厦门于 1728 年成为省内指定的中心港口("总口")。所有从福建出发,驶往海外港口的帆船都以厦门作为返回港和出发港。⑦ 实际上,厦门几十年来已是福建的海外贸易中心。因此,新措施仅仅是为了重申惯例,从而对海上贸易进行有效管理。当然,这项行政

---

① 《宫中档雍正朝奏折》第 11 辑,福建总督高其倬雍正六年八月十日折,第 70 页。

② 《宫中档雍正朝奏折》,福建总督高其倬雍正七年三月二十七日折,第 751 页。

③ 《宫中档乾隆朝奏折》(未出版),福州将军兼管闽海关事务新柱乾隆二十年十月三日折。

④ 《宫中档康熙朝奏折》第 6 辑,福建水师提督施世骠康熙五十五年九月六日折,第 590 页。

⑤ 《明清史料丁编》,第 774 页;《文献丛编:雍正朝关税史料》第 17 辑,第 8 页。

⑥ 《文献丛编:雍正朝关税史料》第 17 辑,第 3b~4a 页;《宫中档雍正朝奏折》第 8 辑,福建总督高其倬雍正五年七月十日折,第 524 页。

⑦ 《宫中档雍正朝奏折》第 9 辑,福建总督高其倬等雍正六年正月八日折,第 566 页。

措施也意味着朝廷认识到了厦门作为福建省海上贸易中心的地位。①

厦门贸易无疑在1736—1757年的乾隆早期获得了进一步发展。② 这一时期,尽管厦门和广州都被官方批准进行中国与暹罗的海上贸易,③其实直到1757年,许多中国民间与暹罗的贸易都是从厦门出发的。④

1757年的乾隆法令颇受争议,在厦门贸易如此巨大的影响下,所有外国贸易活动竟被限制在广州。该法令通常被视为极端的措施。吴汉泉把"厦门的黯然失色"归因于乾隆法令。⑤ 傅衣凌持相似观点。⑥

事实上,1757年法令的颁布是为了防止英国商人去宁波贸易,而不到欧洲船只指定去的广州港。英国人此举是试图逃避广州官员对关税的苛征强索。⑦ 其他西方国家的贸易已经在广州进行。在朝廷与地方政府漫长的争论中,厦门只有在地方关税提高到与广州同等标准这一点上受到间接影响。这么做的目的是降低西方贸易者向厦门转移的可能性。⑧ 由于西方船

---

① 《宫中档雍正朝奏折》第12辑,福建总督高其倬雍正七年正月二十日折,第247页。据记载,"福建厦门地方为福建通省洋船出入总口,澎台之咽喉。各处人民辏集于此"。应该指出的是,《厦门志》中"按,厦门贩洋船只,始于雍正五年(1727年)",如果所述不误则易起混乱(见《厦门志》卷五,第30b页)。实际上,早于1717年海禁前几十年,厦门已有船只扬帆出海。然而,据目前所知,大多其他学者引用该志,指出厦门帆船出海始于1727年。如Sarasin Viraphol, *Tribute and Profit: Sino-Siamese Trade 1652-1853*, Cambridge: Harvard University Press, 1977, p.121;傅衣凌:《明清时代商人及商业资本》,北京:人民出版社,1956年,第202页;田汝康:《十七—十九世纪中叶中国帆船在东南亚洲》,上海:上海人民出版社,1957年,第19页。

② 《厦门志》卷五,第30b页。

③ Sarasin Viraphol, *Tribute and Profit: Sino-Siamese Trade 1652-1853*, Cambridge: Harvard University Press, 1977, p.71.

④ Sarasin Viraphol, *Tribute and Profit: Sino-Siamese Trade 1652-1853*, Cambridge: Harvard University Press, 1977, p.246.

⑤ Sarasin Viraphol, *Tribute and Profit: Sino-Siamese Trade 1652-1853*, Cambridge: Harvard University Press, 1977, p.246.

⑥ 傅衣凌:《明清时代商人及商业资本》,北京:人民出版社,1956年,第203页。

⑦ 关于导致了1757年法令的事件原委,见《大清历朝实录·高宗朝》卷五一六,第16b~17b页;卷五二二,第12页;卷五二五,第19页;卷五三〇,第16b~17b页;卷五三三,第11a~12b页;卷五四九,第37页;最重要的是其中的最后法令,卷五五〇,第23b~25b页。

⑧ 《清朝通典》卷八,上海:商务印书馆,1935年,第2064页。

只在1712年后已经很少光顾厦门，①所以该法令没有改变厦门的贸易地位。从南洋国家比如苏禄、暹罗和西属吕宋来的船只并不禁停厦门，它们在1757年后依然能来厦门港。② 做出将英国人限制在广州的决定后，经过一个月的讨论，又出台了一项法令，明确指示地方政府不应禁止东南亚船只进入厦门，如果它们是1757年法令颁布前的常客的话。③ 甚至提高的税率也不一定对他们不利，朝廷对自己认可的进贡附属国常给予特殊待遇。

1757年法令丝毫没有影响本国船只，洋船依然从厦门起航。地方官员的文献中不断提到洋船的活动并积极鼓励商人从海外带回更多的大米。④ 一份1768年浙闽总督的奏折中提到，泉漳富商继续投资洋船的商业冒险，"每年冬底在厦门置买货物，乘北风开行，前往吕宋、噶喇巴、南洋一带"。⑤ 换言之，厦门仍然保持着它作为本国海外贸易指定港的地位。

正如浙闽总督苏昌在1767年的奏折中指出的那样，18世纪中期之后，通过厦门港进口的大米确实减少了。⑥ 吴汉泉也强调这一点以说明厦门贸易的衰落。在他看来，"1758年外国人到厦门贸易的终结"是大米进口减少的主要原因，而且"对削弱洋行（获准从事对外贸易的公司）的作用有直接影响"。⑦ 如果他指的是18世纪末洋行数量的缩减，那么他是正确的。洋行数量的缩减在《厦门志》中也有清楚的记载。⑧ 然而，就厦门的商业情况而言，我的理解略有不同。进口大米的减少和洋行数量的缩减并不表示厦门海上贸易的黯淡。一方面，尽管政府有激励机制并不遗余力地鼓励当地从

---

① 《宫中档雍正朝奏折》第5辑，福建巡抚毛文铨雍正四年三月十日折，第689页。
② 傅衣凌：《明清时代商人及商业资本》，北京：人民出版社，1956年，第203~204页。
③ 《大清历朝实录：高宗朝》卷五三三，第6页。
④ 《宫中档乾隆朝奏折》（未出版），福建巡抚定长乾隆二十八年正月二十七日折；《宫中档乾隆朝奏折》（未出版），浙闽总督苏昌乾隆三十年十月二十四日折；《宫中档乾隆朝奏折》（未出版），浙闽总督苏昌乾隆三十二年十月四日折；《宫中档乾隆朝奏折》（未出版），浙闽总督杨景素乾隆四十三年四月十六日折；《厦门志》卷五，第30b页。
⑤ 《宫中档乾隆朝奏折》（未出版），浙闽总督崔应阶乾隆三十三年七月八日折。
⑥ 《宫中档乾隆朝奏折》（未出版），浙闽总督苏昌乾隆三十二年十月四日折。
⑦ Sarasin Viraphol, *Tribute and Profit：Sino-Siamese Trade 1652-1853*, Cambridge：Harvard University Press, 1977, p.109.
⑧ 《厦门志》卷五，第30b~31a页。

海外进口大米,①但对更加精明的福建商人和投资者来说,与生产国的大米贸易越来越没有吸引力。福建商人将精力再次转向来自马来群岛的那些更传统的进口货物,从事海外大米贸易以及中国—暹罗的直接贸易的福建人大为减少,广东东部的潮州人取而代之。

另一方面,最后这几十年见证了厦门商行(原本获准在中国沿海做生意的公司)的不断扩张。商行商人成功挑战并最终取代了洋行,即那些历史悠久的从事海外贸易的特许经营者。②商行商人的崛起意味着福建商人更广泛地分享着整个海外贸易。整体而言,福建商人的商业地位在18世纪下半叶仍然稳固,甚至还有所提高。据《厦门志》记载,洋行数量减少到8个,但商行增加到30个。此外,有超过1000艘的洋船和商船(获得沿海贸易许可的)在厦门停留。③ 因此有证据表明,在此期间厦门商业繁荣、舟船繁忙。实际上,因为它的财富,厦门在此时期为自己赢得了"银城"的美誉。④ 清代学者梁章钜在老年时回忆道:

(1786年)……厦门洋船丛集,商贾殷赈,仙山楼阁,甲于南天。⑤

军事、行政管理

厦门崛起为福建的航运中心,使得政府对战略和商业政策有了新的考量。清廷完全清楚它的战略地位:利于海防,可控制台湾孤岛;海港位于海洋边界的近海岛屿,容易受到无论是本国流寇还是外国入侵者的攻击。同时,朝廷不得不考虑它在商业上的重要性。海上贸易不仅给政府带来相当可观的关税收入,更重要的或许是为人口稠密但耕地不足地区的人口提供了生计。鉴于清朝建立之初福建人反抗的教训,朝廷学会了对被认为是国家最不安分的人民时刻保持警惕,不仅靠武力,而且试图安排好他们的生

---

① 在评论18世纪20年代怀疑有大米从中国贩往海外时,蓝鼎元指出中外大米贸易不可能有利可图,因为大米运费高、体积大、价值低,见蓝鼎元:《论南洋事宜书》,《皇朝经世文编》卷八三,第39页。如1767年总督苏昌指出,商人从海外进口大米主要是因为在激励机制下他们能获得官方头衔。见《宫中档乾隆朝奏折》(未出版),浙闽总督苏昌乾隆三十二年十月四日折。

② 《厦门志》卷五,第31页。

③ 《厦门志》卷五,第30b~31a页。

④ 《厦门志》卷一五,第1b页。

⑤ 梁章钜:《退庵随笔》,自订年谱,第1b页,《笔记小说大观》第1编第9册,第5328页。

计。中国历史上可能没有比康熙帝和雍正帝更懂得执政艺术和对海洋人口的需求更敏感的皇帝了。对厦门的政策灵活调整，是因地制宜的应对，而非基于行政先例。因此，与中国其他城市施行的一般行政管理相比较，厦门的治理在清朝的头几十年非常独特。

占领该岛后，清朝当局重新采用了很少使用的名字——厦门。① 在清朝治理下，厦门是福建水师的总部。厦门的水师提督（从一品）负责管理全省的水师事务。他监管金门、海坛和南澳三个军镇，还有澎湖和台湾。② 清代早期，就海事而言，水师提督是福建最有权力的人物，施琅任职期间（1681—1696）尤其如此。他的儿子施世骠从1712年到1721年也任水师提督。在省级层面，水师提督的地位仅次于总督，后者同时还是省军事力量总司令。

被郑氏集团重新占领后，厦门在行政上隶属于同安县，而在整个清代也一直如此。③ 知县（七品）由他在岛上的下属巡检（从九品）代表。巡检负责嘉禾里的治安任务。④ 他在岛上正式官僚阶层中级别最低。虽然理论上厦门在同安的管辖下，但知县并没有太多机会参与岛上事务的讨论。

厦门的行政沿革因为许多学者的论述和厦门的行政级别曾是厅治的不确记录而模糊不清。⑤ 在清代，一省被分成许多府、直隶州和直隶厅。这三级属于中层行政单位。在其之下，又进一步分为州、厅、县，构成最低级的行政层级。据1899年版《钦定大清会典》有关"吏部"的记载中，福建省除台湾

---

① 《厦门志》卷三，第6页；卷一〇，第11a页。

② 李光涛：《明清档案存真选辑》，台北："中央研究院"史语所，1959年，第173页。

③ 以下所有的资料皆显示厦门是同安县的一部分：《宫中档雍正朝奏折》第7辑，浙闽总督高其倬雍正四年十一月二十八日折，第29~30页；李光涛：《明清档案存真选辑》，台北："中央研究院"史语所，1959年，第173页；《厦门志》，序，第1b、7b~8a、13a、25a页。据《厦门志》序者所述，厦门是同安县11个里之一，叫嘉禾里。直到1913年厦门才正式脱离同安的管辖，升格为县，见《同安县志》（1929年版），卷一，第1b~2a页。

④ 《厦门志》卷一〇，第4a页。

⑤ 例如，见萧一山：《清代通史》卷一，台北：台湾商务印书馆，1967年，第529页；G. William Skinner, "Cities and the Hierarchy of Local Systems", *The City in Late Imperial China*, ed. G. William Skinner, Stanford: Stanford University Press, 1977, p.332；赵泉澄：《清代地理沿革表》，沈云龙编：《近代中国史料丛刊》第2编第63册（总第628号），台北：文海出版社，1979年，第79~81页。赵泉澄提到3个厅——福建的厦门、平潭和云霄；《辞海》里记的是，厦门在郑氏时期叫思明县，清统治后成为厅，二者所述皆不确。

外有两个厅。它们是马巷和云霄,分别设立于1775年和1796年。① 然而在有关"户部"的记载中,厦门是省内六个厅之一。② 实际上,这两种说法都不准确。除了马巷和云霄,福建还有第三个厅平潭,1798年设立于福建大陆,③而厦门从来就不是厅。

这种混乱可能是由厦门设有同知(五品官)引起的。清初,一名海防同知派驻在泉州城。1686年,同知署迁到厦门,显然是因为厦门岛不断提升的重要性对一个低级别的巡检而言负担过重。同知负责管理府内的海港,对商人和他们的船只征税,管理台运米粮,监督兵饷的发放,听断地方词讼。④

清朝有两种类别的同知,也就是说,一名同知或通判(六品)可以是地方长官,也可以是承担特别职能的知府副官。⑤ 当一名同知或通判被任命为一个地方的长官,那么在他管辖之下地区就被称为厅。否则,即使他在某个巡检司承担特别任务,他仍然只是一名知府的副官,而他管理的巡检司也不会自动升格为一个厅。⑥

以厦门为例,同知保留他作为泉州知府副官的名称,专门负责涉海事务,但他并不是地方长官。⑦ 他的衙门又称厦防厅(设在厦门)或泉防厅(设

---

① 《钦定大清会典》卷四,1899年版本重印,台北:崇文书局,1963年,第7页。

② 《钦定大清会典》卷一四,1899年版重印,台北:崇文书局,1963年,第8a页。瞿同祖也引用这一数字,见Ch'u Tung-tsu, Local Government in China under the Ch'ing, Cambridge, Mass.: Harvard University Press, 1962, p.3.

③ 《平潭县志》卷三,第20b页;卷一三,第2a页。

④ 《厦门志》卷一〇,第4a页。

⑤ 第一种是抚民同知或通判,他是负责掌印的官员(正印官);第二种是副官(佐贰)。见《钦定大清会典》卷四,第3a、7页。

⑥ 有两个例子支持我的讨论:首先,金门和马巷皆隶属于同安。1775年之前,在金门设有一名通判,但他仅为副官,不是主官,而且金门不具有"厅"之地位。他转任马巷通判后,确实成为主官。马巷是从同安县析出的,在1775年升格为厅,见《马巷厅志》(1777年版,1893年校补),卷一,第5a~14a页。其次,曾有一位漳州府的同知,他先是派驻南胜的海防同知,但南胜即使有同知也没自动成为一个厅。后来,云霄成为一个厅。南胜同知改派至该地,名称亦变为抚民同知。见《云霄厅志》(1816年版),卷一,第3a页;洪亮吉:《乾隆府厅州县图志》卷三九,《洪北江先生遗集》第7函第69册,1879年重印,第8b页。

⑦ 他的头衔应为泉州海防同知,或简称泉防同知。见《宫中档雍正朝奏折》第11辑,福建总督高其倬雍正六年八月十日折,第70页。由于驻厦门,他通常被称为厦防同知,即厦门分防同知的简称。直到乾隆初期,泉防同知之称在文件中更加常见。此后,则多用厦防同知。

在泉州)。① "厅"这个字在这里的意思是办公室或衙门,不应与意为行政区划的"厅"混淆。②

厦门在行政建制上从来没有被设为厅,这一点是值得注意的,不仅因为该问题没有被认真研究过,而且也因为这显示出清廷在行政管理上的灵活性。照常理来说,厦门经济地位和这里设有同知的事实,要把它的行政地位提升为厅也是说得过去的。1775年,相对不那么具有战略地位的邻近的巡检司马巷反而被提升为厅。③

原因并不在于官方没有充分权衡厦门的重要性。如果厦门被提升,它将处于同知的管理下。实际上,朝廷认为厦门太重要,不能仅置于一个五品官的管辖之下。把一个小岛设置为过高的行政级别被认为是不适合的,除非对现有的行政区进行重大变更。但维持现状的主要原因是,考虑到厦门是一个商业和军事战略岛屿,不能让人独断专权,所以朝廷采用了分权制衡和互相监督的机制。

在分权制衡的政策下,岛上会设置另一名高级别的官员。1726年以前,设置有一名台厦道,衙门设在台湾,对厦门拥有管辖权。实际上,由于距离遥远,他几乎无法管理厦门。因此,总督高其倬于1726年建议把兴泉道(从三品到正五品)④的衙门从府城泉州移到厦门。同时,取消台厦道对厦门的监管,并把他的头衔改为台湾道。⑤高其倬的建议在次年付诸实施。

道台衙门从泉州迁到厦门体现了守巡道制度灵活性的一个方面。正如

---

① 类似地,直到乾隆初期,泉防厅一词更经常使用。如:"商船自厦来台,由泉防厅给发印单。"见《重修台湾县志》(1752年版),《台湾文献丛刊》第113种,第65页。

② 该衙门正确的名称应为厦门分防同知署。见《福建通志》(1868—1871年版),卷一八,第41a页。就我所知,简称从未见"厦防署",而是"厦防厅"。

③ 建"厅"背后的动机是什么?马巷和云霄两例可以拿来对比考量。当浙闽总督钟音1774年提出升格马巷时,他提到马巷处于地方宗族势力强力控制下,不受制于同安衙门,根本原因在于同安县的管辖范围对本县而言太大了。他认为在战略地位如此重要的沿海缺少行政官吏,会导致严重的安全问题。翌年朝廷同意了这一建议。同安县11个巡检司中有3个被划分出来,形成厅。随后,由金门抽调通判管理新的行政区。建立云霄厅的主要原因类似于此。云霄地处漳浦、平和、诏安三县战略边界,但那里的县官都没能实施有效管理。

④ 1753年的行政改革期间,道台的官衔为正四品,而知府是从四品,阶位比以前低。见《清朝通典》卷四〇,第2233页。

⑤ 《宫中档雍正朝奏折》第7辑,浙闽总督高其倬雍正四年十一月二十八日折,第29~30页。

施坚雅指出的,这种"行政方面的异常现象——道台衙门位于甚至不是府级治所城市——也可归因于朝廷,因为朝廷总是千方百计地把道员安排在道内任何战略上有利于完成使命的城市里"。① 守巡道制度在其他方面也显示了灵活性。比如道员可以履行不同的职责。有些负责专门事务,比如粮道和盐道。另一些负责体系内更一般化的行政职责,比如兴泉道于1727年迁至厦门后负责管理海事。四年后,其职责从财政方面转变为一般的民政管理。1767年,军事职责被委派给道台,②他的权力变得更加集中于海港管理,包括对贸易、洋船和驿务的管理,并负责盘放兵饷和监造战船。③

道台通常是上层的督、抚、司和下层的府、县之间的地方官。尽管如此,"道台衙门在某些方面更像省级的专门机构,而不像区域层级中独立的行政机构"。④ 换言之,道台不应包括于常规等级的行政单位之内。实际上,当时的文献比如地方志及洪亮吉的著作都将行政单位分为三个常规等级:位于层级顶端的省,中间的府、直隶州、直隶厅,底端的州、厅、县。

因此,施坚雅的理论,"在经济层级中列为地方城市或更高级城市的多数中国中心地,同时也是行政治所",⑤对厦门并不适用。尽管厦门具备军事和经济的多重功能,并且有不同级别的官员,但它并未被指定为地方政府的治所——这是政府认识到厦门作为海运中心,在商业和战略上极具重要性的结果。

海关管理

省和中央对厦门进行控制的最好说明是闽海关的建立。统一台湾后海

---

① G. William Skinner, "Cities and the Hierarchy of Local Systems", *The City in Late Imperial China*, ed. G. William Skinner, Stanford: Stanford University Press, 1977, p.333.

② 1734年,兴泉道的管辖权扩大到新升格的永春直隶州。

③ 《厦门志》卷一〇,第4a页。关于守巡道制度的更多信息,见傅宗懋:《清代督抚制度》,台北:政治大学,1963年,第5~6页。

④ G. William Skinner, "Cities and the Hierarchy of Local Systems", *The City in Late Imperial China*, ed. G. William Skinner, Stanford: Stanford University Press, 1977, p.302.

⑤ G. William Skinner, "Cities and the Hierarchy of Local Systems", *The City in Late Imperial China*, ed. G. William Skinner, Stanford: Stanford University Press, 1977, p.301.

禁解除,朝廷于1684年在福建、广东设立海关,浙江和江南的海关也于次年设立。

关于海关官署的位置有不同的说法,最重要的资料之一来自于姜宸英(1628—1699)。他不仅是当时的人,而且是翰林院编修,因此可以自由地使用宫廷档案。据姜宸英所述,海关官署最初设立时是在漳州府。① 然而,后来一条引自《厦门志》的史料称,海关于1684年设在厦门。② 现代学者中,吴汉泉认为闽海关建于漳州,后来迁至厦门。③ 詹妮弗·W.库什曼论述了漳州是海关所在,但有所保留。④ 日本学者中,寺田隆信(Terada Takanobu)完全接受姜宸英的说法,认为漳州是海关官署所在的说法可信。⑤ 相反地,平松量(H.Hiramatsu)引述《厦门志》的记载,完全不认可姜宸英的说法。⑥

既然这是问题讨论的出发点,而且至今悬而未决,这里就有必要厘清几条线索。首先要考查的是史料中出现的闽海关或福建海关一词。值得注意的是该词经常暗指整个体制或者管理机构,而不是特定的海关口。在体制或管理机构中,有两个组成部分:一部分是行政总部,即总衙门,这是监督的驻地;另一部分由设在入境港口,向出入境的船只征收关税的关口组成。总衙门可以设在省级的主要港口,但并不总是如此。

福建海关的雏形始于16世纪中期,管理的是民间航运,有别于朝贡贸易体系(市舶)。1567年,海关最初设立在闽南诏安县的梅岭。六年后,海澄的月港取代梅岭作为海关所在。⑦ 尽管自15世纪起就很繁荣,但月港的

---

① 姜宸英:《海防总论》,曹溶:《学海类编》第5函第46册,上海,1920年,第2b～3a页。

② 《厦门志》卷七,第1a页。

③ Sarashin Viraphol, *Tribute and Profit: Sino-Siamese Trade 1652-1853*, Harvard East Asian Monographs, 76, Cambridge, Mass.: Harvard University Press, 1977, p.48.

④ Jennifer W. Cushman, "Fields from the Sea: Chinese Junk Trade with Siam during the Late Eighteenth and Early Nineteenth Centuries", unpublished PhD dissertation, Cornell University, 1975, p.31.

⑤ 寺田隆信:《关于清朝的海关行政》,《史林》第49卷第2期(1966年3月),第268页。

⑥ 平松量:《清初的外国贸易》,《史学研究》第43号(1951年3月),第51页。

⑦ 薛澄清:《明末福建海关情况及其地点变迁考略》,《禹贡》第5卷第7期(1936年6月),第43～44页,引用张燮《东西洋考》(卷七,台北:正中书局,1962年,第2a页)。海关衙门被称为"督饷馆",负责督饷馆的官员叫"督饷官",但这一头衔后来改为"防海大夫"。

厦门的兴起

进一步发展在明末受到了阻碍,原因是港湾太浅无法停靠大型船舶。① 在郑氏抵抗时期,海澄经常受到郑氏军队的滋扰。这两个因素加速了西边的石码的崛起,对清朝当局来说,这里更能安全掌控。石码镇隶属于龙溪。漳州/龙溪县城本身不是海港。城镇周围的河道甚至在16世纪以前就已经淤塞。② 厦门崛起以前,漳州/龙溪县城及其腹地先是依托于海澄,后来依靠石码作为其远洋运输的主要海港。石码在清早期作为本国洋船的海关口不足为奇。③

重归和平后,朝廷考虑解除海禁。1684年,内阁大学士席柱完成在福建、广东考察海运政策的任务后返回复命。在其奏呈中,他不建议解除海禁。他的主要理由是,政府应继续对新收复的台湾、金门和厦门保持警惕,那些地方的局势还不稳定。他总结道,任何放松海禁的想法都应推后若干年。④ 康熙帝拒绝了他的建议,并且很快颁令恢复海上贸易。⑤ 但席柱的奏折是否曾让康熙帝出于安全考虑将漳州城改为总衙门的选址,这一点不得而知。漳州在海上贸易方面一直很突出,其治所也是重要的商业中心,所以至少有一些类似的建议肯定已经提交给皇帝,并被姜宸英读到过。但即使有过在漳州建总衙门的计划,却从来没有执行。⑥

现在我们来看厦门。首先,在施琅的建议下,一个海关关口于1684年在厦门设立的记录是不容置疑的,因为一旦帆船贸易在厦门恢复,在此设立关口是绝对必要的。实际上,马士(Hosea B. Morse)在他的书中清楚地指出,厦门的海关建于1684年12月到1685年7月之间,是由英国东印度公司的旧商馆改建而成。⑦

唯一的问题是,是不是海关总衙门也设在那里?《福建通志》记载,朝廷于1684年任命海关监督。两名监督被一起派往福建——一名是满人,另一

---

① 张燮:《东西洋考》卷九,台北:正中书局,1962年,第2页。在杨英的《从征实录》(北平:国立中央研究院史语所,1931年,第20b页)中已被确认。
② 《漳州府志》(1714年版),卷三四,第27a页。
③ 《厦门志》卷五,第28a页。
④ 《大清历朝实录·圣祖(康熙)朝》,卷一一六,第3b~4a页。
⑤ 《大清历朝实录·圣祖(康熙)朝》,卷一一六,第18a;卷一一七,第10b页。
⑥ 检索1684年和1737年版《福建通志》,以及1714年版《漳州府志》关于"官署"的部分,皆未提及在漳州城设海关衙门之事。
⑦ Hosea B. Morse, *The Chronicles of the East India Company Trading to China 1635-1834*, Vol. 1, Oxford: The Clarendon Press, 1926, pp.57~58.

名是汉人。他们各自有一个衙门,一个在福州南台,另一个在厦门。①《厦门志》也证实了海禁解除后最初几年海关监督衙门位于厦门的事实。② 基于康熙帝力图避免其政权与当地汉人社会发生冲突的深谋远虑,我们可以保守地猜测满人监督的衙门设在福州,而汉人官员被派往海港厦门。无论如何,福建海关系统有两个海关衙门而不是一个。1690 年以后,只有满人的任命得以继续,③其衙门很可能在福州。也就是说,虽然厦门是最重要的海关口,但福建海关的行政总部自那年后就不再设于厦门。

在清朝体制中,全国都设有税关。除了 4 个由工部管理,有 24 个地方税关在户部监督之下。④ 后一类中的 4 个建在沿海省份,被称为海关。海关负责管理沿海贸易和对外贸易。因此,户部有权任命官员到其管辖的税关。虽然户部负责委任海关官员,但人选来自不同的部门。⑤ 实际上,在 1683—1729 年之间任命的 48 名福建海关监督中,只有 2 名来自户部。刑部和兵部各有 5 名,而内务府有 9 名被任命者。⑥ 因为任命是由户部做出的,所以根据粤语发音被任命者以"hoppo"之称为西方海员所知。

海关监督被授权为官府、内务府,以及户部处理海关事务。⑦ 正额作为政府收入归户部,盈余归内务府。关税分享自雍正早期起成为惯例。⑧ 比如,福建巡抚毛文铨在 1727 年呈奏,他已经将省海关的每年定额 66549 两

---

① 《福建通志》(1868—1871 年版),卷一〇七,第 21b 页。
② 《厦门志》卷七,第 5a 页。
③ 《福建通志》(1868—1871 年版),卷一〇七,第 21b 页。
④ 下田礼佐:《广州贸易研究》,《史林》第 15 卷第 1 期(1930 年 1 月),第 47 页。
⑤ 《钦定大清会典事例》卷二三六,第 4a 页。
⑥ 《福建通志》(1868—1871 年版),卷一〇七,第 21b~22a 页。
⑦ Sarashin Viraphol, *Tribute and Profit: Sino-Siamese Trade 1652-1853*, Harvard East Asian Monographs, 76, Cambridge, Mass.: Harvard University Press, 1977, p.49.
⑧ 寺田隆信:《关于清朝的海关行政》,《史林》第 49 卷第 2 期(1966 年 3 月),第 282 页;马士也指出商人被要求支付皇帝和户部的税,见 Hosea B. Morse, *The Chronicles of the East India Company Trading to China 1635-1834*, Vol. 1, Oxford: The Clarendon Press, 1926, p. 173; Chang Te-ch'ang, "The Economic Role of the Imperial Household (*Nei-wu fu*) in the Ch'ing Dynasty", *Journal of Asian Studies*, Vol. 31, No. 2 (Feb. 1972), p.256.

上交省库,盈余50054两通过户部送交内务府。① 海关监督也负责管理不同海港的贸易活动。他独立于省府,直接对朝廷负责。②

从海关总衙门辐射出一个海关口岸网络,1728年一共有33个口岸。③ 一份1746年福建巡抚的报告中所列福建海关之下的主要口岸包括:南台、厦门、泉州、海澄、东山和宁德。④ 其中,厦门作为主要入口港,被称为总口或正口。⑤

海关口岸承担三类不同的职能。⑥ 一些口岸的任务是测量船只的尺寸和计算货物的价值,然后给出标明税额的税票,船只在厦门海关交税;一些口岸被授权征收关税;而另一些口岸负责出入口船只的常规检查,防止它们夹带私货和逃避关税。

缺少合作和效率是税关监督自治系统的一个显著缺陷。⑦ 口岸数量过多,分布太广,监督自己无法管理。尽管厦门的总口贡献了省内所征关税的较大部分,但是两名监督中只有一名设在厦门,而且持续了不到十年。很快,就只委任一名监督,而且他在福州的总衙门主持关务。虽然有实权,但在官僚层级里,他通常只是四品或更低的中级官员,⑧而在省级行政和军事部门中还有许多级别更高的要员。海关监督甚至没有一个班子协助他管理海关系统,所以他依赖文书助理、家仆监管地方口岸和征税是可以理解

---

① 寺田隆信:《关于清朝的海关行政》,《史林》第49卷第2期(1966年3月),第282页。同一时期江南、浙江和广东海关规例分别为23016.3、32030.6及40000.2两,见《关于清朝的海关行政》,《史林》第49卷第2期(1966年3月),第280页。

② 《清朝文史丛刊》卷二六,第5082页;下田礼佐:《广州贸易研究》,《史林》第15卷第1期(1930年1月),第48页。

③ 《宫中档雍正朝奏折》第11辑,福建总督高其倬雍正六年十一月二十二日折,第826页。

④ 《大清历朝实录:高宗朝》卷二七九,第18a页。

⑤ 《宫中档雍正朝奏折》第12辑,福建总督高其倬雍正七年正月二十日折,第247页;《厦门志》卷七,第5a页。

⑥ 《厦门志》卷七,第5a~6a页;Jennifer W. Cushman, "Fields from the Sea: Chinese Junk Trade with Siam during the Late Eighteenth and Early Nineteenth Centuries", unpublished PhD dissertation, Cornell University, 1975, pp.32~35.

⑦ 《钦定大清会典事例》卷二三九,第11页。

⑧ 被任命者的官衔,见《福建通志》(1868—1871年版),卷一〇七,第21b~22a页。相应官衔品级说明见《清朝通典》卷四〇,第2233~2234页。

的。① 往往,省里那些怀有嫉妒心的同僚不愿配合,而地方官府也不会自愿提供服务。结果就是,海关关税经常被拖延。

朝廷确实很担心这种缺少合作的情况。最让朝廷担忧的是效率低下,这不利于商业而且会滋生逃税之类的违规行为。② 1720年,康熙帝对江南和浙江的海关进行了一次改革,将管理权转移给各省的巡抚。雍正帝继位后,也在福建和广东实施了这一措施。③ 在福建,巡抚从地方四品官员中,要么是道台,要么是知府,轮流委任一名正式官员负责海关管理。

值得注意的是,这项改革的实施并没有导致省级机构对下级地方官府管理的加强。不过,朝廷依然通过对巡抚的任命维护了中央管理的权力。④ 巡抚参与海关事务管理的新职责是由朝廷直接授权的,绕开了总督。总督虽然没有管理巡抚的权力,但可以经常向朝廷奏报海关的行政情况,从而分权制衡。

巡抚处于调动地方行政机关有效控制海关的有利位置。实际上,当时的风尚是,在省府行政的几乎每个方面,官员并不总是通过正式的官僚行政层级渠道传达命令。相反地,他们经常私雇人员和助手,如家仆、私人文书和办事员。⑤ 在福建的海关中,家仆扮演了举足轻重的角色。

在朝廷的默许下,海关在地方和省级官府的分支机构雇用家仆,这是清朝官僚机构的一个独特之处。皇帝知道这会导致骗人的勾当。比如,1724年,雍正帝颁发诏令,要求所有海关官员在指派家仆处理公务时应该更加谨慎。⑥ 据诏令可知,家仆经常滥用权力。由于大部分家仆拥有强大背景,地方官员不太愿意干涉他们的活动。尽管如此,皇帝似乎认为这样的私人任

---

① 《钦定大清会典事例》卷二三九,第5b、11页。
② 《钦定大清会典事例》卷二三九,第5b、11页。
③ 《钦定大清会典事例》卷二三六,第6b、7b、8a页。
④ 《福建通志》(1868—1871年版),卷一〇七,第21b页。
⑤ Ch'u Tung-tsu, *Local Government in China under the Ch'ing*, Cambridge, Mass.: Harvard University Press, 1962, chs. 3,5,6.
⑥ 《钦定大清会典事例》卷二三九,第5b页。

命是可以接受的现实，因为诏书没有任何禁止这类任命的迹象。①

1728年，朱纲就任福建巡抚。他遵循前例，委托一名专员管理海关事务。但是，他并没有任命家仆去处理公务，以此显示自己的廉洁。朱纲就任后没多久就去世了，总督高其倬被临时委任管理巡抚衙门。他犹豫是否恢复惯例派家仆去口岸。但他很快就发现，朱纲的措施会带来麻烦。在一封措辞谨慎的奏折中，高其倬向皇帝陈述了朱纲的新措施的利弊。他的确认同朱纲不派家仆到海关口岸能减少行政混乱和腐败的事实，但也指出撤销这些家仆是不切实际的。没有这些家仆在口岸的话，巡抚就无法密切注视海关专员。不管怎样，巡抚仍然不得不派遣自己的家仆到不同口岸进行日常事务的管理。高其倬进一步论述，即使专员是一个正直的人，实际上他也不可能经常亲自视察偏远的口岸。最后的情况演变成，要么是管理松懈，要么就是专员被家仆欺骗。②

正如瞿同祖所说的，派遣家仆去执行公务有其自身的目的。比如，负责整个海关行政管理的官员通常是外地人，对当地情况不熟悉。他无法信任本地的文书和跑腿，因为他们的地方利益和个人关系。用他自己的家仆，可以更好地监督文书和跑腿。他很了解自己的家仆，并且相信他们忠诚而值得信赖。更重要的是，家仆在官员的非法交易中扮演了中间人的角色，从而掩盖其直接牵涉。皇帝们深知家仆的腐败和滥用权力，但他们也意识到地方官员雇用非正式官吏和私人助理是检查和监督正式官僚体系的最佳方式。③ 因此，正如约翰·瓦特（John R. Watt）在他关于中国城市治理的研究

---

① 《钦定大清会典事例》卷二三九，第5b页。我们也可以注意乾隆帝对此事的态度。1746年，同时监管福建海关的福州将军新柱被获准觐见皇帝。由于告假回京，他撤回了其在南台、厦门、泉州、海澄、东山和宁德海关口岸的全部家仆，好让接替的官员有全权处理的权力。负责福建海关的代理官员周学健也没有派出家仆，因为他知道自己只是临时负责。不久后，周学健升迁至江南一个新的职位。新任福建巡抚陈大受接任海关监督直至福州将军回来，也没有派遣家仆。皇帝得知此事后，严厉地批评新柱玩忽职守，斥责其他官员不够坦荡公忠。见《大清历朝实录：高宗朝》卷二七九，第18页。这一事件说明皇帝认为任命家仆负责海关日常管理理所当然，甚至认为不派家仆去海关口岸是不妥和过于谨慎的。

② 《宫中档雍正朝奏折》第11辑，福建总督高其倬雍正六年十一月二十二日折，第826～827页。

③ Ch'u Tung-tsu, *Local Government in China under the Ch'ing*, Cambridge, Mass.：Harvard University Press, 1962, pp.73～74, 195～197.

中指出的那样,行政管理中存在着两套(正式的和非正式的)并行的结构。①

由于正式和非正式的人员都卷入其中,海关管理必然是没有效率的。朝廷不信任地方政府,使得它不愿对组织不善和缺少合作的情况进行改进。因此,巡抚从海关监督那里接手管理海关,并未带来多大改善。

一方面,朝廷成功分离了省级行政和地方行政,使得任何一方都没有机会建立起像清初三藩和郑氏那样的地方权力基地。但另一方面,职责的重复导致了不同集团间权力和利益的冲突,造成了行政的迟缓和腐败。

有两个例子可以凸显权力和利益冲突。1725年,粮驿道韩奕管理海关,他是福州将军宜兆熊的一个亲戚。韩奕转而派他的家仆王子礼去总理设在厦门的海关总关。韩奕于1726年年初去世后,新巡抚毛文铨立即上奏雍正帝,说王子礼滥用其主人授予的权力。毛文铨还指控王子礼故意迟交他征收的关税。因为巡抚负责税款的准时征收,于是他下令逮捕王子礼进行调查。毛文铨对其逝去亲戚的忠仆进行打击,激怒了福州将军宜兆熊。②然而,真正让宜兆熊生气的原因是,省里的对手妨碍了他在海关的私利。毛文铨任命延平知府张道沛作为新专员管理福建海关。③任命自己的亲信加强了毛文铨的控制力,也削弱了福州将军在利益丰厚的生意中的影响力。

另一桩冲突是总督高其倬在1729年的奏折里透露的。争执双方是福建水师提督蓝廷珍和兴泉道张廷枚。蓝廷珍由于在平定1721—1724年朱一贵领导的台湾起义过程中所发挥的军事作用,赢得了雍正帝的信任,甚至总督也不能质疑蓝廷珍的事务。但这并不适用于张廷枚,有人认为他当道台资历尚浅。张道台对蓝廷珍惩罚被指控企图非法穿越台湾海峡者的独断专行非常愤怒,视此为对其在厦门行政管辖权的傲慢干涉,并且公然挑战蓝将军的权威。我们可以理解总督,他很乐意看到一个年轻的低级下属站出来反对位高权重的水师提督。在奏报中,总督站在道台一边批评蓝廷珍,虽然用词是中立的。他清楚不可能撼动蓝廷珍的地位,便建议转派张道台去

---

① John R. Watt, "The Yamen and Urban Administration", *The City in Late Imperial China*, ed. G. William Skinner, Stanford: Stanford University Press, 1977, pp. 372~373.

② 《宫中档雍正朝奏折》第5辑,福建巡抚毛文铨雍正四年三月十日折,第689~690页。

③ 《宫中档雍正朝奏折》第5辑,福建巡抚毛文铨雍正四年三月十日折,第689~690页。

推动管理海洋事务的行政官员和军事官员的和谐共处。他推荐福建粮道李玉鋐作为张廷枚的替代者,说李玉鋐是一个诚实可靠且经验丰富的人。然后,总督请求皇帝指示水师提督不要太狭隘,因为他总是偏袒自己的水师部下。另外,水师提督应与新任道台更好地合作,以促进良好的官场作风,推进地方福利。言外之意,他巧妙地将未来的不和归咎于蓝廷珍。①

朝廷的反应很有趣。雍正帝斥责张廷枚是一个不成熟还自负的年轻人,表明他相信蓝廷珍将与新道台和谐相处。根据皇帝谕旨,如果将来仍有不和,受指责的应是行政官员。皇帝指示总督在这一点上要警告新任道台。至于通过诏谕提醒水师提督公正行事,皇帝认为全无必要,但提醒总督自己倒该如此。雍正帝建议高其倬应在口头上向蓝廷珍传达诏谕,并装作皇帝是从别的渠道得知此事。尽管如此,皇帝期望蓝廷珍注意自己的行为。②这是皇帝通过密折控制和平衡地方官员争斗的典型例子。

关于腐败,一个例子就足以说明情况。康熙末年,一艘从台湾驶向厦门的商船在最后到达厦门海关口岸前的航行过程中,会被要求由海上巡逻队护送两次,通过八次检查和登记。③ 不用说,商人们不得不每段都花买路钱。几乎所有的省级和地方的行政及军事衙门都在独立的关卡和厦门的私人代理机构向往返船只征收不定款额。据奏折所述,参与勒索者包括总督、巡抚、福州将军、兴泉永道台、海防同知、关员、泉州知府、同安知县、南安知县、布政使、福建水师提督,以及不同海关关卡驻扎的水师部队。④ 福建海关所有这些违规行为都是在朝廷的默许和认可下进行的。

---

① 《宫中档雍正朝奏折》第12辑,福建总督高其倬雍正七年正月二十日折,第247~248页。

② 《宫中档雍正朝奏折》第12辑,福建总督高其倬雍正七年正月二十日折,第247~248页。

③ 黄叔璥:《台海使槎录》,《台湾文献丛刊》第4种,1957年,第21页。黄叔璥曾被任命为台湾巡察御史。

④ 《宫中档乾隆朝奏折》(未出版),福建水师提督黄仕简乾隆二十九年正月二十四日折。腐败现象在同时期原始资料中有大量记载,但没有人比黄仕简写得更生动。据其奏折,每艘访问厦门的商船要被额外收取少量到1500块的花边银。规银每年突破10万圆,按如下分配:总督10000圆;巡抚8000圆;福州将军6000圆;兴泉永道台10000圆,再加额外的17000圆;海防同知33000圆,再加额外的6000圆;海关人员17000圆;泉州知府2000圆;同安县令3600圆;南安县令1000圆;水师提督21500圆。在水师的分配中,水师提督有9500圆的份额。我们要知道这些数字仅仅代表商船缴纳的"合法"贡献,官员已在他们的奏折中呈报皇帝。

上面的几个例子反映了省级和地方行政问题的一般模式。这解释了促使总督高其倬建议海关行政进行重大改革的背景。他倾向于强化常规的官僚机构,以减少功能重复。他建议应该任命一名道台作为海关总理,并把海关总理的衙门设在厦门。要从地方官员中选任一名监督,以协助海关总理。更重要的是,他进一步建议福州府、兴化府、泉州府、漳州府,以及福宁州的海关口岸应置于各自地方官府的监督下。提出这些建议,高其倬无疑是想推行行政改革,但皇帝并不重视他的努力。①

雍正帝没有采纳高其倬的提议,而是沿用康熙时期的旧体制。1729年,高其倬提出建议没多久,皇帝就恢复了监督的职位,任职者直接由中央委派。新的海关监督准泰是内务府的一名司员。② 他一年的任期结束后,朝廷没有选派新的继任者,而是让他留任。③ 准泰担任这一职务空前之久,1736年的海关监督还是他。同年,准泰建议政府把海关的监督权交还给巡抚。新登基的乾隆帝没有采纳这一建议。不过,朝廷决定由浙闽总督接管海关监督权。④ 在总督之下,兴泉永道台第一次被授予视察海关日常管理的特别职能。⑤ 乾隆三年(1738),福州将军⑥与总督一起被授予掌管海关的权力。福州将军任命没多久,浙闽总督郝玉麟辞去了他监督海关的职务,因为两省行政已让他不堪重负。⑦ 从这一年开始,由福州将军负责管理海关,⑧海关的管理权再次处于省府管辖之外。

一般来讲,朝廷坚持直接控制海关管理。尽管如此,管理分割和重叠仍然是政府管理厦门海运中心的特点。

---

① 《宫中档雍正朝奏折》第11辑,福建总督高其倬雍正六年十一月二十二日折,第827页。

② 据总督高其倬密折中的朱批,雍正帝已遣京员前往福建海关办理。他还指示高其倬地方行政应全力配合。见《宫中档雍正朝奏折》第11辑,福建总督高其倬雍正六年十一月二十二日折,第827页。在后来,1729年2月巡抚刘世明奏折的朱批中,皇帝再次指出钦差大臣已在路上。钦差的名字见《宫中档雍正朝奏折》第12辑,福建巡抚刘世明雍正七年正月二十五日折,第327页;《福建通志》(1868—1871年版),卷一〇七,第22a页。

③ 《福建通志》(1868—1871年版),卷一〇七,第22a页。准泰是最后一个具有海关监督官衔的人。

④ 《大清历朝实录:高宗朝》卷一一,第18a页。

⑤ 《大清历朝实录:高宗朝》卷二〇,第4b页。

⑥ 《大清历朝实录:高宗朝》卷七五,第22a页。

⑦ 《大清历朝实录:高宗朝》卷七六,第17页。

⑧ 福州将军的另一头衔是"兼管闽海关事"。

城市移民和社会融合

在清朝统治的第一个世纪,厦门从一个卫所发展成一个繁荣的海运中心。伴随其商业扩张而来的,是厦门与闽南其他地区相互交织的社会关系和岛上不同阶层人群间纵向关系的形成。

马克斯·韦伯(Max Weber)对中国城市社会生活的观察久负盛名。在他看来,中国城市是官员的家,是知识分子的家,是"伟大传统"的家。[1] 他的观察倾向于夸大城乡生活之间的强烈差异。在这点上,牟复礼(F. W. Mote)对中国城市文化有一个颇具启发性的评论。他认为,社会心理学术语中的城乡分离,在中国很早就消失了。人们在二者间自由地移动,而那些介入其中的人并未意识到明确的界线。[2] 换言之,农村和城市合为一个整体,加强了它们的有机统一。

城市不仅形成了市场结构的中心节点,而且为来自农村不同地方的人提供了共同的汇聚地。施坚雅在说明市场结构的作用时,说它们"为使大量农民社区结合成单一的社会体系,即完整的社会,提供了一种重要模式"。[3] 他进一步总结认为,已经完成的大量整合工作无与伦比。[4] 按照他的观点,"市场结构必然会形成地方性的社会组织"。[5]

厦门为牟复礼和施坚雅所描述的以上过程提供了一个清晰的例子。

---

[1] Max Weber, *The Religion of China*, New York: Macmillan, 1964, p.13; Wolfram Eberhard, "Data on the Structure of the Chinese City in the Pre-Industrial Period", *Economic Development and Cultural Change*, Vol. 4, No. 3 (Apr. 1956), pp. 266~267.

[2] F. W. Mote, "The Transformation of Nanking, 1350-1400", *The City in Late Imperial China*, ed. G. William Skinner, Stanford: Stanford University Press, 1977, pp.103~104.

[3] G. William Skinner, "Marketing and Social Structure in Rural China, Part 1", *Journal of Asian Studies*, Vol. 24, No. 1 (Nov. 1964), p.3.

[4] G. William Skinner, "Marketing and Social Structure in Rural China, Part 1", *Journal of Asian Studies*, Vol. 24, No. 1 (Nov. 1964), p.3.

[5] G. William Skinner, "Marketing and Social Structure in Rural China, Part 1", *Journal of Asian Studies*, Vol. 24, No. 1 (Nov. 1964), p.3.

城与城郊

厦门岛的西南部筑有城墙，这里被称为厦门城。城墙始建于1394年，围起来的部分仅仅是作为军事堡垒。厦门城墙周长大约0.8英里，于1663年清军强制岛民内迁时被摧毁。[1] 显然，1674年郑经夺回厦门岛后重建了城墙。6年后，清军水师在厦门登陆。施琅将城墙周长扩建到1.1英里。[2] 如果我们把它和省内最长的城墙，也就是泉州城的城墙比较一下的话，这样的规模并不会给人留下深刻的印象。泉州城的城墙有10英里长。[3] 想象一下城内直径仅仅大约0.35英里，我们就能更好地理解厦门城区是多么小。

说厦门是一个城镇(walled town)或城市(walled city)，就其功能而言是一大误导。这是因为"墙"这个字会让人先入为主地想到城市。不可避免地，城墙象征着政治中心附加于地方生活的国家权力。这样，城市经常被认为是帝国的缩影，差不多是集权国家的统一创造。[4] 结果，关于中国城市的讨论就没有和"地方社会与丰富的文化遗产所特有的多样性"[5]联系起来。作为地方商业和文化活动的中心，对于它们腹地的需求，这些城市的反应其实是很迅速的。[6] 以厦门为例，墙基本上是为了安置福建水师提督而建的。

---

[1]《厦门志》卷一六，第8页。"城镇"部分记载城墙在康熙二十年(1681)被毁，应是康熙二年(1663)。为确认，可见《福建通志》(1868—1871版)，卷一七，第29a页。

[2]《厦门志》卷二，第27b页。

[3] 福建其他一些城的城墙周长分别为：福州6.2英里，龙溪3.7英里，漳浦3.4英里，长泰2.4英里，惠安1.9英里，同安1.6英里，云霄1.5英里，南安1.4英里，诏安1.2英里，安溪1.2英里，南靖1.2英里，金门1.2英里，平和1.1英里及海澄1英里。很明显，城墙周长不一定与城市经济繁荣程度成正比。在绝大多数情况下，计算出城内的人口数是不可能的，因为人口数据是基于整个城乡地区统计的，而不是城内。

[4] 施坚雅批判了这一观点，见 G. William Skinner, "Cities and the Hierarchy of Local Systems", *The City in Late Imperial China*, ed. G. William Skinner, Stanford: Stanford University Press, 1977, p.345.

[5] Harry J. Lamely, "The Formation of Cities: Initiative and Motivation in Building Three Walled Cities in Taiwan", *The City in Late Imperial China*, ed. G. William Skinner, Stanford: Stanford University Press, 1977, p.155.

[6] Harry J. Lamley, "The Formation of Cities: Initiative and Motivation in Building Three Walled Cities in Taiwan", *The City in Late Imperial China*, ed. G. William Skinner, Stanford: Stanford University Press, 1977, p.155.

和中国大多城镇集中着所有地方行政与军事官署的情况不同,厦门城排除了行政衙门的所有分支机构。① 后者包括道台、税关官员、通判、巡检,他们的官署设在城墙外。城墙外还设有公馆,用于招待往来金门、南澳、同安和台湾的巡回官员。由此,我们可以看到在清初,厦门岛以军事功能为主,水师提督在岛上地位显著。城墙之内是水师提督的地盘,他是实际上的一岛之主。

然而,对施琅的任命缓和了中央政府重重控制所产生的影响。施琅是击败郑氏抵抗力量的水师提督,他的继任者也大多是闽南人。把一个本地人置于一个敏感性和战略性很高的位置,这种不符合传统的任命反映了朝廷在地方控制的博弈中做出让步的意愿,并且在某种程度上尊重地方自治权。通常,水师提督代表了地方的利益。朝廷的特许为政府与社会之间的相互作用创造了空间,而且消除了二者之间可能存在的任何冲突。政治形势不是在海洋事务中压制地方的主动性,而是使当地人民在城市发展中扮演了积极角色,在正式的国家机关和非正式的地方社会政治结构中提供了一套可行的整合架构。

有限的城墙内部区域以外,厦门岛被划分为农村和城区。行政上,这个岛被称为嘉禾屿,是隶属于同安县之下的一个里。其下包含4个都,每个都下辖2个图。出于行政管理和社会控制的目的,嘉禾里总共设有45个保。② 这里地无所产,仅有约3000亩(不足总面积的10%)的可耕地。农民大多生产副食品,只种有很少量的粮食。可耕地大部分仅出产番薯,全体居民不得不依赖进口粮食。实际上,他们中许多人只在闲时务农,并靠打鱼获得额外收入。渔民数量是农民的两倍。③

因此,厦门岛的实体在于城墙三边沿海岸分布的城区部分。城区由四个社组成,分别是:福山社、怀德社、附寨社、和风社。厦门港位于和风社。④ 所有商业区主街道沿城墙外的码头延伸。⑤ 厦门港作为一个深水港,船只可以方便地停靠在与主街道相连的码头。除了主商业区,还有遍布城区的定期集市售卖各种蔬菜和食品。农户人家在专门的定期集市上将花生油卖

---

① 《厦门志》卷二,第28b~31b页。
② 《厦门志》卷二,第20a~22a页,引用乾隆时期的一本志书。
③ 《厦门志》序言,第1b页;卷二,第43a页;卷七,第33a页;卷一五,第15a页。
④ 《厦门志》卷二,第20b~21a页。
⑤ 《厦门志》卷二,第22b~23a页,引用乾隆时期的两本志书。

给零售商或行商。另一些专门集市则交易猪仔、蔬菜等。从附近岛屿每天划小船来的农村人带来了粮食、黄瓜、豌豆荚、葫芦、水果和其他食物。①

但厦门的富有几乎只源自于外贸。活跃于贸易活动的不仅有本地人,还有从福建其他地方来的移民,特别是泉漳地区的人,也被吸引到城里来找工作。

贸易和移民

1683年之后,厦门的商业繁荣展现了新前景,而且在许多相关领域创造了大量的工作机会。移民和旅居者不断涌入厦门。他们中有富商,也有靠小本钱做起的代理商。② 此外,诸如木匠、铁铜银匠,还有船坞工人之类的手艺人都从厦门岛以外的地方赶过来。③ 临时找工作的和那些准备冒险放手一搏的新来者数量更多。④

作为省内农村人向外寻求更广阔的经济边界的海上门户,厦门吸引了另一类逗留者。他们大多是来自泉漳农村地区的移民。这些人来到厦门,等待安排偷渡去台湾,或是去往海外。⑤ 去台湾的移民数肯定有上万人。厦门是主要的出发港,将这些人从大陆偷运去台湾成为厦门一大有利可图的职业。这是走私者操纵的行当,他们的船载客出港又运回大米,在两边都不经过关卡。

雍正年间的总督高其倬明显注意到了厦门人口的多样性。用高其倬的话来说,"各处人民辏集于此",⑥指出岛上人口就其来源和经济地位来说十分复杂。除官员和乡绅外,上至社会经济金字塔顶端的成功商人,下至城中到处都是的零工,还有农民和渔民,构成了广泛的基础。⑦

---

① 《厦门志》卷二,第23页。

② 《厦门志》卷二,第43a页。这里记录的是19世纪初的情况,但也符合18世纪厦门的一般性描述。

③ 《厦门志》卷一五,第5b~6a页。

④ 《宫中档雍正朝奏折》第7辑,浙闽总督高其倬雍正四年十一月二十八日折,第29页。

⑤ 《宫中档雍正朝奏折》第7辑,浙闽总督高其倬雍正四年十一月二十八日折,第29页。

⑥ 《宫中档雍正朝奏折》第7辑,浙闽总督高其倬雍正四年十一月二十八日折,第29页;《宫中档雍正朝奏折》第12辑,福建总督高其倬雍正七年正月二十日折,第247页。

⑦ 《厦门志》卷二,第43a页。

至于人口数量,没有可资参考的确切数据。在地方志中,人口信息按行政单元列出,最低层级的单元是州、厅和县。厦门所属的《同安县志》中,没有专门记录厦门人口,因为数据不具体到下面的里。幸运的是,1832 年,由于后来的兴泉永道台周凯为厦门单独编撰了一本不同寻常的地方志,可以从中得到一些关于人口的概念。据载,1680 年左右,岛上人口数为"数万口"。[①] 1716 年的另一份文献记录的岛上总户数大概是 1 万户,[②]即 4 万～5 万人。1769 年,户数总计达到 16000 户。[③] 官方第一次计算的人口数据可在《厦门志》中查到,即 1832 年登记的 144893 人。[④]

以上估算是针对全岛而言,不能等同于真实的城市人口数量。和其他地方志记录的人口数类似,总数总是指行政单元里城市和农村的税务登记单位。类似地,厦门的数据也是估算或者是登记的数字,是整个岛的总数而不是城市本身。我们估计厦门城市人口数时,还应考虑另一个因素。正如前面提到的,厦门的人口流动性很大,即使许多永久居民也未必在当地登记,更不用说短期访客。居民通常会在其出生地保留户籍,除非他们提出申请变更。变更登记通常以户进行,而且申请者必须有稳定的职业。出于各种原因,许多有资格的居民更愿意保留他们祖居村落的原始登记。至于暂住者,他们大多是单身成年男丁,没有资格登记,所以不包括在本地人口登记中。这一类人一定占了城市人口的很高比例。

考察厦门人口统计史,让我得出厦门是一个移民社会的结论。[⑤] 导致这一状况的因素主要有两个——清初的动荡和经济动机。从前者来看,郑氏抵抗导致大量人口流入厦门。郑氏军队主要由闽南人构成,在彻底撤退到台湾以前,把根据地建在了厦门岛上。1663 年,当清军第二次占领岛屿后,清朝当局认为应该废弃厦门。但是很快,人们又偷偷溜回了厦门。1669 年,据记载走私又开始活跃,岛上的人口迅速恢复。五年后当郑经再次占领

[①] 《厦门志》卷九,第 7b 页。
[②] 《宫中档康熙朝奏折》第 6 辑,福建水师提督施世骠康熙五十五年九月六日折,第 590 页。
[③] 《厦门志》卷七,第 32b 页。
[④] 《厦门志》卷七,第 32b 页。
[⑤] 支持我观点的最相关的史料是《厦门志》中的传记部分,见《厦门志》卷一一至卷一四。

厦门时,厦门岛很快变得"岛上人烟,辐辏如前"。①

然而,经济动机更为重要。在郑氏控制期间,厦门已很繁荣,遭受战争破坏而流离失所的人们因为商业活动提供的机会而聚集到岛上。1683年后,人口流入的规模更大。

由于移民主要来自闽南地区,厦门成为泉漳社会延伸的臂膀。这个观点在各种地方志的传记部分和众多的家谱中得到佐证。以下这个家族的历史可以说明城市迁移模式的一些方面。一个叫吴元登的人是晋江一个自16世纪中叶起延续了十一代的家族的成员。这个家族在明末成功地培养出了几位士大夫。在吴元登的晚年,新朝代建立后,因为抗清的地方动荡,家道很快中落。他的两个儿子移居到南安,而另两个儿子留在家乡的村庄。家族的南安一支似乎在迁移后的一段时间默默无闻,然而,到了吴元登的三个曾孙时开始兴旺发达。这三个曾孙中最大的一个叫兴业,他通过了在南安举行的童生试,凭此重振家风。他的两个弟弟,宏业和树业靠在厦门做生意寻求财富。为了他自己家庭的利益,树业最后决定定居厦门。树业有四个儿子,其中三个留在厦门协助家族的生意,但第二个儿子昌缙被送回南安结婚。昌缙于1778年去世,留下三个儿子。家族安排他的长子源嘉回到祖籍晋江并定居下来。总的来说,吴元登一支因为在厦门的生意和在南安及晋江参加科举获得的功名而日益昌盛。②

吴氏家族的历史是厦门商圈中成功故事的一个典型案例。此外,这个例子也让我们有了一些关于厦门移民模式,及其居民所维持的和他们先前的迁出地之间的紧密联系的认识。吴氏家族的历史说明了闽南人流动性强的特点。因此,他们可以维持的广泛社会联系远远超乎最初的想象。越是成功的家族的成员,包括商人和士大夫,越是强调其支系的广泛扩散。许多人已经在迁移过程中将他们的户籍改为新的定居地。我对福建和台湾家谱的初步调查显示,福建人这种遍及区域范围的联系几乎没有例外。这一特性使得同乡观念变得更加包容,由基于某一县级单位变为基于更高层级的行政区,比如府。当移民们发现新环境中同乡太少了,或者遇到任何需要扩大联系的时候,这种情况尤其会发生。在这些例子中,移民经常把联系扩大到来自同一个府,甚至是来自整个闽南地区的人。

---

① 夏琳:《闽海纪要》,《台湾文献丛刊》第11种,1958年,第48页。
② 《晋江灵水吴氏家谱》(1909年版),卷二五,第40b～43a页。

如上所述，许多城市移民，包括永久居民，继续保留他们原来的户籍。除了宗族依附，商业联系也是一个原因。考虑到生意的话，在厦门取得永久居住权很重要，但这与成为同安人完全不是一回事，因为同安在商业重要性上无法与诸如漳州/龙溪、泉州/晋江和海澄抗衡。对做生意来说，保持与籍贯地的联系还是必要的。另外，官场的前景可能也是被考虑的因素。因为厦门不是一个行政所在地，所以其居民只能在同安县登记。由于是一般意义上的非行政所在地，厦门没有设立官学，[①]尽管存在一些半官方的书院。[②]由于童生员额制度限制了每个县的生员人数，一个家庭有时候更愿意把他们的孩子送回原来的籍贯地，以获得更具竞争力的候补资格。第一代移民的情况尤其如此，因为他们在原籍地的影响力超过在同安的。

厦门居民中保留原籍地登记的做法可以通过科举考试榜上有名者得到体现。我们发现考生信息显示为厦门居民的，有很大比例的籍贯地登记在别的县。17世纪末和18世纪，有5个厦门的考生考中进士，然而其中2位仍然保留了他们在原籍地龙溪县的登记。在乡试中，厦门共有34人上榜，其中18人登记在同安，其他人登记在原籍地。后面这些人中，来自晋江、漳浦和南靖县学的各2名，海澄3名，南安、龙溪各1名，还有2名来自府学。另有一人在江西参加考试。剩下的2名是厦门前居民，但已移居省外，因此在他们新定居处登记参加考试。生员中以籍贯地进行登记的情况分布更广，他们的父母是实际上的厦门居民，但户籍不一定登记为厦门。《厦门志》记录了同一时期一共有28名生员。其中16名是当地户籍，4名保留了海澄籍，同时南安、宁洋、龙溪和诸罗（属台湾）各1名，还有1名来自漳州府学，2名来自台湾府学，剩下1名在广东惠州参加考试。[③]

从康熙到乾隆末年有一个总趋势，即在当地登记户籍且通过考试的考生的百分比呈增长趋势。这说明，在移民趋势下，稍后时期一个更稳定的厦门的社区结构正在形成之中。

社会组织和融合

如上所示，贸易将闽南各色人等带到厦门，厦门不仅成为闽南商业网络

[①] 《厦门志》卷九，第25b页。
[②] 《厦门志》卷二，第33b~38b页。
[③] 《厦门志》卷一二，第9a~15a页。

的枢纽,而且是闽南不同地方社会联系的中心。贸易提供了个人相互依赖的基础。以贸易为媒介,不同地方的人群相遇而且融入厦门生活的结构中,即使他们并不一定都成为厦门人。正如它的"前辈",在清以前作为闽南区域性海港的泉州城和海澄那样,厦门也孕育出一种双府认同感。它为两府的商人们提供了作为"泉漳帮"合作共事的试验场,这是更广泛意义上的同乡凝聚。因此,厦门更像一个熔炉,而不是不同人口相互隔离的异乡。通过商业联系,厦门成为促进更广泛的闽南社会一体化进程的自然延伸。这一地区的人们说着相似的闽南方言,而闽南方言在现代甚至以厦门口音为标准。

整合过程可以通过厦门城市的社区组织得到最好的说明。其中,寺庙和寺庙活动是最基本的。在福建内陆农村,寺庙以民间信仰群体为特征。它们在地方组织中扮演次要角色,因为宗族是地方组织的主要形式。在城市地区,正如我们将要看到的,宗族离开了它们先前在农村的权力基础,在促进社会凝聚力方面不再起决定性作用。正如裴达礼(Hugh Baker)的解释,①原因主要是经济。农村宗族力量的基础是对土地财富的掌握,面对相对更好的个人经济发展的更多机遇,对团体联合的需要就没那么强烈了。另一个重要原因是一个简单的事实,宗族成员越多,力量就越强大。然而,一个特定城市的宗族成员,往往无法召集相当数量的成员以形成一个强有力的组织。在城市,团体类型的组织通常围绕寺庙开展活动,而不是宗族。

《厦门志》载有一份存在于18世纪或更早时期的地方寺庙清单。② 这份清单并不完整,因为编撰者故意遗漏那些他认为是淫祠的寺庙。③ 尽管如此,如果我们更仔细地检阅资料,它们仍然是能被找到的。如方志中所述,家家户户都拜神。围绕拜神,要成立某些专门委员会,甚至联合会。寺庙委员会或邻里联合会为它们的成员在困难时提供互助。通常,它们的主要任务是为每年的游神筹款。

街坊祀神以城市社区生活中流行的土地公崇拜最为突出。正如《厦门志》所述,它是厦门城最受欢迎的街坊祀神。每个街道、市场或街坊都崇拜

---

① Hugh D. R. Baker, "Extended Kinship in the Traditional City", *The City in Late Imperial China*, ed. G. William Skinner, Stanford: Stanford University Press, 1977, pp. 502~505.

② 《厦门志》卷二,第45b~50b页。

③ 《厦门志》卷二,第50a页。

土地公。①

土地公崇拜是民间宗教的一个重要元素。土地公被认为可以驱鬼,更重要的是,他体现了平等的理想。他受命于天,把地上的财富分给百姓。② 因此,经济阶层低的人都尊他为神。此外,土地公信仰也许也吸引了兄弟会组织的追随者;因为土地公作为一个公众和官方都接受的信仰,没有被政府迫害的危险,所以是被禁行为的绝好掩饰。③ 无论如何,作为一种没有特别地方依附的大众崇拜,土地公在社区邻里极具号召力。

同时,个别籍贯地的守护神也是最受欢迎的公共祀神。吴真人④被认为是同安百姓的保护神,有供奉他的寺庙。在厦门的安溪移民则信奉清水祖师,即祖师公。虽然籍贯地的寺庙并不一定排外,但它们主要还是为同一个地方来的群体服务。

土地公庙及其附属组织的确反映出周围的街坊总的来说是一个集体,籍贯地信仰在身处城镇的同乡群体中发挥了凝聚作用。但是,它们并没有成为厦门社会形成时期起划分作用的势力。相反地,它们更多的是作为一个更大文化整体的基本单位。鉴于厦门的定位主要是一个商业城镇,就同行业信仰的影响作用来看,经济互惠是人们聚集在一起的决定性力量。比如,出于对药王的崇拜,医疗业者创设了一个商业行会。⑤ 这成为另一种根据职业形成的凝聚中介。

更有趣的例子是关帝信仰,他是战争和商业中的忠义之神。这一信仰在各阶层广受欢迎,而且是民间信仰被纳入官方祭祀的一个例子。⑥ 其双重职能在厦门的个案中可以区分开来。城镇上一共有三个关帝庙,位于城

---

① 《厦门志》卷二,第47b页。土地公的官方封号开头是"福德"一词。

② Kristofer M. Schipper, "Neighbourhood Cult Associations in Traditional Taiwan", *The City in Late Imperial China*, ed. G. William Skinner, Stanford: Stanford University Press, 1977, p.663.

③ 雍正时期的一份奏折提到,一个大约70人的团体打算在厦门的一个土地公庙的掩护下突袭官府银库。显然,他们属于兄弟会组织,见《宫中档雍正朝奏折》第5辑,福建巡抚毛文铨雍正三年十月六日折,第252~253页。

④ 吴真人即保生大帝。

⑤ 《厦门志》卷二,第49b页;刘枝万:《清代台湾之寺庙》,《台北文献》第5号(1963年9月),第108~109页。

⑥ Stephan Feuchtwang, "School-Temple and City God", *The City in Late Imperial China*, ed. G. William Skinner, Stanford: Stanford University Press, 1977, p.584.

墙内的一座叫武庙,其名称清楚地表明了它的官方功能;另两座位于海滨,里面供奉的是商人守护神。①

与关帝地位相似的是天后。后者是另一个被官方接受的民间信仰,因而也具有双重职能。然而,天后不仅在中国东南沿海被广泛崇拜,而且是福建本土的信仰。《厦门志》记载,仅仅在厦门就有26座这样的寺庙。② 天后信仰源自于她的出生地湄洲,宋代兴化府莆田县的一个海岛。随着贸易扩张,尤其是来自闽南的商人在沿海地区广建分庙。

天后也以妈祖著称。女神的两个头衔表明了她的不同角色。首先,她是国家承认的最重要的渔民保护神。她最早被奉为神明是在南宋。元代,海上交通大为发展,国家加封女神为天妃。康熙帝在统一台湾后进一步加封女神为天后,以表示对她护佑远洋的感激。③ 在这些敬献给女神的庙宇之中,那些建于1683年以前的叫天妃宫,建于之后的叫天后宫。

其次,福建人更愿意视女神为本地渔民的保护神,并称她为妈祖,以表达亲密的情感。人们普遍认为,如果他们称女神为妈祖,一旦他们在灾难的绝望中需要她的帮助,女神会立即披头散发地出现;如果以她的尊号天后求救,她就会姗姗来迟,因为她需要时间梳妆打扮。④ 民间淳朴的信仰生动地突出了女神的双重身份。

在公共层面,妈祖神像大张旗鼓的巡游几乎已成为贯穿全年的重要节日活动。这样的庆祝活动比其他地方信仰的活动场面都更为壮观。在宗教节日里,居民向神灵表达感谢。作为庆典的一部分,本地戏剧粉墨登场。⑤ 一方面,信仰活动为城里人提供了一种和他们家乡相似的文化感觉及社会氛围。另一方面,正如王斯福(Stephan Feuchtwang)指出的那样,通过这些节日活动,这些寺庙"既发挥了一个原政府,又发挥了社会公共领域中集合点"的功能。⑥ 这一点在城市环境中尤其重要。多数情况下,"寺庙位于市

---

① 《厦门志》卷二,第45b～46a页。
② 《厦门志》卷二,第45b～50b页。
③ 关于天后的描述,见魏应麒等:《福建三神考》,台北,1969年,第67～114页。
④ 赵翼:《陔余丛考》卷三五,第12b～14页。我感谢曹仕邦博士(Dr. Tso Sze-pong)让我注意到这条史料。
⑤ 《厦门志》卷二,第50页;卷一五,第12,13b页。
⑥ Stephan Feuchtwang, "City Temples in Taipei under Three Regimes", *The Chinese City between Two Worlds*, Mark Elvin and G. William Skinner, eds., Stanford: Stanford University Press, 1974, p. 263.

场体系的中心位置,在它前面有一个定期的集市或者一排固定的店面"。①寺庙活动催生了团体组织,反过来,商人们在这些组织中发挥着重要作用,培养了自我管理的能力和领导力。

在社团以外的层面,不像许多其他公共的或街坊的寺庙,天后信仰和关帝信仰不仅能吸引更多富商,也吸引了当地的士绅和官员充当寺庙赞助人。就超自然世界而言,皇权意识形态认为官方的赞助是一种"怀佑百神"的手段。②事实上,皇帝可以为圣灵赋予头衔,这显然暗示了世俗力量对精神世界的理论优势。皇帝担当了国家公认的神和女神的最高赞助人。更关键的是,一种民间信仰受到国家的赞助使朝廷能对它维持某种控制。当朝廷教导民众应该对神和女神更加虔诚时,③那只是针对受国家加封的神。如果不被朝廷支持,就不准建立相应的寺庙和神龛。④否则,它们可能被认为是淫祠,即不道德的寺庙,而信徒会被当作会匪受到迫害。

实际上,介入寺庙日常事务的商人和平民比官员和士绅多得多。⑤商人和平民可以进入理事会,也被视为事实上的团体领袖。不过,官员和士绅名义上的参与至少从官方层面承认了商人的社会地位。不像在农村官绅权力强大,在厦门城,商人被纳入三方合作之中,对城镇日常生活进行管理。商人在提供必要的激励和领导力方面分担了角色。

关帝信仰和天后信仰的三方合作也延续到其他舞台。一个例子是商人为建造官府的办公场所做出了贡献。1727年,厦门衙门始建时,工程遇到财政困难,最后得到城里商行商人一笔1000两银子的捐助才使工程得以完

---

① Stephan Feuchtwang, "City Temples in Taipei under Three Regimes", *The Chinese City between Two Worlds*, Mark Elvin and G. William Skinner, eds., Stanford:Stanford University Press, 1974, p. 268.

② 张学礼:《使琉球记》卷三,第138a页,《小方壶斋舆地丛钞》第一秩。张学礼于1663年出使琉球。

③ 《福建通志》(1868—1871年版),卷首,第34a页。

④ 赵遵路:《榆巢杂识》卷一,第13a页,《笔记小说大观》第1编第8册,第5268页。1735年颁布法令,规定寺庙修建须通过官府批准。

⑤ 这方面见 Stephan Feuchtwang, "School-Temple and City God", *The City in Late Imperial China*, ed. G. William Skinner, Stanford: Stanford University Press,1977, p. 585.

成。① 厦门商人也为本地的教育机构捐资,他们包揽了书院的建设和维修经费。② 其他社会福利事业也有本地商人的参与。他们对救灾资金和义仓建设的贡献同样巨大。一有自然灾害发生,地方当局就要求商人赈济难民。商人常常从外地定购粮食以低价零售给受灾群众,或是施义粥给穷人。在厦门和在别的地方一样,义仓用于赈灾。地方官员会带头捐款,然后向地方士绅和商人呼吁募集所需的资金。③

我们可能会认为商人在当地事务的三方合作中做出的贡献仅限于财务方面,地方官员的唯一目的是从商人那里挤钱。事实上,商人的参与积极得多。他们受地方官员邀请与士绅成员一起,以董事的头衔在各种社会机构的董事会中任职。④ 地方当局要求商人们的服务至少与他们在生意上需要官方给出的支持一样多。

换句话说,当通常针对当地士绅阶层的道德和社会义务的期望被赋予商人时,这种义务更多地意味着荣誉而不只是被官员敲诈。这种合作使商人与官员和士绅建立起紧密的私人关系。毫无疑问,这种私人关系有利于他们经商。官员或士绅会代表他们向上级官员争取更好的贸易条件,这种情况并不少见。他们与官员相熟也有助于巩固自己在社团内的领导地位。商人不会对他们的社会角色感到愤愤不平,而是经常愿意付诸执行。这种相当程度上的和谐与相互依赖减少了冲突的可能性,使社会融合达到一个更高的水平。

① 《厦门志》卷二,第29a页。
② 《厦门志》卷九,第26b页。
③ 《厦门志》卷九,第31b页。
④ 《厦门志》卷二,第43页。

第三章

厦门的沿海贸易网络

发展和台湾因素

网络扩张

可以看到,厦门在郑氏控制时期发展成了一个针对南洋贸易的海运中心。清统治后,厦门保持海运中心的地位直到19世纪中叶。在郑氏时期,由走私活动支持的沿海网络雏形就已出现。当厦门处于郑氏控制之下时,这个非法的贸易网络滋养着海外贸易者。中国土产在此汇集,外国商品在此分发。换句话说,沿海贸易的发展依赖于南洋贸易。1683年之前,海上贸易网络是从厦门辐射到海外国家;然而,厦门也有无数与海外贸易连接起来的国内联系。

平定台湾后,南洋贸易恢复合法化,刺激了沿海贸易网络的发展。在1684年(海禁解除)到1717年(再度颁布一项新的海禁令)期间,福建人的注意力集中在通过海外网络进行的海上贸易。然而在国内方面,其他省的同行,特别是浙江和江苏的商人,在17世纪末似乎比福建商人扮演了更为重要的角色。① 这些商人都跑到厦门获取外国商品。②

显然,厦门从1683年起已经成为一个中国土产和外国商品集散的海运中心。与此同时,它也是海外和新兴沿海贸易网络的联结点。厦门在发挥

---

① 《大清历朝实录:圣祖(康熙)朝》卷一二六,第23a页。胡什巴,福建海关监督,在其奏折中陈述本地人从未参与对其他省的贸易。这一说法令人迷惑。如上所论,福建人在郑氏时期参与区际走私,许多浙江和江苏商人实际上是福建人。我的解释是,福建本地人在海禁废除后起初几年在省际贸易中不如其他商人活跃,海关监督夸大了这一情形。

② 《文献丛编:雍正朝关税史料》第17辑,第3b页。

这两项功能方面,比广州的位置更有利,因为它能更容易地获取北方沿海省份的商品资源和市场。因此,朝廷认为厦门应该作为沿海及海外贸易中本地帆船的母港也就不足为奇了,而广州则主要作为外国船舶入境的海上接待中心。

随着康熙末年沿海贸易的热潮,我们能看到从厦门辐射和延伸出去的沿海贸易网络的形成和成熟。① 沿海贸易网络的扩张是闽商活动增长的直接结果。18世纪初,他们已经成为厦门沿海贸易网络的主要操控者。这些福建商人在沿海建立了若干个重要的基地,用来经营省际及海外贸易。

广州是福建人的基地之一。18世纪30年代,在广州的泉漳商人数量超过千人。② 差不多在同一时期,他们也在澳门的中国人中形成了最突出的商人团体。③ 有了这些据点,福建人将厦门的沿海贸易网络与前来的外商联结起来。在厦门以北,福建商人也站稳了脚跟。比如在宁波,从泉漳地区来的福建商人,在18世纪早期之前就已主导了那里的水上贸易,包括远距离船运和转口业务。④ 由于宁波是中日贸易的主要港口,中国商人从那里出发去往日本。在宁波的福建人能够垄断这一获利丰厚的海外贸易。在苏州,即福建人沿海贸易网络的一个主要终点站,在18世纪20年代早期福建商人的人数就超过一万。⑤ 他们占到旅苏商人总数的一半以上。这些福建商人集中在南濠,一个位于苏州城阊门边的商业区,即苏州主要的米市枫桥附近。在那里,福建商人很方便地将他们的沿海贸易与长江流域的其他米市连接起来。福建商人大量集中在苏州,也显示了这座城市对闽商贸易

---

① 沿海贸易网络的存在可由从厦门辐射出去的航路证实。比如,《厦门志》卷四,第35～45页;黄叔璥:《台海使槎录》,《台湾文献丛刊》第4种,1957年,第15～16页;《重修台湾县志》(1752年版),《台湾文献丛刊》第113种,1961年,第61～62页。

② 《泉州府志》(1763年版),卷三二,第3b页。

③ 梁嘉彬:《广东十三行考》,上海:国立编译馆,1937年,第59页。

④ Shiba Yoshinobu, "Ningpo and Its Hinterland", *The City in Late Imperial China*, ed. G. William Skinner, Stanford: Stanford University Press, 1977, pp.403, 417, 435. 这一时期在宁波的福建人数目并不清楚,但是,斯波义信指出,"至1854年,宁波有数千福建移民"(第417页)。

⑤ 《宫中档雍正朝奏折》第1辑,苏州织造胡凤翚雍正元年四月五日折,第163页;《宫中档雍正朝奏折》第1辑,署理江苏巡抚何天培雍正元年五月二十四日折,第292页。

的重要性。①

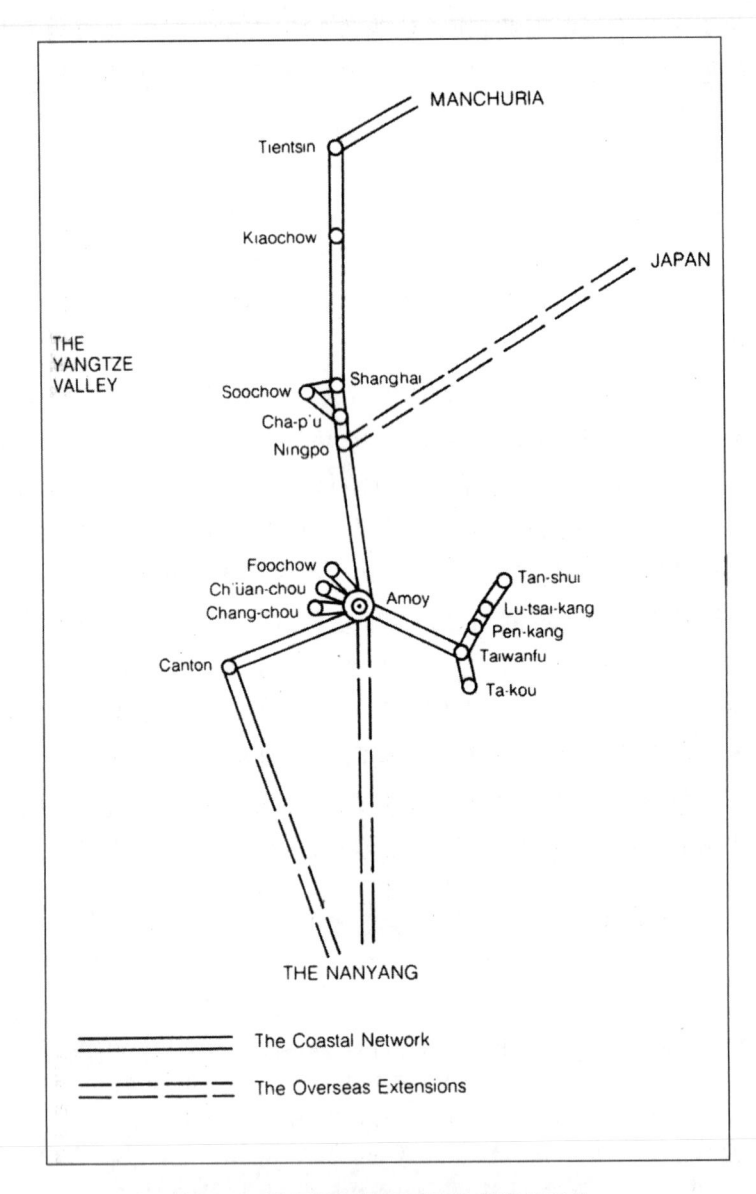

图 3-1 厦门沿海贸易网络及其海外延伸

---

① 地方官员把福建商人的存在视为对繁荣的巨大贡献。除了产生可观的关税外,他们也为当地的小商贩创造了机会。见《宫中档雍正朝奏折》第 1 辑,署理江苏巡抚何天培雍正元年五月二十四日折。

另外两个沿海据点是上海和天津。上海在18世纪早期的崛起,得益于掌控船运的福建人,[①]因为本地人并不活跃于航海业务。[②] 在天津,声誉卓著的泉漳商人至少有几百名。[③] 他们在这两个港口所参与的领域也主要是海上转口业务。

台湾的发展

从厦门、广州和宁波延伸出来的海外贸易的刺激,仍然是福建沿海贸易网络增长的一个不可分割的要素。不过,国内的另一个发展除了为海外贸易提供商品,也能给沿海贸易提供一个新的聚焦点。这一国内刺激来自于1683年台湾被清朝统一之后的发展。台湾的两种经济作物——蔗糖和大米——迅速装满了福建人驶往大陆港口的帆船。结果,厦门与台湾府治所鹿耳门(今台南)之间的商业交通成为整个福建沿海贸易网络的干线,并且巩固了厦门无可争辩的贸易中心地位。因此,与台湾的联系对于理解以厦门为中心的沿海贸易网络至关重要。

由于土地稀缺,以蔗糖为主的福建农业输出,很快达到了产量极限,无法满足进一步扩大的沿海贸易的需求。因此,沿海贸易不得不依靠海外和其他省份的商品供应来满足系统内的分配。这也限制了活跃的福建人在17世纪末参与沿海航运活动的能力。台湾农业的发展带来了厦门—台湾贸易干线的成长,而这也使得泉漳民众在繁荣的沿海贸易网络中发挥出主导作用。

其实台湾在荷据时期就已经开始生产大米和蔗糖。一份1656年的报告显示台湾水稻种植面积是甘蔗的2.5倍。[④] 当地的产品出口到中国大陆、日本和南洋。这两种主要产品中,尽管甘蔗的种植面积较小,但甘蔗在出口贸易中占主导地位。大米主要用于本地消费。后来,在郑氏统治时期,

---

① Susan Mann Jones, "The Ningpo *Pang* and the Financial Power at Shanghai", Mark Elvin and G. William Skinner, eds. ,Stanford:Stanford University Press, 1974, p.76.
② 19世纪中叶仍可观察到福建人在航海中的作用,虽然从潮州一带去的广东人大概从19世纪初就开始接管许多贸易功能。见王韬:《瀛壖杂志》卷一,第5b~7a页,《笔记小说大观》第2编第9册,第5277~5278页;《小方壶斋舆地丛钞》第九秩,第50b~51a页。
③ 《泉州府志》(1763年版),卷三二,第3b页。
④ 王世庆:《清代台湾的米产与外销》,《台湾文献》第4卷第3/4期(1958年3月),第15页。

台湾是郑氏抵抗力量的供给基地,并且成为泉漳地区的粮仓。尽管如此,蔗糖仍然是主要的出口物品,糖料作物的种植面积首次超过了水稻种植的总面积。

　　清朝统一台湾之后设立台湾府,下辖台湾(今台南及其周边)、凤山和诸罗(后称嘉义)三县。新设的台湾府是福建省的一部分。早年间,台湾县得到充分开发,但另两个县仍然非常落后。凤山和诸罗的知县并未在各自的地方履职,而是将他们的衙门建在府治,即台湾府。① 直到1704年之后,两位知县才成为常驻官员。② 即使如此,诸罗北部和凤山南部在18世纪头十年多半仍是处女地。不过,彰化和凤山的移民分别迅速地向北和向南推进。到18世纪20年代末,现在的彰化和台中得到开发。与此同时,移民们开始开发彰化和淡水之间的地区。③ 该区域的发展使得1723年设立了彰化县和淡水厅,④从诸罗分离出来。

　　泉州人在1683年以前就已经到了台湾,因此能够占据沿海的平原。漳州移民之后到来,便迁入内地。从嘉应州和潮州地区来的广东人在18世纪初日益增多,他们不得不向更内陆的地区迁移。⑤ 总体而言,闽南人形成了台湾地区最早的主要聚居群体。在诸罗和凤山县治的人口中,他们也占多数。18世纪早期,泉州移民在今台北北部的平原周围定居下来。广东移民主要散居于诸罗最南端和最北端地区。⑥

　　在方言群体中,闽南话群体不仅占大多数而且相对富裕,台湾大多数商人和地主来自于这个群体。当农业日益商业化,它就成为从大陆来的泉漳人投资土地的动机。他们要开垦土地的话,就要向县里的官员提出申请。一旦获得批准,他们将被授予开发许可证。富有的投资者通常不会亲自来

---

① 庄金德:《清代初期台湾土地开发导言》,《台北文献》直字第15/16期(1971年6月),第167页。
② 庄金德:《清代初期台湾土地开发导言》,《台北文献》直字第15/16期(1971年6月),第167页。
③ 《诸罗县志》(1717年版),《台湾文献丛刊》第141种,1962年,第110、114页。
④ 1683—1723年间的发展,见时人蓝鼎元如下描述:"国家初设郡县,管辖不过百里,距今未四十年,而开垦流移之众,延袤二千余里,糖谷之利甲天下。"见蓝鼎元:《东征集》,《台湾文献丛刊》第12种,1958年,第34页。
⑤ 戴炎辉:《清代台湾乡庄之社会的考察》,《台湾银行季刊》第14卷第4期(1963年12月),第208～209页。
⑥ 《诸罗县志》(1717年版),《台湾文献丛刊》第141种,1962年,第136～137页。

开垦土地。18世纪早期,不到三分之一开垦的土地是由地主耕种的;相反,他们雇用佃农干活。① 当然,这要求充足的资金去动员移民清理土地,修建灌溉设施和种植农作物,②需要一些时间才能看到第一次收获。有鉴于此,地主通常会得到三年的免税期。当土地开始有收成,移民们付固定的年租给地主,地主转而负责交土地税。③

从闽南来的投资者不一定都成为地主。他们可以携资到台湾④满足小农的信贷需求。三种获得贷款的主要路径是:短期小额借贷("贷")、长期大额借贷("典")和从当铺借贷("典当")。⑤ 在"贷"的模式下,债务人抵押某种形式的不动产,比如土地,获得借款并为此支付利息。在"典"的模式下,债务人通常抵押一块土地以获得一笔借款。"贷"和"典"的习俗在农村的运转与在城市一样。⑥ 当铺往往在城区经营。它们是拥有雄厚资本的大机构。通过当铺借款的期限从一年到三年不等,按月支付利息。官方规定的月利率不得超过3%;然而,它们常常达到6%甚至更高。⑦

当经济地位较低的福建移民无法获得外部资金时,他们之间还有另一种非常普遍的筹款方式。通常由20~30名特定成员组成筹资合作社,每个人在一定时间内贡献一定金额。然后,这些钱汇集在一起,每次在成员之间抽签决定使用权。通过这种方式,成员们可以将小额积蓄汇集起来以备急用或者用于做点小生意。

这些筹资合作社叫作"会"或"银会",至今在东南亚的华人社群中仍很

---

① 《诸罗县志》(1717年版),《台湾文献丛刊》第141种,1962年,第95页。
② 《诸罗县志》(1717年版),《台湾文献丛刊》第141种,1962年,第95页。虽然许多佃户是闽南人,但福建地主不时需要依靠广东移民开垦土地。他们称广东移民为"客仔",而后者称他们的地主为"头家"。
③ 马若孟:《清统治下的台湾,1684—1895:传统经济》,《中国文化研究所学报》第5卷第2期(1972年12月),第383~384页。
④ 《诸罗县志》(1717年版),《台湾文献丛刊》第141种,1962年,第136页。
⑤ 马若孟:《清统治下的台湾,1684—1895:传统经济》,《中国文化研究所学报》第5卷第2期(1972年12月),第397页;《台湾府志》(1696年版),《台湾文献丛刊》第65种,1960年,第248页。
⑥ 马若孟:《清统治下的台湾,1684—1895:传统经济》,《中国文化研究所学报》第5卷第2期(1972年12月),第399页。
⑦ 马若孟:《清统治下的台湾,1684—1895:传统经济》,《中国文化研究所学报》第5卷第2期(1972年12月),第397页;《台湾府志》(1696年版),《台湾文献丛刊》第65种,1960年,第248页。

流行。这种方式被认为起源于明清之交的福建,特别是在雍正年间引起了朝廷的注意。它的传播蔓延与海上贸易的发展和台湾的土地开发密切相关,那里较穷的人们急需启动资金来抓住新机遇。这些互助团体也可能以兄弟会的形式出现。无论如何,官方在清早期就已怀疑这些流行的合作社。许多被认为是具有煽动性的会(秘密社团)被检举。一些线索支持我的看法。康熙朝的最后几年,台湾官方开始任意逮捕会的成员。这种严酷的措施被认为是1721年朱一贵起义爆发的原因之一。可以想见,许多被官府围捕的会的成员,仅仅只是筹资合作社的成员,而任意逮捕致使怨声载道。①随着资金的投入和劳动力的充裕,台湾的发展速度引人注目。当1717年新的禁海令出台时,海外贸易的商人和投资者一定将部分商业资本转移到了台湾作为替代投资。至少我们可以确定有更多福建人因受海禁影响,跑到台湾谋求出路。②这加快了台湾农业和商业的发展,并且有助于18世纪20年代早期的沿海贸易扩张。

大米和甘蔗产量的增长也反映了台湾快速发展的景象。1683—1735年间,水稻的种植总面积翻了一番。1735年达到14343甲,③或162076亩(24557英亩),见表3-1。

表3-1　1683—1735年水稻种植面积的增长

行政单位	1683年的面积	1735年的面积
台湾县	3886甲(43912亩)	4934甲(55754亩)
凤山县	2678甲(30261亩)	3566甲(40296亩)
诸罗县	970甲(10961亩)	1639甲(18521亩)
彰化县	—	3986甲(45042亩)

---

① 参见丁曰健:《治台必告录》,《台湾文献丛刊》第17种,1959年,第80页。另两例为雍正年间发生的。一是30多名居住在台湾的福建人组织了"妈祖会",每人捐一钱。二是23人组织了"父母会",每人捐一两银子。他们如何使用这些资金不得而知。二者人数都不多,意味着这些会更像筹资合作社,而不是煽动性社团。参见《宫中档雍正朝奏折》第11辑,福建总督高其倬雍正六年八月十日折,第66~70页;《雍正朱批谕旨》第16函第2册,第14页,福建巡抚赵国麟雍正九年三月十九日折,第5409页。更多文献资料见《台湾私法债权编》,《台湾文献丛刊》第79种,1960年,第220~225页。

② 蓝鼎元:《论南洋事宜书》,《皇朝经世文编》卷八三,第38b页。

③ "甲"是台湾田亩单位,使用至今。18世纪初,1甲为11.3亩。见《诸罗县志》(1717年版),《台湾文献丛刊》第141种,1962年,第87页。

续表

行政单位	1683年的面积	1735年的面积
淡水厅	—	218甲(2463亩)
共计	7534甲(85134亩)	14343甲(162076亩)

资料来源：《重修福建台湾府志》(1741年版)，《台湾文献丛刊》第74种,1961年,第129~162页。数据显示了总体发展趋势；然而，这些呈报的数据实际上可能不到巡视台湾监察御史索琳和尹秦指出的开垦土地数据的一半，见《宫中档雍正朝奏折》第8辑,雍正五年八月十二日折，第683页。

同一时期甘蔗种植面积的扩张甚至更引人注目。1735年，总面积创纪录地达到大约36750甲或415275亩(62920英亩)，大约是1683年时的3倍(见表3-2)。①

表3-2 1683—1735年甘蔗种植面积的增长

行政单位	1683年的面积	1735年的面积
台湾县	4676甲(52839亩)	7888甲(89134亩)
凤山县	2370甲(26781亩)	7377甲(83360亩)
诸罗县	3873甲(43765亩)	13469甲(152200亩)
彰化县		7679甲(86773亩)
淡水厅	—	337甲(3808亩)
共计	10919甲(123385亩)	36750甲(415275亩)

如表3-2所示,1735年甘蔗的总面积是水稻的2.5倍，与1656年正好相反。据台厦道高拱乾奏称，在17世纪的最后十年，甘蔗种植面积的增长是由于其价格更高。②

甘蔗种植面积的扩张伴随着制糖业的迅速发展。③ 越来越多的糖厂建

---

① 《重修福建台湾府志》(1741年版)，《台湾文献丛刊》第74种,1961年,第129~162页。
② 《重修台湾府志》(1712年版)，《台湾文献丛刊》第66种,1960年,第313~314页。
③ 参见《台湾府志》(1696年版)，《台湾文献丛刊》第65种,1960年,第138~140页；《重修台湾府志》(1745年版)，《台湾文献丛刊》第105种,1961年,第214~217页。

立起来。① 大多数糖厂建于1683年之后,在18世纪初的增长尤其令人注目,特别是新开发的致力于蔗糖生产的地区。

  这些工厂通常属于地主、富农或是糖商。② 资金不多的小农会出售他们的甘蔗给附近的糖厂,或设法合伙开办一家糖厂。③ 蔗糖生产者也许还要从商人或经纪人那里借款以支付生产费用。在这种情况下,生产者愿意按协议以合同价格向债权人出售全部蔗糖。④

  前文已经指出了1683年后台湾经济发展的快速步伐。当然,随着经济作物生产的扩张,生活水平也大幅度提高。⑤ 台湾当地的方志以及其他同时代的观察者如蓝鼎元都记录了岛上更高的生活水准。在这些观察者们笔下,人们经常一掷千金大宴宾客,身穿绫罗绸缎,当地生活穷奢极欲,由此可见一斑。⑥ 台湾的经济繁荣也导致物价飞涨,进口商品的价格据说是全国最高的。⑦ 所有这些因素都是商业发展的结果。这个岛屿已经吸引了越来越多来自闽南的商人,⑧ 甚至本地人对商业活动所提供的机会都反应热烈。当地地方志的编撰者指出,商业以极快的速度发展,越来越多的人把贸易作为自己的职业。⑨ 台湾经济的商业化促使岛上形成一个延伸的地区贸易网

---

  ① 据时人黄叔璥在18世纪20年代早期的记载,每季从400亩土地出产的甘蔗加工需要一个设备完善的作坊投入所有的工时。1735年甘蔗种植总面积为415275亩,蔗糖加工坊数应逾千。考虑到许多作坊很小,实际数量甚至应该超过上面的估计。参见黄叔璥:《台海使槎录》,《台湾文献丛刊》第4种,1957年,第56~57页。

  ② 黄叔璥:《台海使槎录》,《台湾文献丛刊》第4种,1957年,第52页;中国人民大学:《明清社会经济形态的研究》,上海:上海人民出版社,1957年,第295页。按照黄叔璥的说法,一个设备完善的作坊雇用17人左右,包括两个熟练工人监督整个加工过程。另外,需要18头公牛帮忙。每月共计60~70两的工钱。一个如此规模的加工坊是很大的,而且要求更多的资金投入。参见黄叔璥:《台海使槎录》,《台湾文献丛刊》第4种,1957年,第56~57页。

  ③ 马若孟:《清统治下的台湾,1684—1895:传统经济》,《中国文化研究所学报》第5卷第2期(1972年12月),第388~389页。

  ④ 黄叔璥:《台海使槎录》,《台湾文献丛刊》第4种,1957年,第21页。

  ⑤ 比如,《诸罗县志》(1717年版),《台湾文献丛刊》第141种,1962年,第146页;《台湾县志》,第54~55,57页;丁曰健:《治台必考录》,《台湾文献丛刊》第17种,1959年,第56页。

  ⑥ 《诸罗县志》(1717年版),《台湾文献丛刊》第141种,1962年,第146页。

  ⑦ 《诸罗县志》(1717年版),《台湾文献丛刊》第141种,1962年,第146页。

  ⑧ 《诸罗县志》(1717年版),《台湾文献丛刊》第141种,1962年,第136页。

  ⑨ 《重修台湾县志》(1752年版),《台湾文献丛刊》第113种,第479页。

络,把它与以厦门为中心的沿海贸易网络联系起来。

沿海贸易网络在台湾的延伸

岛屿西海岸一系列海港的涌现是沿海贸易网络在台湾扩张的最好体现,它们是市场体系的中心节点(参见地图 3-1 和地图 3-2)。南部的主要港口是凤山县的打狗(今高雄)和东港。[①] 打狗在晚明是一个渔区。[②] 康熙初年,一群渔民开始在此形成小社区定居下来。1683 年后,打狗及其附近地区成为一个重要的蔗糖生产区。[③] 因为这新发展,打狗和东港开始作为凤山县主要的大米和蔗糖出口港。[④] 康熙后期,随着农业发展由凤山向台湾岛南端的琅峤(今恒春)推进,这两个港口进一步扩张。打狗和东港的贸易额大幅增长。凤山县也在 18 世纪初进一步发展。在 18 世纪初,地方志记载该地区只有 3 个集镇。[⑤] 到 1741 年,数量已经增加到 11 个,扩展到了新开发的地区。[⑥]

---

① 黄叔璥:《台海使槎录》,《台湾文献丛刊》第 4 种,1957 年,第 5 页。
② 曾迺硕:《清季打狗之渔业》,《台湾文献》第 8 卷第 2 期(1957 年 6 月),第 19 页。比如,1636 年,超过 81 艘渔船从福建开往这里,每艘载运 15~25 个渔民。
③ 蓝鼎元记录 1723 年左右蔗田从打狗延伸百里以上。见丁曰健:《治台必告录》,《台湾文献丛刊》第 17 种,1959 年,第 5 页。其县治凤山主要是闽南人居住。东港南部地区及其邻近地区(今屏东)为从广东东部嘉应州来的客家人所开垦。
④ 黄叔璥:《台海使槎录》,《台湾文献丛刊》第 4 种,1957 年,第 23 页。
⑤ 《台湾府志》(1696 年版),《台湾文献丛刊》第 65 种,1960 年,第 48 页;《重修台湾府志》(1712 年版),《台湾文献丛刊》第 66 种,1960 年,第 54 页。
⑥ 《重修福建台湾府志》(1741 年版),《台湾文献丛刊》第 74 种,1961 年,第 84 页。

厦
门
的
兴
起

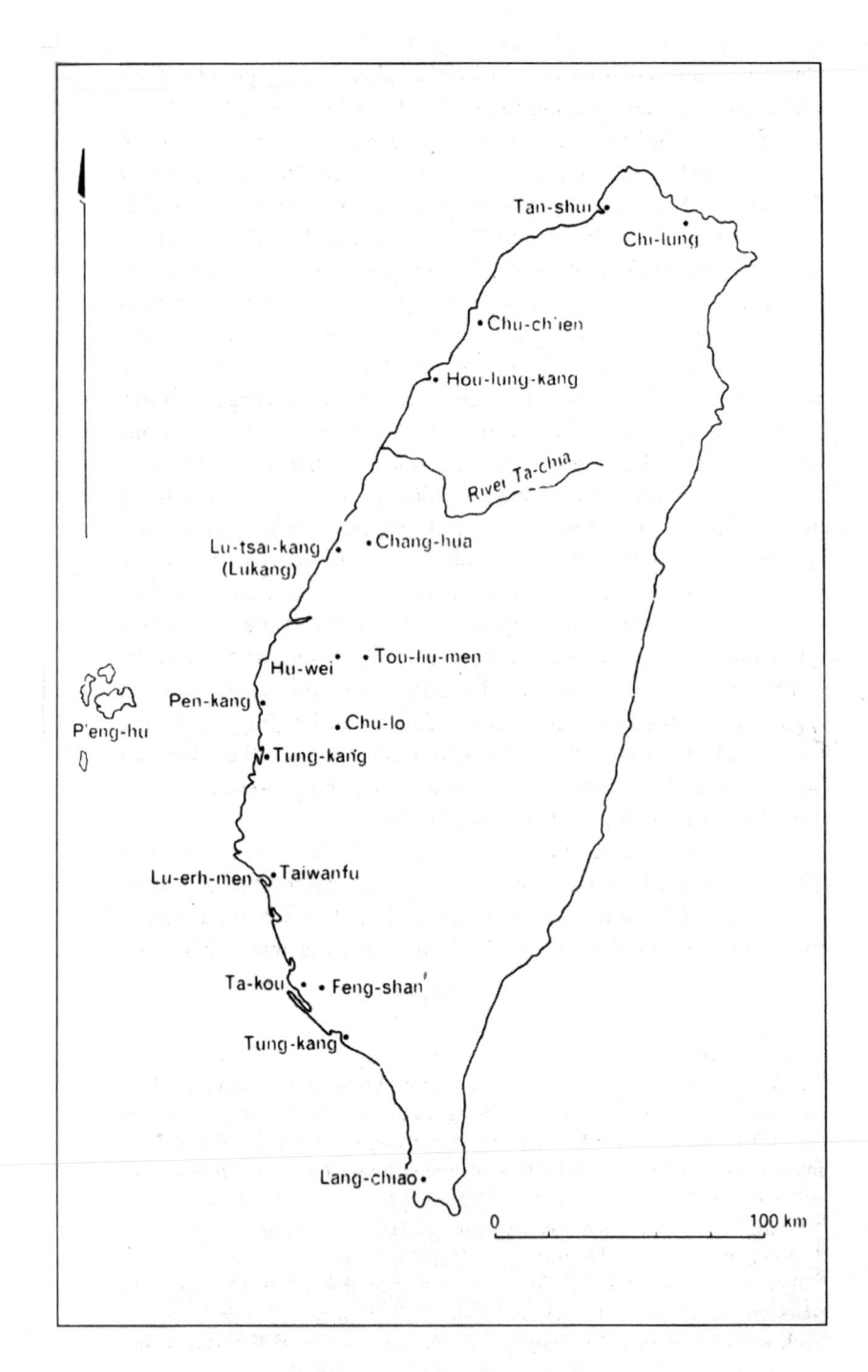

地图 3-1　1735 年左右的台湾府

岛的北端是两个深水港,基隆和淡水。① 北部这些港口与沿海的竹堑(今新竹)之间,直到西南部的地区环绕着台北盆地。1723年淡水厅建立时,其治所在竹堑。淡水厅管辖着沿大甲溪分布的北部地区。直到雍正末年,台北盆地的中央部分基本由泉州人开发。漳州移民于乾隆早期到来。②

18世纪上半叶,淡水的贸易非常活跃。最初是先住民和福建人之间的贸易。经常是成百上千的先住民乘着独木舟,带着各种产品,如鹿脯、鹿筋、鹿角、鹿皮、芝麻、水藤和紫菜到淡水来交换盐、糖、烟草和衣料。③ 当更多汉人涌入并且开始种植水稻和其他作物时,那些食品成为淡水港的主要输出品。④ 由于贸易的迅速发展,淡水被授予和台湾府一样的特别许可,可以与厦门直接贸易。淡水的福建人在漳州或泉州打造他们的船只。起初,直接贸易的船只数限制在4艘。1723年,官府同意他们另外再造2艘。1743年的船只数量进一步增长到10艘。这些船获得许可从台湾北部运载粮食到厦门。即使时不时地禁止从台湾出口大米,禁令也无法影响淡水与厦门之间的特许贸易。唯一的限制是淡水的这些船只只能在一年的最后4个月进行直接贸易;其他月份,它们只能像其他船只一样在台湾府停靠。当它们返航淡水,都会从厦门带来衣料、烟草、茶叶、工具和其他商品。⑤

---

① 《东华录》(康熙版),卷一〇一,第9a页。
② 广东东部的客家人在乾隆早期很快地不断到达这里,他们集中于诸罗县附近。参见陈乃蘖:《台北市兴革述略》,《台湾文献》第8卷第2期(1957年6月),第26~27页。
③ 黄叔璥:《台海使槎录》,《台湾文献丛刊》第4种,1957年,第134页。
④ 《重修福建台湾府志》(1741年版),《台湾文献丛刊》第74种,1961年,第68页。
⑤ 董天工:《台海见闻录》,《台湾文献丛刊》第129种,1961年,第21~22页。此书刊印于1753年。1746年,董天工被任命为彰化教谕。

地图3-2 台湾西海岸主要港口

资料来源：陈伦炯《海国闻见录》。

在台湾府和竹堑之间的中部海岸有其他港口,服务于诸罗和彰化两县的广大区域,以及南部的淡水厅。康熙和雍正时期,笨港是诸罗沿海的主要海港。① 它也是诸罗县的大米贸易中心。② 18世纪初,这里有9个沿海的小区,叫作"庄"。每一个庄由不同的港口提供服务。③ 同时笨港是整个地区的中心,小一些的帆船也在县里别的港口停泊收购谷物和蔗糖。④ 小船也到沿海村庄收购当地的农产品,把它们运到附近的集市。⑤ 1696年,整个诸罗县只记录有1个小集市。⑥ 然而,在随后的20年内,这一地区涌现出17个集市。⑦ 其中,笨港在18世纪上半叶尤其繁荣。

漳化地区处在南面的虎尾和北面的大甲溪之间。1700年以前,该地区几乎没有集市。⑧ 后来,在1717年,记载有4个。⑨ 1741年,集市的数目增长到9个。⑩ 由于诸罗的发展模式,集市的增加与台湾的沿海贸易密切相关。18世纪头二十年,从大陆来的移民已向该县迁移,进行土地开发。这一地区的发展导致芝麻产量增长,其间每年达到"数十万石"。⑪ 由于该县土地充足,这里的大米产量增长,价格在台湾是最低的。⑫ 同一时期,鹿仔港(今鹿港)上升为大米贸易的中心。⑬ 1731年,它被正式指定为沿海帆船进入台湾府鹿耳门的贸易港口,但不允许鹿仔港和大陆之间的直接贸易。该县出口的大米通过鹿仔港被转运到府治台湾府。⑭ 商人的帆船也到其他

---

① 笨港位于今云林县北港和嘉义县新港之间。
② 黄叔璥:《台海使槎录》,《台湾文献丛刊》第4种,1957年,第23页。
③ 版图在过去的3个世纪经历了巨大的地理变迁,海岸线向西移动了一些。参见卢家兴:《嘉义县属海岸线演变考》,《台湾文献》第10卷第3期(1959年9月),第27期。
④ 《诸罗县志》(1717年版),《台湾文献丛刊》第141种,1962年,第12~17页。
⑤ 《诸罗县志》(1717年版),《台湾文献丛刊》第141种,1962年,第12~17页。
⑥ 《台湾府志》(1696年版),《台湾文献丛刊》第65种,1960年,第48页。
⑦ 《诸罗县志》(1717年版),《台湾文献丛刊》第141种,1962年,第32页。
⑧ 《台湾府志》(1696年版),《台湾文献丛刊》第65种,1960年,第48页。
⑨ 《诸罗县志》(1717年版),《台湾文献丛刊》第141种,1962年,第32页。
⑩ 《重修福建台湾府志》(1741年版),《台湾文献丛刊》第74种,1961年,第84~85页。
⑪ 《诸罗县志》(1717年版),《台湾文献丛刊》第141种,1962年,第138页。
⑫ 《重修福建台湾府志》(1741年版),《台湾文献丛刊》第74种,1961年,第93页。
⑬ 《重修福建台湾府志》(1741年版),《台湾文献丛刊》第74种,1961年,第84页。
⑭ 张炳南:《鹿港开港史》,《台湾文献》第19卷第1期(1968年3月),第10页。

较小的港口收购芝麻、大米和大豆,而更小的船则到沿海村庄收购土产。[1]

此地区内的另一个港口群位于大甲溪和竹堑之间。其中最重要的是后垅港,这是一个深水港。[2] 它是当地大宗土产如芝麻和大米的出口港。[3]

换句话说,台湾沿岸的主要海港发挥了中央节点的作用,联结着各地区的较小港口;[4]而每一个较小的港口都延伸到各自生产商品的腹地。当地的产品用牛车经陆路载运到附近港口。一头牛拉的车可以载重600～700斤。[5] 与海运相比,陆运的花费往往是其两倍。[6] 因此,陆路运输的货物会运往距离最近的沿海港口。

台湾沿海的所有主要港口都与台湾府的鹿耳门相连,鹿耳门是唯一所有的季节都向大陆开放直接贸易的海港。台湾的农业和商业发展已经让府城日益繁荣。[7] 在18世纪的头十年,当地志书记载了城内有15个街市;[8]从1710年到1720年,街市的数量已经增长到26个;[9]到18世纪中期,总共有45个。[10]

总的来说,18世纪初之后,台湾边疆开发的加速步伐和随后的商业扩张不仅促进了厦门贸易网络的迅速成长,而且推动了闽南商人在沿海贸易中主导作用的日益突出。1718年康熙帝在浙闽总督觉罗满保的建议下颁旨之后尤其如此,所有行驶于台湾和其他沿海地区的船只必须在厦门停靠,缴纳关税并接受安全检查。[11]

---

[1] 《诸罗县志》(1717年版),《台湾文献丛刊》第141种,1962年,第13～14页。
[2] 《诸罗县志》(1717年版),《台湾文献丛刊》第141种,1962年,第125页。
[3] 《诸罗县志》(1717年版),《台湾文献丛刊》第141种,1962年,第14页。
[4] 以这种方式,每个地区的主要港口充当了商品集散的转口港,见《明清史料戊编》,第102a页。
[5] 《诸罗县志》(1717年版),《台湾文献丛刊》第141种,1962年,第146页。
[6] 黄叔璥:《台海使槎录》,《台湾文献丛刊》第4种,1957年,第23页。
[7] 台湾府是地区首府(台湾府城),也是台湾县的县城。
[8] 《台湾府志》(1696年版),《台湾文献丛刊》第65种,1960年,第46～47页;《重修台湾府志》(1712年版),《台湾文献丛刊》第66种,1960年,第53～54页。
[9] 《台湾府志》(1720年版),第90～92页。
[10] 《重修台湾府志》(1752年版),第27～28页。
[11] 《大清历朝实录·圣祖(康熙)朝》卷二八〇,第6页。

沿海贸易

台湾大米出口

郑氏时期起,台湾便开始生产大米供给郑氏军队和被战争破坏的闽南地区。1683年重归于和平时,台湾和福建之间的大米贸易继续发展,但在此世纪最后的二十年里,发展速度相对有限。一个原因是官方采取一系列措施阻止移民到台湾,另一个原因是政府控制台湾的大米出口。大米贸易在清早期是个敏感问题,政府要确保大米绝不能被走私给海上不法分子。

1702—1711年,水稻收成受到恶劣天气的影响,台湾知府周元文采取了更严厉的措施禁止大米出口。[①] 1717年新的禁海令生效,进一步防止人们从台湾运出大米。四年后,当朱一贵起义在岛上爆发时,大米贸易再次受到打击。通常情况下,地方官府努力阻止粮食出口,是以防当地粮食短缺和物价上涨。由于他们的仕途通常依赖于维持地方安定的政绩,他们总是更倾向于通过储粮维持安定。[②]

不过,大米仍继续经台湾海峡流出,特别是在丰收的年份。比如在1693年,米商发现台湾大米由于丰收而价格低廉,出口到福建有利可图。[③] 实际上,限制只会鼓励更加活跃的走私贸易。走私大米出岛的办法有不少。更冒险的米商雇用台湾沿岸定期往来海峡间的小型帆船进行走私。这些小型帆船经常从笨港和打狗,[④] 台湾这两个水稻产区的走私中心出发。另一种办法是用小船运米到澎湖附近的水域。走私者在那里把货物卸载到航行于澎湖和厦门港外的大担之间的较大的帆船上,然后小舢板或者渔船会靠近它们接驳货物运到厦门。组织者大多是厦门的铺户,他们与当地官府联

---

① 《重修台湾府志》(1712年版),《台湾文献丛刊》第66种,1960年,第323~325页。
② 《宫中档雍正朝奏折》第6辑,浙闽总督高其倬雍正四年七月二十六日折,第356页。
③ 王世庆:《清代台湾的米产与外销》,《台湾文献》第4卷第3/4期(1958年3月),第18页。
④ 黄叔璥:《台海使槎录》,《台湾文献丛刊》第4种,1957年,第23页;《重修台湾府志》(1752年版),第61页。

系密切。① 在后者的协助下，走私甚至在光天化日之下进行。这一类合作的例子很多。

一则史料显示，1725 年，一个驻扎在澎湖的副将代表 19 位在澎湖与台湾之间运载日用品的船主递交了一份申请。福建巡抚毛文铨对此给予批准。同时，厦门的海防同知也成功地获得了另一个有 13 艘船只的船队在两地运载货物的许可。事实上，澎湖和台湾之间的贸易并不需要官员代表船主所申请的大帆船，当地的小帆船就足以胜任这项工作。据后来可知，大帆船实际上行驶于澎湖和大担之间，它们偷运移民到台湾，运回大米到福建。官方赞助者对运载的每批大米征收超过 20 两的银子。② 更臭名昭著的是水师巡逻队。水师提督蓝廷珍和金门总兵谢希贤都雇用他们自己的"哨船"用于走私。③ 雍正早期，卷入这类生意的船只超过 20 艘。④

朝廷无法坚持执行大米禁令的核心在于当地的治理问题。1717 年海禁实施之后，康熙帝也立即颁旨表示任何从台湾运到厦门的大米应被允许以市价销售，从而避免闽南粮食短缺并平抑当地粮价。⑤ 上述所有原因，最终促使总督高其倬在 1726 年提议解除大米禁令，而朝廷也批准了他的奏请。⑥

禁令失效的关键因素在于台湾生产的过剩的廉价大米可使闽南的粮食短缺得到缓解。台湾生产的大米"一年丰收，足供四五年之用"。⑦ 全汉昇和高乐（Richard Kraus）基于"台湾的米价与大陆那些缺米地区的水平十分接近，表明台湾大米并不是绰绰有余"，对总督高其倬的主张表示怀疑。⑧

---

① 《宫中档雍正朝奏折》第 6 辑，浙闽总督高其倬雍正四年九月二日折，第 523～526 页。

② 《宫中档雍正朝奏折》第 6 辑，浙闽总督高其倬雍正四年九月二日折，第 525 页。

③ 《宫中档雍正朝奏折》第 6 辑，浙闽总督高其倬雍正四年九月二日折，第 525 页。

④ 《续修台湾县志》(1807 年版)，《台湾文献丛刊》第 140 种，第 139 页。

⑤ 《福建通志》(1868—1871 年版)，卷二七〇，第 11a 页。

⑥ 高其倬的原始文本见《宫中档雍正朝奏折》第 6 辑，浙闽总督高其倬雍正四年七月二十六日折，第 355～357 页。

⑦ 转引自 Ch'üan Han-sheng and Richard A. Kraus, *Mid-Ch'ing Rice Markets and Trade: An Essay in Price History*, Cambridge: Harvard University Press, 1975, p.67. 高其倬的奏请见《宫中档雍正朝奏折》第 6 辑，浙闽总督高其倬雍正四年七月二十六日折，第 356 页。

⑧ Ch'üan Han-sheng and Richard A. Kraus, *Mid-Ch'ing Rice Markets and Trade: An Essay in Price History*, Cambridge: Harvard University Press, 1975, p.67.

为了证实他们的观点,全汉昇和高乐选取了1726年12月和1727年12月的平均米价,以及1729年9月的单价用于分析。从这三部分的数据,他们得出一个福建地区的大米平均价格(见表3-3),并在此基础上进行分析。

关于全汉昇和高乐给出的这些数据,与这部分讨论相关的两点分析局限需要指出。第一,这个数据代表季节低价,特别是对福建缺粮地区而言。实际上,全汉昇和高乐完全知道季节性的价格波动。在对长江流域模式的分析中,他们观察到价格变化在盛夏(6月—7月—8月)达到顶峰,在随后的8月—9月和10月—11月—12月间回落,并在隆冬(12月—1月)跌至最低点,然后在冬季剩下的时间和春季渐渐回升,直到盛夏再次达到最高峰。[①]

表3-3 福建地区的大米价格

单位:每石两

府或州	1726年12月平均范围	1727年12月平均范围	1729年9月单价	(1)—(3)栏平均
	(1)	(2)	(3)	(4)
泉州府*	1.65	1.65	0.81	1.37
漳州府*	1.40 [1.50]	1.60	1.05	1.35
汀州府	1.30	1.50	1.10	1.30
福宁州*	1.375	1.20	1.15	1.24
延平府	1.30 [1.35]	1.29	1.12	1.24
福州府	1.10 [1.125]	1.30 [1.21]	1.10	1.17
台湾府	1.30	1.29	0.94	1.14
兴化府*	1.15	1.315	0.90	1.12
建宁府	1.48 [1.03]	0.96	0.90	1.11
邵武府	0.975	1.00	1.15	1.04

注:* 为沿海府

资料来源:Ch'üan Han-sheng and Richard A. Kraus, *Mid-Ch'ing Rice Markets and Trade: An Essay in Price History*, Cambridge: Harvard University Press, 1975, p.54. 从

[①] Ch'üan Han-sheng and Richard A. Kraus, *Mid-Ch'ing Rice Markets and Trade: An Essay in Price History*, Cambridge: Harvard University Press, 1975, pp.20~22.

该书的第127页我们知道(1)栏数据引自《雍正朱批谕旨》第2函第5册,第76页,福建巡抚毛文铨雍正四年十一月九日折,第611页。文本也见《宫中档雍正朝奏折》第6辑,雍正四年十一月九日折,第836~837页。(2)栏数据引自《雍正朱批谕旨》第5函第2册,第36页,福建巡抚常赉雍正五年十月二十五日折,第1357页。几处数据计算有误,表3-3方括号里是笔者更正的数据。

在福建,夏末早熟稻之后的八九月期间,米价可望下降。晚熟稻始于中秋,可使米价保持在较低水平。换句话说,一年中福建的米价起伏波动,情况类似于全汉昇和高乐对长江下游米价的分析。因此,他们二人所给出的福建米价数据,某种程度上误导了对大米贸易的讨论。这些价格并不能反映一年中正常的波动。

第二,事实上,一府之内即使在丰收季节的价格显著差异也未显示出来,因为价格差异被拉平了。在大多数情况下,省内提呈奏折的官员没有调查反映各县米价变化所需的细节。(1)栏和(2)栏资料的信息来源,实际上是两个少数这样细节的报告。所引文献中的原始数据(见附录一)是一个府内价格差异的更好证明,可以更为准确地反映出价格状况。

此外,即使是奏折中给出的数据,常常也不令人满意。大多数情况下,它们代表地方官员所愿意报告的理想状况。往往,一个统一价格涵盖了包括台湾在内的全省的状况。记住这一点,我们才能更好地理解台湾与闽南之间存在的价格差异。虽然价格数据(见附录一)并不完整,但是一个普遍的规律是显而易见的。18世纪20年代的大部分时间内,台湾的价格水平相对稳定而且比闽南低,表明大米供应充足。即便我们以官方报告的价格为准,并且在原价格上再加10%~15%的运费,[①]台湾与福建大米之间的价格差异仍然令商人有利可图,尤其部分大米是从价格远低于市场水平的产地村庄直接运到厦门的。

福建在多大程度上依赖台湾供应大米是不可能有准确数据的。尽管如

[①] 从台湾府到厦门的净米运费是每石0.108两,稻谷运费是每石0.08两。见《明清史料戊编》,第102b页。1726—1727年政府每石净米拨付1.16两,包括到厦门的运费,见《宫中档雍正朝奏折》第7辑,福建总督高其倬雍正五年二月十日折,第445页。总费用仍然低于闽南的价格水平。即使从1730年起,为确保更长的储存期,官方运输以稻谷的形式进行重量会是相同数量净米的两倍;因此,运费也近于两倍。但据估计,台湾大米在福建仍具有竞争力,并创造利润。见《宫中档雍正朝奏折》第14辑,署理福建总督史贻直雍正七年八月二日折,第75页。

此,我们可以对数量做一个粗略的估算。首先我们必须考虑官方的载运,也就是后来所说的"台运"。雍正二年(1724),皇帝诏令台湾保证每年运送50000石[①]大米到福建。下一年,朝廷又批准额外再定购100000石。[②] 在总督高其倬呈送的一份奏折中,1727年计划定购的米和谷都将在600000～700000石之间。[③] 雍正七年(1729),署理总督史贻直向朝廷建议,每年从台湾到厦门的大米运输量应固定在83000石,被予批准。[④]

官方载运大米的方式就此形成,但只占台湾出口大米的一小部分;合法商运和走私占大部分。两份乾隆早期的文献显示了大米贸易量。第一份是1743年年初发布的法令,由此估计,官船和私船每年从台湾运入福建的大米为400000～500000石。[⑤] 大概在同时,巡视台湾监察御史书山和张湄,计算出每年从台湾出口的大米总计为800000～900000石。[⑥] 据全汉昇和高乐估计,总量在500000～1000000石之间,[⑦]接近上述数字,尽管他们没有提供能够支撑他们观点的史料。在不同的估算中,书山和张湄提出的数字似乎最言之有据,不仅因为他们身处收集信息的有利职位,而且因为他们的估算可能考虑到了未被记录的走私贸易。[⑧]

---

① "石"在此处为大米体积单位,不应与"担"相混淆,还应避免将其转换为其他等价物的任何草率尝试。本书中,一石=138.75斤。这一问题的更多细节讨论见 Ch'üan Han-sheng and Richard A. Kraus, *Mid-Ch'ing Rice Markets and Trade: An Essay in Price History*, Cambridge: Harvard University Press, 1975, pp.79～98.

② 《大清历朝实录:世宗朝》卷四六,第2页;《宫中档雍正朝奏折》第7辑,福建总督高其倬雍正五年二月十日折,第445页。

③ 《宫中档雍正朝奏折》第7辑,福建总督高其倬雍正五年二月十日折,第445页。

④ 《雍正朱批谕旨》第16函第3册,第27b页,署理福建总督史贻直雍正七年八月二日折,第5440页;《大清历朝实录:世宗朝》卷九二,第8页。

⑤ 《大清历朝实录:高宗朝》卷一八一,第18a页。由于数据代表的是商运(商业运输)和台运(官方运输),因此不包括私运(走私)。

⑥ 《续修台湾府志》(1744年版前言),《台湾文献丛刊》第121种,1962年,第723页;《明清史料戊编》,第812页。

⑦ Ch'üan Han-sheng and Richard A. Kraus, *Mid-Ch'ing Rice Markets and Trade: An Essay in Price History*, Cambridge: Harvard University Press, 1975, p.67.

⑧ 近百万石出口大米意味着官方的水稻亩数被严重低报,所以总亩数低于甘蔗。在台湾这样的边远之地,拓荒的情况和行政效率低下是低报的原因。

大米贸易与苏州的连接

福建大米的另一个重要供应者是长江流域。这里主要关注的是福建沿海网络如何与该地区大米贸易连接起来。全汉昇和高乐的研究模糊不清,就此主题而言,有时令人困惑。从长江上游远道而来,抵达福建的大米,哪里才是它确切的出口地?福建商人有与供应来源联系的渠道吗?为了构建一幅全景图,需要讨论这两个问题。

关于第一个问题,当时有若干个大米贸易中心沿长江分布,上游四川的重庆和湖广的汉口是其中两个。四川的土地开发是由从广东、福建、湖广和贵州大量涌进的移民大力促成的。这些移民在雍正时期持续涌入。[①] 浙江总督李卫在1727年报告,四川已成为全国最大的水稻种植省,紧接着是湖广和江西。[②] 湖广及其中心汉口在17世纪中叶后大米丰足,[③]江西也被认为是17世纪末一个主要的大米出口地区。[④] 南昌是江西的中心之一。江苏的苏州是另一个主要的大米市场,但是18世纪初,它却成为大米的净进口地。[⑤] 来自长江流域一定比例的大米最后会出现在福建的大米市场上。

简要地检视长江流域的大米如何从其产区运到福建,就有可能确定福建商人开始与长江流域大米市场联系的连接点。根据1727年一大批大米直接从四川运到浙江的例子,全汉昇和高乐总结认为,大规模、长距离且组织良好的贸易在18世纪初的中国就已经存在。[⑥] 实际上,福建沿海贸易是他们观点的最好例证,而非长江流域与福建的贸易。

[①] 《雍正朱批谕旨》第7函第6册,第7~8页,四川布政使管承泽雍正五年九月九日折,第2243页。

[②] 《宫中档雍正朝奏折》第9辑,浙江总督李卫雍正五年十二月三日折,第438~439页。全汉昇和高乐引用了一条不同的史料,认为湖广(湖南和湖北)在17世纪中叶后成为最重要的大米供应区,见 Ch'üan Han-sheng and Richard A. Kraus, *Mid-Ch'ing Rice Markets and Trade: An Essay in Price History*, Cambridge: Harvard University Press, 1975, p.60.

[③] Ch'üan Han-sheng and Richard A. Kraus, *Mid-Ch'ing Rice Markets and Trade: An Essay in Price History*, Cambridge: Harvard University Press, 1975, p.60.

[④] 《大清历朝实录:圣祖(康熙)朝》卷八七,第19a页。

[⑤] Ch'üan Han-sheng and Richard A. Kraus, *Mid-Ch'ing Rice Markets and Trade: An Essay in Price History*, Cambridge: Harvard University Press, 1975, p.60.

[⑥] Ch'üan Han-sheng and Richard A. Kraus, *Mid-Ch'ing Rice Markets and Trade: An Essay in Price History*, Cambridge: Harvard University Press, 1975, pp.70, 76.

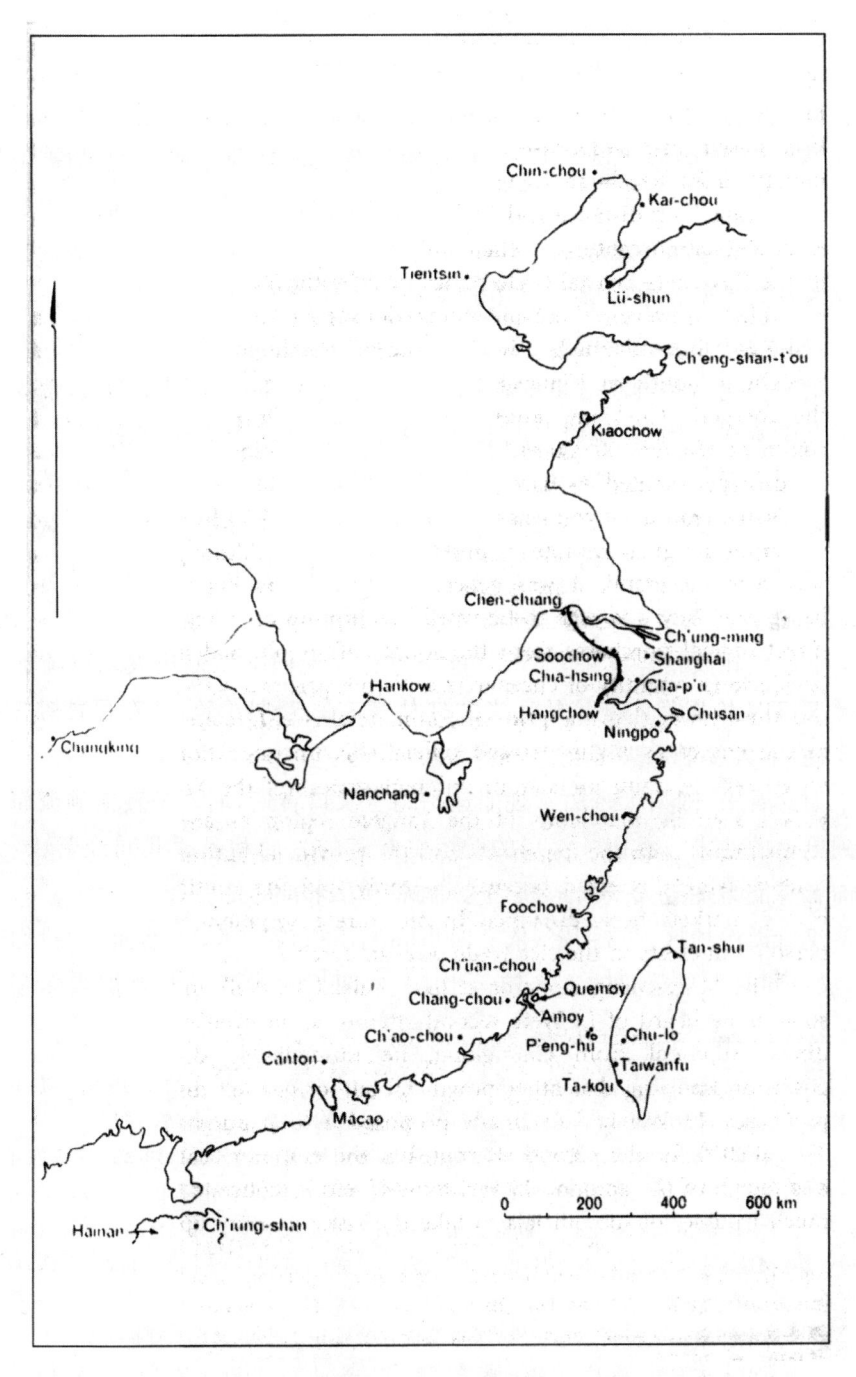

地图 3-3　中国沿海

然而,是否如全汉昇和高乐所断言的四川大米直接运至江苏南部甚至浙江是惯例？这是存疑的。① 1727年,精力充沛的浙江总督李卫试验了从重庆直运超过100000石大米到杭州。用"试验"一词是因为据李卫自己所说,这是一次大胆的尝试且是首例,虽然任务很成功地完成了,但却被他的下属们认为是过于冒险的航行,不值得作为定例。官方从原产地直接购买确实带回了大量更便宜的大米,净价是每石0.95两,比商业米价格低1/3。即便李卫的身份是皇帝高度信任的官员,他不寻常的行动也引起了长江流域不同市场方面的严重抱怨,这在长江流域地区的商人们看来是不公平的官方竞争。他们和长江沿岸的省级官员都很苦恼,不仅因为市场的常规运作被直运所干扰,而且他们在大米贸易中获得的个人利益也被削减。

雍正帝起初很赞赏李卫的首创精神。但皇帝一听说李卫第二次试图从重庆来一次更具野心的直运,便立即劝阻李卫,他明白其他省级官员对这种采购感到不悦。李卫第二次采购最初提出的总价是200000两,但皇帝将其缩减到1/4;甚至李卫自己也担心他的下属们逆流而上风险巨大。这一次,他的下属们在汉口停下来,而不是远至重庆。他们向把四川大米顺流而下运至汉口的本地米商购买规定数量的大米。在这种情况下,李卫最初的热情受挫,不久逐渐熄灭了。②

如此看来,四川大米的常规船运是运至汉口转运,而不是直接顺流而下运到更远的地方。重庆—汉口的航运由富有的米商和米贩共同经营。③ 无疑前者有能力运载大量大米,居于控制米市及米价的地位。

汉口周围地区人口稠密,依靠四川和湖南供应大米。④ 然而,如我们所见,汉口同时也是重要的大米转运中心。⑤ 四川大米经过此处被当作湖广

---

① Ch'üan Han-sheng and Richard A. Kraus, *Mid-Ch'ing Rice Markets and Trade: An Essay in Price History*, Cambridge: Harvard University Press, 1975, p.70.

② 我对整个事件的阐述基于李卫的奏折,见《宫中档雍正朝奏折》第6辑,雍正四年六月一日折,第98~99页;《宫中档雍正朝奏折》第8辑,雍正五年五月十一日折,第192~194页;《宫中档雍正朝奏折》第8辑,雍正五年六月二十七日折,第406~407页;《宫中档雍正朝奏折》第9辑,雍正五年十月十三日折,第119页;《宫中档雍正朝奏折》第9辑,雍正五年十二月三日折,第438~439页。

③ 《宫中档雍正朝奏折》第21辑,四川巡抚宪德雍正十一年二月七日折,第107页。

④ 《雍正朱批谕旨》第17函第1册,第59a页,湖广总督迈柱及湖北巡抚马会伯雍正六年三月十一日折,第5684页。

⑤ 《宫中档雍正朝奏折》第6辑,浙江总督李卫雍正四年六月一日折,第99页。

大米顺流而下出口。①

汉口的大米市场也可以揭示谁才是米商。湖广总督迈柱1732年呈递的一份奏折揭露了盐商用他们巨大的帆船,从湖广运载相当比例的出口大米。他们的巨额资金使其可以控制很大一部分顺流而下的大米贸易。除了他们,也有全职的大米运输者。同一份奏折中记录,在3个月时间内有超过400艘米船满载大米离开汉口。这些米商也很富有,因而居于操纵米价的地位,他们在交易中的利润以万两计算。②

江西是另一个为江苏、浙江和福建提供大米的常规供应源。在江西,大米通过镇上的牙行从产地征集而来。府治南昌是最主要的大米市场,那儿的牙行大约售出全省出口大米的1/2。③ 从江西到福建的直运也通过牙行。比如1727年,一艘官船从赣州运送15000石大米到古城。从古城通过陆路运到福建边界,经过约25英里的距离到达闽西的汀州。④ 然而,从江西运往福建沿海的大宗货物很少走这条比水路花费多太多的陆路。因此,大部分出口大米由巨大的河船经长江转运至镇江,然后用较小的船只经大运河运到苏州,再运往福建。⑤

从上述关于长江流域大米市场的讨论中可以得出三个结论。首先,全汉昇和高乐很明显过分强调了重庆到杭州甚或直达福建的直接的大米贸易的存在。实际线路是货物在到达其目的地前要经过一个或多个转运口。其次,全汉昇和高乐注意到了非常重要的一点,"在贸易路线问题上,清政府官员不是创新者,而且他们总是模仿商人的贸易惯例,遵循商人建立已久的贸

---

① 实际上,雍正帝声称据他所知,江苏和浙江依靠湖广供应大米,湖广转而从四川进口大米。见《雍正朱批谕旨》第4函第2册,第3a页,四川巡抚王景灏雍正二年八月二十日折,第1063页。

② 《宫中档雍正朝奏折》第19辑,湖广总督迈柱雍正十年二月二十四日折,第482页。

③ 《宫中档康熙朝奏折》第2辑,江西巡抚郎廷极康熙四十九年七月四日折,第615~618页。在1709—1710年中的10个月间,由省内的牙行售出的大米据报告有648708石,大约40%通过南昌的牙行出口。此信息补充了全汉昇和高乐收集的数据。他们没有江西大米贸易的直接证据。见 Ch'üan Han-sheng and Richard A. Kraus, *Mid-Ch'ing Rice Markets and Trade: An Essay in Price History*, Cambridge: Harvard University Press, 1975, p.69.

④ 《宫中档雍正朝奏折》第7辑,福建总督高其倬雍正五年二月十日折,第443页。

⑤ 《宫中档雍正朝奏折》第6辑,浙闽总督高其倬雍正四年七月十八日折,第302页。

易路线"。①因此,李卫第一次试图直运时招致的反对,就可以理解了。李卫的创新性做法损害了米商和长江沿岸省份官员们的经济利益。最后,上述调查没有显示出福建商人在大米到达苏州以前有涉足长江货运和大米贸易的迹象。

大米到了苏州后,福建人开始显露出在大米经销领域的势力。他们大量出现在城市的中心大米市场枫桥,表明了他们涉足大米贸易。福建商人的规模显示出他们是这个城市进出口大米的主要团体,在这里他们可以收到"湖广之米,日至苏州者不可胜数"。②

从苏州载运大米出海,然后直接去福建的常规路线有两条:一条是往上海走,另一条是往乍浦走。③两条路线运米都要经过内河和运河(见地图3-4)。④到18世纪早期为止,乍浦可能是比上海更繁忙的海港,这多半仰赖于福建商人操控的大米贸易。⑤

政府和私商都组织大米运输。1710年,康熙帝批准了大量的官运。那年,闽南遭受了一次超过8个多月的严重旱灾,米价高涨。皇帝颁旨,从苏南的税粮中抽出300000石,运到福建缓解灾情。赈灾粮有两个汇集点:一个在江苏的狼山,靠近位于长江北岸的南通;另一个在浙江的乍浦。⑥

类似的运输后来持续了好些年,不过数量较小。比如1713年,50000石税粮被运往福建以平抑粮价。⑦雍正年间,朝廷更频繁地转移税粮到福建。比如1726年,多雨低温推迟了福建水稻的成熟时间,米价飞涨。朝廷

---

① Ch'üan Han-sheng and Richard A. Kraus, *Mid-Ch'ing Rice Markets and Trade: An Essay in Price History*, Cambridge: Harvard University Press, 1975, p.66.
② 《宫中档雍正朝奏折》第6辑,福建巡抚毛文铨雍正四年五月十四日折,第13页。
③ 蔡世远:《与浙江黄抚军请开米禁书》,《皇朝经世文编》卷四四,第24a页。
④ 从苏州到乍浦最便捷的路线是经大运河到嘉兴,货物从那里经河流转运至乍浦。
⑤ 官方大米运输也经乍浦,因为其港口设施优越。
⑥ 这次官运300000石大米记载于《大清历朝实录:圣祖(康熙)朝》卷二四三,第7a~8a页。一封蔡世远未具日期的信函(见此页注3)也提到福建赈灾粮的运输。全汉昇和高乐对该信函进行了详细考据(见 Ch'üan Han-sheng and Richard A. Kraus, *Mid-Ch'ing Rice Markets and Trade: An Essay in Price History*, Cambridge: Harvard University Press, 1975, pp.60,61,201),认为此函写于1727年。经查证,确定此函写于1710年。信函中提及制府梁公和黄抚军,1710年的浙闽总督是梁鼐,而黄抚军的全名是黄秉中,任期为1709—1710年。见《浙江通志》,传一二一,上海:商务印书馆,1934年,第2144页。而且,《福建省志》也清楚地记有此事,见《福建通志》(1868—1871年版),卷二三〇,第9页。
⑦ 《大清历朝实录:圣祖(康熙)朝》卷二五六,第10b页。

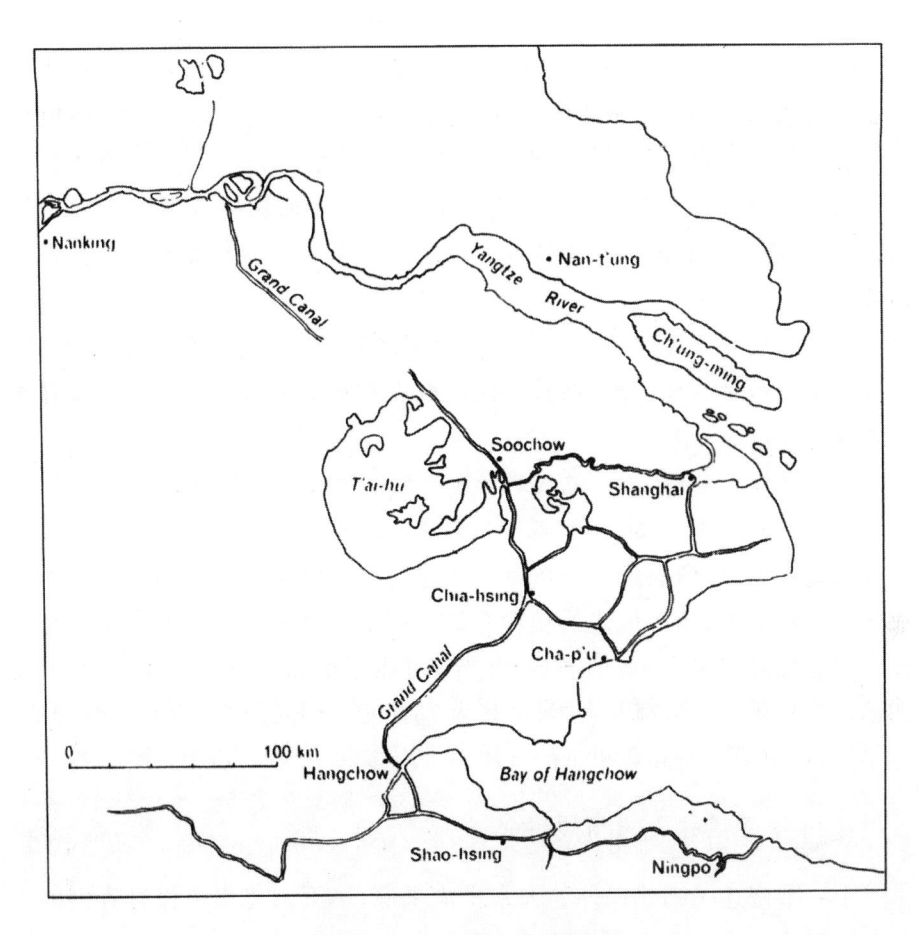

地图 3-4　长江下游及相邻航道

资料来源：G. R. G. Worcester, *The Junks and Sampans of the Yangtze*, 2 vols, Shanghai: Inspectorate General of Customs, 1947, p.247.

批准了数次大米运输，包括江西的 150000 石，浙江税粮中的 200000 石稻谷，以及浙南温州和台州粮仓的 70000 石；另外还批准从其他地区采买。① 1727 年，朝廷再次颁旨给江苏巡抚陈时夏，要求官方运输 100000 石大米到福建以平抑粮价。② 福建总督也派两名使者到苏州，采购超过 11000 石大

---

① 《大清历朝实录：世宗朝》卷四五，第 35b～36a 页；卷四六，第 10 页；卷四七，第 14a 页。《宫中档雍正朝奏折》第 6 辑，福建提督吴升雍正四年五月二十日折，第 46 页。

② 《大清历朝实录：世宗朝》卷五二，第 21 页。

米和 9000 石小麦。①

除了直接的官方采购,福建官方也鼓励当地商人从温州和苏州这些地方购买大米。他们被给予特别许可,以便进行采购。比如,1727 年,省府给春季去苏州运回超过 20000 石大米的 6 个闽商团体颁发特许证,很快就有更多商人出于同一目的启程。② 他们虽然没有常规执照从事跨省大米贸易,但会根据具体情形被发给特许证。常规的大米贸易掌握在常驻苏州的闽商手中。③

关于从长江流域到福建的大米运输还有第二个问题。不像台湾总运量的估算是由当时的官员给出的,长江流域没有现成的数据。根据全汉昇和高乐的计算:

> 保守估计,从长江流域到浙江和福建的大米年进口量在 750000～1000000 石,其中 500000 石运到福建,250000～500000 石运到浙江。④

由此可见,运到福建的 500000 石代表了雍正年间正常年份的官方和商业运输。发生饥荒时,福建的粮食短缺情况会变得更严重。比如,1710 年仅官方运输就达到 300000 石;1726 年,可能还增加了另外 300000 石去壳的稻米。如果再加上商业大米,估算为 750000～1000000 石看来是合理的。在丰年,浙南的温州和台州可能有能力供应多达 100000 石大米给福建。

厦门作为福建大米贸易中心

上一节阐述了福建以外的大米供应来源,接下来将集中探讨省内的大米分销网络。全汉昇和高乐已有如下观察:

> 福建[价格]平均数……一般表明大米贸易沿闽江上游支流而下,

---

① 《宫中档雍正朝奏折》第 8 辑,江苏巡抚陈时夏雍正五年四月十一日折,第 15～16 页。

② 《宫中档雍正朝奏折》第 8 辑,江苏巡抚陈时夏雍正五年四月十一日折,第 16 页。"招商给照"经常用于此目的。见《宫中档雍正朝奏折》第 6 辑,福建提督吴升雍正四年五月二十日折,第 46 页。

③ 1712 年一名浙江官员观察到,省际大米贸易依靠行商的船只运输,见《宫中档雍正朝奏折》第 6 辑,镇海将军何天培雍正四年七月二十日折,第 323 页。考虑到在苏州和其他港口落下脚来的福建人,以及他们在航运与海上贸易的主导地位,这些行商极有可能是福建人。

④ Ch'üan Han-sheng and Richard A. Kraus, *Mid-Ch'ing Rice Markets and Trade: An Essay in Price History*, Cambridge: Harvard University Press, 1975, p.61.

如果没有到福州,至少也远至延平府;大米贸易在福建沿海从北到南遍布;并且有从台湾到福建沿海的大米贸易。①

全汉昇和高乐所得出的平均价格见图3-2。此外,全汉昇和高乐无论何时论及这一领域,都非常明确地提到福州是福建的大米中心市场。在他们对福建大米贸易的考察中,②完全没有提及厦门。以下研究将提出另一种解释。

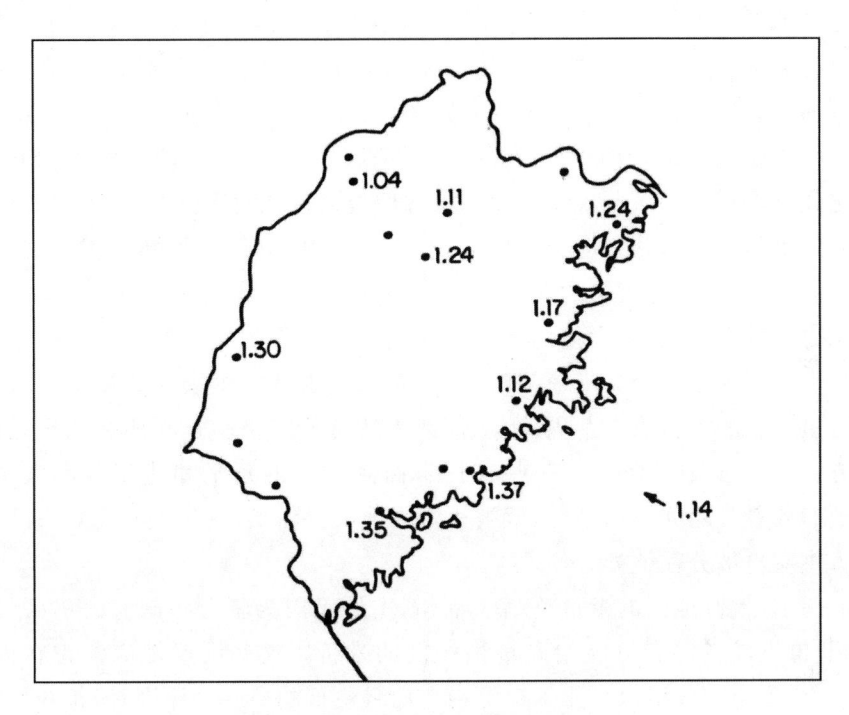

图3-2 1726—1729年间福建平均米价

资料来源:Ch'üan Han-sheng and Richard A. Kraus, *Mid-Ch'ing Rice Markets and Trade: An Essay in Price History*, Cambridge: Harvard University Press, 1975, p.53, Figure 7.

先要鸟瞰福建大米的总体供应情况。在福建本土的8个府中,建宁、绍

---

① Ch'üan Han-sheng and Richard A. Kraus, *Mid-Ch'ing Rice Markets and Trade: An Essay in Price History*, Cambridge: Harvard University Press, 1975, p.52.

② Ch'üan Han-sheng and Richard A. Kraus, *Mid-Ch'ing Rice Markets and Trade: An Essay in Price History*, Cambridge: Harvard University Press, 1975, pp.46, 56, 66.

武和延平是闽江上游支流的 3 个大米过剩区。丰年时福州一年所产的大米足够当地 7~8 个月的消费;但是通常,福州还是不得不进口年大米消费量的 1/2。在好年头,兴化尚有希望自给自足,但这并非常态;最糟糕的时候,兴化可能得进口一半的大米,与福州的情况相似。西边的汀州府如果收成好,可以自我供应长达 9 个月。至于泉州和漳州,它们在几个府中大米缺口最大。即便在最好的丰年,它们也只能自给一半;而在普通年份,水稻产量仅是其消费量的 40%。考虑到这两个府在很大程度上依靠番薯作为主食,而且常常年成不好,有理由推测闽南人不得不经常向外寻求其消费量 60%~75% 的大米。[1]

需要研究的是,他们如何在短缺时期获取供应。大米流动的方向并不总是如全汉昇和高乐所说。汀州可以方便地通过江西边界进口大米以满足需求。福州的大米缺口多半可以通过上游三个府的供应得到改善。[2] 1726 年,毛文铨奏报说运大米的船每天自上游到达省治。[3] 在这点上,全汉昇和高乐有点过于谨慎,因为他们不能确定沿闽江而下的大米贸易是否到达福州。由于福州是一个大米短缺地区,上游支流地区的剩余量从来不足以满足这里庞大的人口需求。因此,从邵武来的低价米极少运到比福州更远的地方。比如,1726 年年中,一些兴化米商到上游的延平和建宁采购大米。当他们载着几船大米回来时,就被福州当地人拦住了,福州人不愿意自己的大米供应再被分往他处。[4]

偶尔,上游地区的米价略高于福州,主要是因为临时短缺。恶劣天气、囤积、价格操纵都有可能抬高水稻产区的米价。这些因素都应考虑在内。实际上,福州的价格水平比闽南更稳定而且更低的另一个原因是,粮仓的常平米售价比市价低。福州作为省治,所有的高级官员都在此居留,对于米价的控制更为有利。虽然雍正时期福州的大米市价很少低于每石 1.1 两,但库存大米的出售价格常常在每石 1.0 两,甚或低至 0.9 两。因此,政府补贴

---

[1] 此段的观察基于总督高其倬的三份奏折,见《宫中档雍正朝奏折》第 6 辑,雍正四年六月十九日折,第 173~176 页;第 7 辑,雍正四年十一月二十八日折,第 31~34 页;第 11 辑,雍正六年九月十七日折,第 373~376 页。
[2] 《宫中档雍正朝奏折》第 11 辑,福建总督高其倬雍正六年八月十一日折,第 65 页。
[3] 《宫中档雍正朝奏折》第 5 辑,福建巡抚毛文铨雍正四年二月四日折,第 587 页。
[4] 《宫中档雍正朝奏折》第 6 辑,福建巡抚毛文铨雍正四年五月十四日折,第 15 页。

大米的销售价格无法抵消政府的开支。①

这说明了大米在福建沿岸由北到南从福州到厦门的流动并不存在。那么,漳州和泉州从哪里获取大米呢?无疑,台湾是省内仅有的供应者;②而省外,如上所述,大米主要来自于长江流域。换句话说,没有大量来自福建本土其他府的大米运至闽南,而是从台湾和其他省直运大米到厦门。

厦门既是接收点和再分配点,也是闽南的大米中心市场,从台湾和其他省份来的官船也驶入厦门。1721年,从乍浦港来的载有30000石大米的官船先到厦门。大米从这里被分配往其他粮仓。其中1/3仍留在厦门粮仓,转运到漳州和泉州各6000石,剩下的运往福州。③台湾一年有166000石稻谷在厦门卸货。福州、兴化、泉州和漳州的粮仓都到厦门分运各自的份额。④

商运的数量大得多,米商不断地满载而归。⑤从海外返回的帆船或外国人也会带回大米,因为大米充足,厦门可以作为分销中心。1728年,晋江和惠安遭遇恶劣天气,泉州知府刘而位奏请省府批准从厦门采购10000两的大米用于粮仓储粮。⑥

在大米短缺时期,甚至其他省也指望厦门供应大米。浙南的台州通常是供给者,1733年收成不好,福建总督郝玉麟采取了两项措施救济邻省。第一,他指示从台湾到厦门紧急调运100000石稻谷供浙江官员和商人采购。第二,福建官方特许当地商人从厦门直运大米到台州销售。⑦

作为一个转运港,厦门成为粤东潮州地区大米的长期供应者。⑧这项贸易可能开始于康熙朝的最后十年之间。⑨雍正年间,大米从福建流向潮

---

① 《宫中档雍正朝奏折》第7辑,福建总督高其倬雍正四年十二月二十日折,第138~141页。
② 《宫中档雍正朝奏折》第5辑,福建巡抚毛文铨雍正四年二月四日折,第587页。
③ 《大清历朝实录:圣祖(康熙)朝》卷二九五,第10b页。
④ 《宫中档雍正朝奏折》第14辑,署理福建总督史贻直雍正七年八月二日折,第74页;《大清历朝实录:世宗朝》卷九二,第8页。
⑤ 《宫中档雍正朝奏折》第11辑,福建巡抚朱纲雍正六年八月一日折,第1页。
⑥ 《宫中档雍正朝奏折》第11辑,福建巡抚朱纲雍正六年八月一日折,第1页。
⑦ 《宫中档雍正朝奏折》第21辑,福建总督郝玉麟雍正十一年三月二日折,第195页。
⑧ 自晚明以来,潮州地区曾经一直是闽南的粮食供应者。
⑨ 1716年以前一些时候,就有300~400艘大米运输船从福建驶往广东东部。见《大清历朝实录:圣祖(康熙)朝》,卷二七〇,第6a页;《明清史料丁编》,第774a页。

州已经成为常态。价格的巨大差异是极大的刺激因素。比如，1727年5月，潮州的米价每石高达4两，而泉州是1.9～2.1两，漳州是2.5两。比起这些地区，厦门的价格甚至更低。① 因此，在厦门和潮州两地之间，价格水平呈现向南逐渐上升的状态。米商可以从价格波动中获利是因为厦门总有充足的库存大米让他们和南方地区交易。②

闽南在对大米仍然有迫切需要的同时，一部分进口的大米还被转口到邻近的浙南和粤东地区是令人惊奇的。这表明沿海网络内的大米货运不止于救济的单一目的，而且已经变得高度商业化。

还好有奏折中提供的两组数据，为进一步估算上述从台湾和长江流域进口的大米数量提供了可能。第一组数据是1726年毛文铨奏报的，显示了府级市场的活动。他说有10000～20000人从各个府到泉州城来采购大米，另外有30000～40000去漳州城采购。③ 这样的数据虽然没有说明贸易量，但显示了这些城市作为另外两个大米贸易中心的热闹繁华的图景。

高其倬于同年提到的第二组数据提供了更多信息。他估计福州每天对大米的需求量是3000石，或者说是每月90000石。这意味着每年的总需求量超过1000000石。高其倬进一步指出兴化府和泉州府的需求量与福州相同。他没有明确说到漳州府的需求量是多少，但他假设那里的需求量会更大，因为该府人口众多而库存粮食较少。④

在一般的年份，福州可以自产其大米需求量的一半；另一半；数量大概在500000石，将主要由上游3个内陆府的大米填补。此外，福州需要进行新的采购，作为150000石库存大米的一部分，可能约有100000石可以通过厦门的官方运输获得。为了稳定价格，每年也进行其他的官方采购。⑤ 在水稻生长季节，一个月100000石的消耗量看来肯定是必需的。该供应很大程度上也依赖于厦门的官方运输。总之，正常年份，福州每年需要官方或商

---

① 关于大米价格的所有信息，见附录一。
② 1736年巡抚毛文铨奏报潮州不得不向厦门寻求大米供应。见《宫中档雍正朝奏折》第5辑，雍正四年五月四日折，第892页。
③ 《宫中档雍正朝奏折》第6辑，福建巡抚毛文铨雍正四年五月十四日折，第12页。
④ 《宫中档雍正朝奏折》第6辑，浙闽总督高其倬雍正四年六月十九日折，第176页。
⑤ Ch'üan Han-sheng and Richard A. Kraus, *Mid-Ch'ing Rice Markets and Trade: An Essay in Price History*, Cambridge: Harvard University Press, 1975, pp.28～32. 比如，雍正年间税粮流向福建大多为此目的。

业大米的运量约为200000石。至于兴化，除了其总需求量的1000000石，正常年份还从厦门进口大约250000石。至于南部的2个府，它们的年需求量超过2000000石，60%～75%的外部供应意味着每年需要进口1200000～1500000石。换句话说，除了上游给福州缺口的供应外，对沿海4个府正常年份大米缺口的保守估计可能在1600000～2000000石之间。[①]

尽管如此，正常年份并不经常出现，更不用说丰收之年了。因此，有理由推测，大米的实际运量将会大大超出我的最低估计，而且绝对远远超出全汉昇和高乐的估算。考虑到还要转口粤东，有时还转口浙南，从厦门港进口的大米数量甚至会更大。

按我的估计，从台湾来的大米年运量可能达到1000000石左右，从长江流域来的500000～1000000石，可能还有从浙南来的100000石。这仍然表明大米短缺，满足不了当地需求。剩下的部分也可从其他非传统资源区获得，比如广西和山东。[②] 雍正年间，一个正常年份的总量，官运的最低值在300000石左右。[③] 这就为福建沿海网络内商业大米的流动留下了相当大的差额空间。

这里也须指出官方大米运输的另一个重要方面。正如全汉昇和高乐正确指出的那样，官运大米的目的更多是在于平抑价格而不是赈济。[④] 换句

[①] 不同的百分比估计基于此部分及前两部分供需情况的讨论。另一种估算大米进口量的方法是以人口数和消费量为基础。雍正年间，泉漳人口可能接近130万（见第一章），每年每人3.3石（见 Ch'üan Han-sheng and Richard A. Kraus, *Mid-Ch'ing Rice Markets and Trade: An Essay in Price History*, Cambridge: Harvard University Press, 1975, p.62），全年消费大米应为430万石。假设番薯为主食，占一半的消费量（见第二章），仍将需要220万石大米，其中60%～75%为进口。总之，我对进口大米需求的估计接近最低值，而不是最高值。

[②] 雍正年间，来自广西和山东的大米船运被频繁提及。例如，见《宫中档雍正朝奏折》第19辑，署理广东巡抚杨永斌雍正十年四月一日折，第589页；《宫中档雍正朝奏折》第7辑，福建巡抚毛文铨雍正四年十一月二十八日折，第38页。

[③] 1727年，雍正帝颁旨宣布至少200000石大米应从每年税粮中划拨给福建，见《大清历朝实录：世宗朝》卷七三，第8页。每年必须从台湾官运80000石以上大米到福建，如前所述。

[④] Ch'üan Han-sheng and Richard A. Kraus, *Mid-Ch'ing Rice Markets and Trade: An Essay in Price History*, Cambridge: Harvard University Press, 1975, p.28.

话说，政府每年计划以低于市场水平的价格将大米直接出售给消费者。[1] 然而，其中大部分不是直接到消费者手中而是进入当地市场。因为官方粮仓的常平米售价比市场价低，富户[2]通过从官府手中批发再零售出去获利。因此，每一次官方销售对他们而言都意味着大生意，他们可以贿赂官员让他们去做这样的交易。有趣的是，如果他们游说失败，还可以煽动民众制造压力，压低价格。

1727 年，高其倬向朝廷抱怨，省府曾为赢得地方支持而亏本销售粮仓的粮食。高其倬不仅想通过大米销售补贴以使官方粮仓避免破产，而且他还看到，这些弊端已经使维稳政策失效，更糟糕的是会导致市场价格仍占上风。为了制止不正之风，他采取了两项措施。一是停止出售大米，直到有真正的必要；二是将价格定得足够高，以阻止投机商人成为中间商，但仍然能够达到平抑的目的。这么做之后，高其倬被匿名帖严重谴责，这是福建地区常见的一种表达不满的方式。[3]

通过确认福州正常年份主要依赖其上游米仓，而厦门是台湾和长江流域的大米流入点的事实，可以弄清全汉昇和高乐提出的两个未解决的问题。在绘制了不同地区的价格波动图，推测福州是苏州和台湾运来的大量大米的入口港之后，他们首先因"缺乏相关证据"来表明福州价格高于苏州而困惑，如果大米大量地朝此方向流动，情况确实应该是这样的。[4] 他们也怀疑台湾供应大量大米的能力，"因为台湾可以给出的价格与内地大米短缺地区的价格水平非常接近"。[5] 一旦确定大米直接从苏州和台湾经厦门运到闽南，意味着苏州和台湾比闽南更低的价格保证了交易有利可图。台湾不仅

---

[1] 关于常平米的销售，见《宫中档雍正朝奏折》第 7 辑，福建总督高其倬雍正五年二月十日折，第 442~447 页。

[2] 富户包括当地士绅家族，也包括专业米商。

[3] 《宫中档雍正朝奏折》第 7 辑，福建总督高其倬雍正四年十二月二十日折，第 138~141 页；第 7 辑，雍正五年四月四日折，第 894~897 页；《大清历朝实录：圣祖（康熙）朝》卷二四六，第 17a~18a 页。

[4] Ch'üan Han-sheng and Richard A. Kraus, *Mid-Ch'ing Rice Markets and Trade: An Essay in Price History*, Cambridge: Harvard University Press, 1975, p.62.

[5] Ch'üan Han-sheng and Richard A. Kraus, *Mid-Ch'ing Rice Markets and Trade: An Essay in Price History*, Cambridge: Harvard University Press, 1975, p.67.

供应给福建更多的大米,而且多数时候价格低于或接近苏州。① 较短的距离是另一个因素,比起苏州台湾处于一个更有利和更具竞争力的位置。

蔗糖和其他土产贸易

除了大米,蔗糖是另一种大量交易的重要商品。实际上,蔗糖很长时间以来都原产自福建大陆地区。当福建农民发现可以在台湾开荒种植经济作物时,他们非常乐意这样做,因为土地充足。在郑氏时期,每年超过100万斤蔗糖出口到日本。② 清统一台湾后,蔗糖贸易首先占据了海峡贸易的主导地位。

18世纪20年代,台湾每年生产1亿斤以上蔗糖,③大部分似乎用于出口。④ 苏州是台湾蔗糖的主要市场,几乎所有的松糖都运至那里,而乌糖运到上海、宁波和镇江。⑤ 因为2/3的总产量是松糖和乌粮,这大概意味着1亿斤中有大部分在这些城市销售。⑥

为了转运到北方省份而运抵厦门的蔗糖也可能产自于福建内陆,甚至广东东部。不幸的是,没有可用的资料来计算从这两个地区出口的蔗糖数量。

除了运到江苏和浙江,蔗糖也是福建运往天津的主要货物。幸好直隶官方不寻常地逐条报告了福建船只到达天津的详细情况,我们可以对福建商人掌控蔗糖贸易的情况有个大致的了解。奏折中可以找到与1717—

---

① 苏州米价,见 Ch'üan Han-sheng and Richard A. Kraus, *Mid-Ch'ing Rice Markets and Trade: An Essay in Price History*, Cambridge: Harvard University Press, 1975, pp. 167~174.

② 《福建通志》(1868—1871版),卷二七〇,第9b页。

③ 黄叔璥:《台海使槎录》,《台湾文献丛刊》第4种,1957年,第21页。

④ 18世纪20年代,每年有500~700艘从台湾到达厦门的蔗糖运输船,总数经常不止此数。见《宫中档雍正朝奏折》第5辑,福建巡抚毛文铨雍正三年十月二十五日折,第297页。蔗糖运输船通常是沿海船只中的大型船(见下一部分"沿海航运")。如果这种船的平均载运量是1000石(1石=120斤),则每年有6000万到1亿斤蔗糖从台湾出口。

⑤ 黄叔璥:《台海使槎录》,《台湾文献丛刊》第4种,1957年,第21、57页。

⑥ 黄叔璥:《台海使槎录》,《台湾文献丛刊》第4种,1957年,第56~57页。1725年毛巡抚呈报台湾的大部分蔗糖流向江苏和浙江,见《宫中档雍正朝奏折》第5辑,雍正三年十月六日折,第248页。

1732年间福建—天津贸易有关的11份报告(见附录二)。① 除两份以外,其他9份都是各福建帆船船队到达不久后立即提交的。因此,这也无法反映那些年每年的船舶总访问数。两份例外的奏折分别提交于1732年1月12日和12月26日。前者奏报称,1731年7月27日至10月20日期间,共有53艘帆船到达。其中8艘没有载糖,剩下45艘的载糖量达到4500000斤左右。在总量中,白糖和松糖各占2200000斤,其余的是冰糖。② 每艘帆船的平均载糖量大约是100000斤。

资料显示,晋江、龙溪和同安的商人最为集中地参与蔗糖贸易。比如1731年,他们的船只分别运载1230000斤、1150000斤和950000斤蔗糖去天津贸易。

大米和蔗糖之外,沿海地区的土产是第三类货物(见附录三)。从台湾到厦门的船除了运载大米和蔗糖,还会带来诸如番薯、靛蓝、豆类和鹿肉这类商品。③ 厦门能供应的商品不胜枚举。《厦门志》提供了一长串关税项目

---

① 这11份报告出现在:(1)《宫中档康熙朝奏折》第7辑,直隶总督李发甲康熙五十六年六月□日折,第116~117页;(2)《宫中档雍正朝奏折》第1辑,直隶巡抚李维钧雍正元年八月十一日折,第603页;(3)《宫中档雍正朝奏折》第3辑,雍正二年九月一日折,第104~105页;(4)《宫中档雍正朝奏折》第5辑,署理直隶总督蔡珽雍正三年九月一日折,第64~65页;(5)《宫中档雍正朝奏折》第5辑,雍正三年九月七日折,第99~100页;(6)《宫中档雍正朝奏折》第5辑,雍正三年十月三日折,第243页;(7)《宫中档雍正朝奏折》第6辑,直隶总督李绂雍正四年九月二十二日折,第623页;(8)《宫中档雍正朝奏折》第13辑,署理直隶总督唐执玉雍正七年七月二十七日折,第753页;(9)《宫中档雍正朝奏折》第14辑,雍正七年八月九日折,第156~157页;(10)《宫中档雍正朝奏折》第19辑,署理直隶总督刘于义雍正九年十二月十五日折,第251~258页;(11)《宫中档雍正朝奏折》第20辑,直隶总督李卫雍正十年十一月十日折,第759~761页。其中,(8)(9)(10)已为香坂昌纪分析,见香坂昌纪:《清初沿海贸易研究——以雍正朝福建到天津之间为例》,(日本)《文化》第35卷第1/2期(1971年春/夏),第28~65页。

② 白糖、松糖、乌糖三种等级,见黄叔璥:《台海使槎录》,《台湾文献丛刊》第4种,1957年,第56~57页;香坂昌纪:《清初沿海贸易研究——以雍正朝福建到天津之间为例》,(日本)《文化》第35卷第1/2期(1971年春/夏),第64~65页。文献中蔗糖的数量单位有三种,即篓、包、桶。前两种分别表示重量为170~180斤和130~135斤。见黄叔璥:《台海使槎录》,《台湾文献丛刊》第4种,1957年,第21页;香坂昌纪:《清初沿海贸易研究——以雍正朝福建到天津之间为例》,(日本)《文化》第35卷第1/2期(1971年春/夏),第58~59页。没有资料表明"桶"所表示的重量,粗略地估计,可认为在100斤左右。文献中仅仅一小部分载重以桶表示,因此,误差不会影响整体。

③ 黄叔璥:《台海使槎录》,《台湾文献丛刊》第4种,1957年,第48页。

清单。这些货物分为三类,即服装、食品和日用品。每个类别分别由数百项组成,大部分是中国本土产品,有些来自南洋。① 从厦门出发的船只载着福建和海外产品。靛蓝、鱼翅之类的商品在上海有销售。到山东的货物包括陶器、杉料、纸料、胡椒和苏木,而茶叶、绸缎、布匹、陶器、纸料、面食、胡椒和苏木则运往东北。② 天津贸易也表明,除了少数如苏木、鱼翅(当地也有)、胡椒、锡、没药和乳香是海外商品,几乎所有其他商品都是福建土产。最常见的是蜜饯、糖果、陶器、纸料、茶叶、烟草、海产品、中草药和水果。

不同县的福建商人经营项目往往各有专攻。比如晋江,自宋代以来就是著名的陶器产地。清初,晋江继续出口大量的碗到其他沿海地区和海外。③ 在天津贸易中,陶瓷碗经常是排在蔗糖之后最重要的货物。由于他们和南洋贸易或是与厦门的联系,晋江、龙溪和同安的商人可以转口苏木到北方地区。茶叶是另一种常见的出口品且大量出口。这表明福建是清初主要的茶叶种植区和出口区。

返航携带的货物也很丰富。福建人带回苏州的布匹、纱缎、丝绸、帽子、牛油、火腿和酒,浙江的绫罗、绵绸、绉纱、湖帕、绒线,宁波的棉花和草席,山东的茧绸、白蜡、紫草、药材、小麦、大豆、盐、肉、红枣、核桃和柿饼,东北的药材、瓜子、榛子、海参、银鱼和蛏干。④ 一些货物通过厦门或广州被运往南洋,但大部分与福建土产一起被运到台湾。后者包括漳州的丝线、漳纱、蓖绒、纸料、烟草、布、草席、砖瓦、杉料、鼎铛、雨伞、柑、柚、青果、橘饼、柿饼,泉州的磁器和纸张,兴化的杉料、砖瓦,福州的杉料、干笋和香菇,还有建宁的茶叶。⑤

由此可见,福建沿海贸易的显著特点是土产和手工制品在商品中占主导地位。国内日用品贸易的高涨面向大众消费,而非仅为特权阶层提供奢侈品,这是1683年后长期政治稳定和整体社会小康的直接结果。此外,台湾农业经济的快速扩张——特别是蔗糖和大米生产——是沿海贸易增长的关键。这反过来又为土产和手工制品提供了新的市场。在雍正时期,服务

---

① 《厦门志》卷七,第10b~32a页。
② 黄叔璥:《台海使槎录》,《台湾文献丛刊》第4种,1957年,第48页。
③ 香坂昌纪:《清初沿海贸易研究——以雍正朝福建到天津之间为例》,(日本)《文化》第35卷第1/2期(1971年春/夏),第54页。
④ 黄叔璥:《台海使槎录》,《台湾文献丛刊》第4种,1957年,第47~48页。
⑤ 黄叔璥:《台海使槎录》,《台湾文献丛刊》第4种,1957年,第47~48页。

于普通百姓日常消费的跨区域沿海贸易远远超过了较早时期的沿海贸易。

沿海航运

沿海航运的发展

1683—1735年,见证了从厦门辐射到其他沿海区域及海外的沿海航运的成长。在沿海范围内,福建人也确立了其无可争议的支配地位。

当航海活动在1684年海禁解除后重新开始时,没有多少私人船只可以用于航海贸易。为了弥补这一不足,政府起初试图用合适的战船沿海岸运送货物。但是,诸罗知县季麒光提出这个计划存在以下问题。战船船体狭窄,为速度设计而不是为载重,不像有宽阔货舱的商船一样适合商业任务;更大的困难在于水师对运输和商业航行没有充分的准备。季麒光建议,先前属于郑氏军队但后来被清政府没收,如今无所事事地停靠在厦门港湾的商船应予以释放。① 这些船只适于商用,在一段时间内弥补了贸易船只的不足。

政府用战船运输的最初计划在18世纪初被再次提出。由于福建饥荒,1710年共计300000石的税粮从江南运往福建。粮食首先集中于两个集合点。一个是狼山,在江苏,位于长江北岸;另一个是浙江的乍浦。显然,官方无法雇用足够的私船,于是福建的战船被召集去运输大宗货物。关于私人是否开始建造帆船以满足沿海地区增长的运输需求,②我们没有详细的信息;但到1730年为止,显然已经有足够的帆船被建造出来并用于沿海贸易,也为政府运输赈灾粮。

除了运输船只的不足外,1684年海禁解除后沿海贸易也不是完全不受阻碍。在新的限制性规定下,只允许载重小于500石(35吨)的小型船只航行。③ 这种船的梁头不超过9英尺宽,④它们被建造成单桅。1703年,限制放宽,允许商人们乘双桅船出海,梁头最长可以达到21英尺。船员人数不得超过28名,船只更小的话,船员人数更少。当梁头不超过20、18、15英尺

---

① 《福建通志》(1868—1871年版),卷二七〇,第9b页。
② 蔡世远:《与浙江黄抚军请开米禁书》,《皇朝经世文编》卷四四,第24b页。
③ 《厦门志》卷五,第25a页。
④ 船之尺寸以梁头长度测量。

时,船员总人数分别不允许超过 24、16、14 人。①

至于渔船,其尺寸被限制在梁头最长为 12 英尺,且只能造单桅。这类船只可以雇用不多于 20 名的船员。② 1707 年,朝廷采纳了浙闽总督梁鼐的建议,准许渔船使用双桅,原因是单桅船不适合出海。朝廷也准许渔船载货。③ 实际上,梁鼐的建议不过是承认了沿海盛行的做法。政策放宽之前,渔船就已经介入贸易和货运。但是,浙闽总督范时崇于 1712 年向朝廷请准恢复对渔船的限制,禁止它们越过省界,试图借此控制沿海海盗和走私的增加。④ 显然,正如两年后的一份奏折中谈到的,限制性规定面临着一些问题。此外,省府发现难以区分商船、渔船和海盗船。因此,朝廷指示省府所有的沿海船只都应在前面和后面刷上一个大大的汉字,要么是"商",要么是"渔",以标明其执照功能。另外,它们还被要求在船身两侧清晰地刷上船籍、序号、船主姓名。每个船员和乘客都应持有有效证照,上面包含所有个人具体信息。渔船禁止载运贸易货物。⑤

这些基于安全考虑的限制性规定很难生效。水师巡逻队从来就没有力量有效地控制走私,限制性规定甚至不可避免地孕育了更加臭名昭著的腐败。实际上,尤其是在 18 世纪初之后沿海贸易快速增长时,限制性规定进一步造成运输工具的不足。为了平抑米价而频繁分发到福建的税粮也需要能在短时间内雇到的大量船只。渔船注册后参与沿海运输,解释了省府官员是如何租用和组织大型船队运输官粮,而不像普通的商业运输那样遇到困难或障碍。⑥

由于雍正年间日益增长的航运需求,官方采取了更灵活的政策,允许根据季节交替分别使用捕鱼许可和载货许可。⑦ 福建的渔船享受了特权,因

---

① 《厦门志》卷五,第 16a 页。
② 《厦门志》卷五,第 16a 页。
③ 《大清历朝实录:圣祖(康熙)朝》卷二二九,第 7a 页。
④ 《大清历朝实录:圣祖(康熙)朝》卷二四九,第 9b~10a 页。
⑤ 《大清历朝实录:圣祖(康熙)朝》卷二五八,第 11b~12a 页。
⑥ 18 世纪及 19 世纪初,渔船不一定比商船尺寸小。然而,渔船的执照费更少,有时甚至避免了商船的义务。实际上,这一好处诱使商船换用渔船执照。见《厦门志》卷五,第 22a、24b 页;《宫中档雍正朝奏折》第 5 辑,福建巡抚毛文铨雍正三年十月二十五日折,第 297~298 页。
⑦ 《福建通志》(1868—1871 年版),卷二七〇,第 12b 页;《厦门志》卷五,第 24a~25a 页。

为它们被允许用双桅,而其他省的渔船只是小型的单桅船。① 福建渔船因此可以合法兼营商业运输,提供了大量可供租用的船只。

同时,私人航运的发展势头大增。沿海以及海外航运,总的来讲主要掌握在福建人,特别是泉漳人手中。② 17世纪末,他们已经站稳脚跟,并提供主要的航运服务。比如,1696年,当政府寻找运送粮食到东北的船只时,③朝廷立即想到福建人的船。康熙帝指示福建官方鼓励更多的福建商船与天津贸易,这样一来政府就可以立刻雇到船只运输粮食。④

雍正年间,民船可以方便地集合成船队进行应急运输。1727年,从浙江到福建的200000石官粮就是由省府雇用的民船船队分两批载运的。⑤第一批100000石于1727年1—2月从乍浦由48艘船运出,每艘船平均运载2000余石。这种载重量的船按当时的沿海标准是相当大的。一个月后,第二批货物也出发了。这一次,另外雇用了68艘船。⑥ 福建与苏州之间的大米、丝绸、棉花和蔗糖贸易使乍浦成为18世纪初首屈一指的航运中心。上海,另一个冉冉升起的航运中心,不得不依赖于乍浦用额外的船只紧急运输官粮到福建,⑦但这仅仅是偶尔为之。

船和造船

现在应该要对18世纪上半叶福建人使用的船舶种类考察一番。台湾海峡无疑见证了最繁忙的航运活动。1720年编撰的《台湾府志》记载,每年往返于台湾和大陆之间的商船有几千艘。⑧ 如果把所有的货船都考虑在

---

① 《厦门志》卷五,第23a页。
② 黄叔璥:《台海使槎录》,《台湾文献丛刊》第4种,1957年,第47页。
③ 到18世纪20年代,东北已经成为一个大米过剩地区。见 Ch'üan Han-sheng and Richard A. Kraus, *Mid-Ch'ing Rice Markets and Trade: An Essay in Price History*, Cambridge: Harvard University Press, 1975, p.77.
④ 《福建通志》(1868—1871年版),卷二七〇,第10a页;《大清历朝实录:圣祖(康熙)朝》卷一七一,第3a页。
⑤ 《宫中档雍正朝奏折》第7辑,浙江巡抚李卫雍正五年正月十七日折,第309页。
⑥ 《宫中档雍正朝奏折》第10辑,浙江总督李卫雍正六年七月十八日折,第862~863页。
⑦ 《宫中档雍正朝奏折》第10辑,浙江总督李卫雍正六年七月十八日折,第862~863页。
⑧ 《台湾府志》(1720年版),第67页。

内,上面的表述是合理的。这些船中有一些是糖船。根据1725年巡抚毛文铨提交的报告,每年有500～700艘糖船在厦门停靠。实际数据可能比他的记载多得多。

至于它们的尺寸,史料并未提供直接的信息。19世纪初,糖船是从事沿海贸易最大的船。它们有双桅甚至更多,梁头很有可能超过24英尺。[①] 这种规格的船打造得很牢固,载重量可以达到6000～7000石(420～490吨)。[②] 可以确定的是,18世纪20年代的糖船不是这样的,那时的糖船小得多。有两个理由支持这一判断。第一,前面已经解释过,即使从台湾出口的6000万到1亿斤的蔗糖也几乎不可能要求500～1000艘那种大规格尺寸的糖船运输。第二,由在天津停靠的福建帆船(见附录二)来看,载重6000～7000石的帆船不像是沿海贸易中通常使用的船只。因此,18世纪20年代糖船的载重量很可能在1000～2000石(70～140吨)之间,而这种规格的帆船在当时已经被看作中型或大型的沿海船舶了。

也有不是专门用于蔗糖运输的商船。19世纪初,横渡台湾海峡的大型商船的梁头通常超过24英尺,[③]最大的载重量可达400～500吨之间;即便是小商船,也能载运150～200吨货物。[④] 不过,18世纪20年代用的船更小。一则史料显示,1763年,往返于台湾和厦门之间的大型商船可以达到24英尺宽,超过120英尺长,大约24英尺深。[⑤] 它们的载重量在150～300吨之间。这已经比19世纪初的沿海大型帆船小了。但是18世纪20年代的商船甚至更小,最好的证明是1717—1732年间,福建到天津的远距离航运租用船只的尺寸。我的估算(见附录二)显示,在几乎所有可以精确计算的案例中,它们的载重量少于150吨。这不太可能是因为所有的船都欠载。这些船的船员数量在14～24名之间,双桅,14～20英尺宽,甚至其中最大的仍符合1703年的沿海商船不超过21英尺宽的规定。

奏折中提到的一个事例进一步支持了远距离或沿海大型商船的载重量

---

① 《厦门志》卷五,第15b页。
② 连横:《台湾通史》,《台湾文献丛刊》第128种,1962年,第529页;姚莹:《东槎纪略》,《台湾文献丛刊》第7种,1957年,第23页。后者写于1829年。
③ 《厦门志》卷五,第15b页。
④ 姚莹:《东槎纪略》,《台湾文献丛刊》第7种,1957年,第23页。
⑤ 朱仕玠:《小琉球漫志》,《台湾文献丛刊》第3种,1957年,第7页。此书描写了作者于1763年从福州到台湾凤山的旅程。小琉球位于凤山东南。

版画 3-1　中式帆船：厦门船

资料来源：Chinese MS (comp. in 1726) *Lansdown 1242*, *Oriental*, in the British Museum. From I. A. Donnelly, "Early Chinese Ships and Trade", *The Mariner's Mirror*, Vol. 11, No. 4 (Oct. 1925), p.352.

最多达 150 吨的估算。1728 年 9 月 4 日，到山东胶州贸易的两艘鸟船，[①]其中一艘是同安的，另一艘持宁波的执照，但船主也是福建人。[②]康熙年间，鸟船因其速度快也被选作战船。[③] 它们的载重量各不相同，但最大的船型载重也不超过 150 吨。[④] 雍正时期，这些鸟船加入了远距离沿海航运的行列。

在厦门海关，被归类为大商船的船只，是指梁头超过 18 英尺宽，载重量在 70 吨以上的船只；但大多数情况下，船只都在规定的 21 英尺宽和 150 吨

---

① 鸟船，意为鸟形帆船。
② 《宫中档雍正朝奏折》第 11 辑，署理江南总督范时绎雍正六年九月二十一日折，第 394 页；《宫中档雍正朝奏折》第 11 辑，浙江总督李卫雍正六年九月二十五日折，第 411 页。
③ 《福建通志》（1868—1871 年版），卷二七〇，第 9b 页。实际上，战船设计是仿效商业帆船，见《厦门志》卷五，第 1 页。
④ 《福建通志》（1868—1871 年版），卷二七〇，第 9b 页。

版画2　中式帆船：低地诸国《东印度公司航海汇编》中的版画（阿姆斯特丹，1725）

资料来源：E. H. Blair and J. A. Robertson, ed., *The Philippine Islands 1493-1898*, Vol. 25, Pais-Bas, Amsterdam, 1725, p.116.

载重量之内。① 这应包括糖船和其他同等的大型商船。它们构成了沿海远距离航运的核心。由于康熙、雍正年间只限制尺寸而不限制数量的规定被执行得更为严格，较小的帆船也参与短途运输。实际上，相关的航运规定为商人或中小资本的船主更活跃更广泛地参与航运打开了道路。与从事海外贸易的同行不同，这些商人和自营船主有更好的机会从小规模开始参与航运业。这是福建在沿海航运中占优势的主要原因。

在缺乏完整数据的情况下，不可能估计出在厦门和其他沿海港口之间航行的大商船的数量。1717—1732年间，在一组奏折中，记载了109艘不同的沿海船只总共到天津143次，② 这些船大部分都属于泉漳人。其中只

① 《福建省例》，《台湾文献丛刊》第199种，1964年，第639页；《雍正朱批谕旨》第2函第5册，第30b页，福建巡抚毛文铨雍正三年十月二十五日折，第588页。根据前者，船舶按报关要求分为三种尺寸：大船，梁头超过18英尺；中船，梁头在8～18英尺之间；小船，梁头小于8英尺。

② 见附录二。值得注意的是，一艘宁波船于1731年到达，也被呈报为闽船。

有一小部分(34艘)再次到访天津,这不大可能。这一问题可能是由于记录不完整造成的。不过,有两份奏折报告的是年终记录,1731年有53艘,1732年有45艘,主要都是福建人的船。不仅如此,香坂昌纪相信通常每年会有更多的福建船只访问天津。但是因为1731年华北洪水不可避免地影响了当地的农业生产和生活标准,省际贸易有所减少。①

《厦门志》为我们提供了一些适用于大商船定期沿海航行和穿越台湾海峡航行的术语。航行于厦门到北方港口的商船叫"北艚",到南方港口的叫"南艚",航行于厦门和台湾鹿耳门之间的叫"横洋船"。② 虽然方志描述的是19世纪早期的情况,但我相信这些术语在康熙末年和雍正时期就已经出现了,当时"艚"和"横洋"二词就广为人知。③ "艚"得名于沿海帆船中的"艚船",而艚船也成为应用最为广泛的沿海商船之一。

可想而知,较小的商船更加数不胜数。艋船和艋仔船颇为流行,它们是平底船。直到雍正末年,它们还只是单桅。④ 在接下来的20年,它们大多有了双桅,载重量在30吨到60吨之间。⑤ 它们提供了理想的浅水运输方式。另一种广泛使用的是单桅或双桅的三板头。其载重量在20~50吨之间。⑥ 艋船和三板头都是福建人创造并在沿海使用的。康熙末年,三板头仍然是单桅,但已经占到了航行于不同港口和台湾西海岸鹿耳门之间商船的70%。其余的是其他较大的双桅帆船。⑦ 雍正年间,艋船和三板头通常

---

① 香坂昌纪:《清初沿海贸易研究——以雍正朝福建到天津之间为例》,(日本)《文化》第35卷第1/2期(1971年春/夏),第42~43页。

② 《厦门志》卷五,第15b页。

③ "艚"一字来自于"艚船",是商船的一种。比如,《宫中档雍正朝奏折》第23辑,广东总督鄂弥达和巡抚杨永斌雍正十二年十月八日折,第616页。在台湾海峡南北方向之间有一股很强的洋流。厦门和鹿耳门之间向东或向西的航行意味着要横穿这股不利的洋流,因此,台湾海峡以"横洋"广为人知。见黄叔璥:《台海使槎录》,《台湾文献丛刊》第4种,1957年,第9页。

④ 《雍正朱批谕旨》第3函第4册,第100b页,浙江总督李卫雍正八年三月十日折,第4489页。

⑤ 《重修台湾府志》(1752年版),第121页。

⑥ 《重修台湾府志》(1752年版),第121页;陈伦炯:《海国闻见录》,传一,第5a页。后者写于雍正年间,陈伦炯述及三板头的载重量为30~35吨,与其他商船一样,在以后的几十年里造得更大,载重量达到50吨,见《重修台湾府志》(1752年版),第121页。《重修台湾府志》成书仅比《海国闻见录》晚二十年。

⑦ 《诸罗县志》(1717年版),《台湾文献丛刊》第141种,1962年,第124页。

用于台湾海峡。① 其时,它们的作用也开始增强。一方面,它们也成为走私大米和蔗糖的主要运输工具,直接从笨港和鹿仔港运到海峡对岸的福建,不在指定的出发港台湾府停靠;②另一方面,18世纪从台湾合法出口的大米大多靠艋船和三板头运输。③

正如前面所提到的,渔船扮演了与商船同等重要的角色。被归类为白底艍船或艍船的渔船尤其如此,它们要么是单桅的,要么是双桅的。较小的大约8英尺宽,载重量大约35吨。1684年海禁解除时,获准下海的帆船就是这种或更小的。大型艍船装有双桅,8~12英尺宽,载重量在35~70吨之间。④ 18世纪,许多这种类型的帆船从厦门去鹿仔港走私大米回来,绕开了鹿耳门。⑤ 不同类型的渔船在冬季和春季时也去往浙江沿海,那时有超过1000艘船抵达浙江水域。⑥ 商人们很方便地就雇到这些船载货。⑦ 虽然没有直接的证据,但可以相信这些渔船为浙江到福建的大米运输提供了许多必要服务。

福建人的航运也从厦门延伸到广州和澳门。不幸的是,几乎没有资料可用于具体讨论。18世纪初,在厦门和潮州之间有300~400艘帆船经营大米贸易。⑧ 从这些米船雇用30~40名船员的事实推测,它们的载货量约70吨(1000石)或者更多。很有可能,它们要么是大型艚船,要么是大型艍船。雍正年间,有报告说福建人的艚船和另一种叫艍船的船在琼山(海南)和广东其他港口贸易。⑨ 艍船建造的尺寸不同,小型的也叫艍仔船,载重35吨以下,⑩艍仔头是大尺寸船。后者以灵活迅速而著称,是因为它桅高

---

① 《雍正朱批谕旨》第13函第4册,第100b页,浙江总督李卫雍正八年三月十日折,第4489页。
② 《重修台湾府志》(1752年版),第61页;黄叔璥:《台海使槎录》,《台湾文献丛刊》第4种,1957年,第34页。
③ 《宫中档乾隆朝奏折》(未出版),闽浙总督崔应阶乾隆三十三年七月八日折。
④ 《厦门志》卷五,第21b、25a页。
⑤ 《福建省例》,《台湾文献丛刊》第199种,1964年,第662页。
⑥ 《福建省例》,《台湾文献丛刊》第199种,1964年,第605、625页。
⑦ 《厦门志》卷五,第23a页。
⑧ 《大清历朝实录·圣祖(康熙)朝》卷二七〇,第16a页;《明清史料丁编》,第774a页。
⑨ 《宫中档雍正朝奏折》第23辑,广东总督鄂弥达及巡抚杨永斌雍正十二年十月八日折,第616~617页。
⑩ 黄叔璥:《台海使槎录》,《台湾文献丛刊》第4种,1957年,第34页。

帆宽。①

很明显,沿海航运网络的扩张激励福建人发明了不同类型的船,以适用于沿海不同的航海条件。有了这些船,他们可以深入台湾沿海的偏远地区,驶入浅水域从村庄码头收集土产,或者远距离航行到天津和东北载运大宗货物。他们在航海方面的专长也使其胜过其他省份航运业的同行。他们的船型流行于沿海,甚至官方的战船也模仿它们。比如1730年,朝廷下令为天津水师建造4艘艋船。② 直到18世纪晚期,战船基本上都采用被称为赶艚的大型商船或者叫赶繒的小型渔船的设计,后者可能以航行于厦门和鹿仔港之间的繒船船型为基础。18世纪晚期,政府因为其笨拙,决定逐步淘汰赶艚和赶繒这两种船型,新设计以另一种被称为同安梭的福建商船的船型为蓝本。③

政府对个体造船者技术和经验的依赖,进一步体现在1725年朝廷强调的一个决定中,即官方的造船场都应建在便于获得个体航运业提供的材料和技术的海上中心。清初,3个这样的造船场在福建的福州府、漳州府和台湾府建设起来。④

在漳州的造船场可能位于海澄,这里是18世纪福建最著名的造船中心。⑤ 3个造船场中,福州造船场技术工人不足,只能靠雇用泉州人⑥维持其生产。在福州设立造船场很明显是基于其行政地位的考虑,从建设成本来看,造船场设在泉州府其实更合适。从泉州派熟练工匠到福州造船的不便在不久之后得到纠正。1729年,总督高其倬提议,泉州应有自己的官办造船场,好为金门和海坛军镇建造战船。该提议被采纳后,造船场似乎先建在泉州城,然后于1736年搬到了厦门。⑦

然而,福建航运技术的顺利发展却时不时地受挫于政府毫无根据的怀

---

① 《厦门志》卷五,第22b页。
② 《宫中档雍正朝奏折》第15辑,浙江总督李卫雍正八年三月十日折,第842页。这4艘船皆造于福建。
③ 《厦门志》卷五,第1页。尽管如此,福建商人设计该船的原意不是用作战船,而是用于运载大宗物品。
④ 《厦门志》卷五,第3a页。
⑤ 《福建省例》,《台湾文献丛刊》第199种,1964年,第641页。
⑥ 《厦门志》卷五,第3b页。
⑦ 《厦门志》卷五,第3b~4a页。

疑,不是基于反商业主义,而是基于政治担忧。比如1747年,政府发现有必要禁止福建个体造船主对舢仔头的生产。舢仔头在速度上的优势被官方认为会削弱水师力量,因为兵船任何时候都无法在针对可疑的海上活动时采取行动追上它们。① 对梁头宽度的限制也阻碍了技术提高的可能性。康熙和雍正年间相对较小的沿海帆船可以归因于政府控制海洋事务的决心,虽然对规定的破坏司空见惯,但限制依然存在。为了规避限制,造船者们发现他们可以加大船舱底部而不用增加梁头的尺寸,以速度换容量。1733年,总督郝玉麟指出梁头尺寸不切实际,但他的观点暧昧不清没有落到实处。②

由于技术缺陷,福建船舶遇到适航性问题。近海船和远洋船失事是常有的事。③ 一位中国学者,赵翼,已经注意到在乾隆中期,中国帆船的坚固性和速度已经落后于西方船只。④ 尽管存在种种限制,闽南人仍是18世纪中国航运业、沿海贸易和海外商业的佼佼者。他们建立起来的沿海航运能够满足时代的商业需求,并且已经达到了中国人的最佳水准。

航运路线

本部分描述福建航运活动的一些技术方面的情况。每艘船的船员构成与明末类似,⑤船员各司其职。他们的领导者当然是船长(出海或船主),⑥他监督整个航行,在他之下是舵工。其他人分别负责方向(亚班)、航线导引(缭手)、抛锚(司碇)、靠岸用的小船(司杉板)、伙食(总铺),另外还有十几到二十名普通水手。大型的洋船雇请人员更多。其中有一名管理钱物者(财富),一名总经理(总捍),两名专门负责罗盘者(火长)。⑦ 两名火长拥有手

---

① 《厦门志》卷五,第22b页。
② 《宫中档雍正朝奏折》第21辑,福建总督郝玉麟雍正十一年四月五日折,第354页。
③ 比如,1728年从南洋返回福建的19艘帆船中,仅13艘没遇到麻烦,按时到达厦门;另2艘虽然没有受损,但被吹至广东;另3艘毁于风暴无法修复;而最后一艘拖着一根断桅到达澳门附近。见《宫中档雍正朝奏折》第12辑,福建总督高其倬雍正七年三月二十七日折,第751~752页。
④ 赵翼:《檐曝杂记》,《笔记小说大观》第7编第4册,第2474页。
⑤ 明末张燮《东西洋考》对此有记述,见张燮:《东西洋考》卷九,台北:正中书局,1962年,第1b~2a页。
⑥ 在明末,出海或船主被称作舶主,见张燮:《东西洋考》卷九,台北:正中书局,1962年,第1b~2a页。
⑦ 黄叔璥:《台海使槎录》,《台湾文献丛刊》第4种,1957年,第17页。

绘的航海图,导引航道。①

为了确定航道中的距离,要用一个标准单位,"更"。起初,更是指时间而不是距离。这样,一天被分为 10 更,每更相当于 2.4 小时。一个标准更可以用漏刻或靠燃香来测量。理论上一艘船一更能行驶的距离约 40 里(大约 13 海里)。显然,并不是所有的船只都有同样的速度。因此,一更实际上大约是 40 里的标准距离。② 换句话说,两点间的航海距离一致用更来表示。航行同样数量的更,经常花费不同的时间,这取决于水流和风力。

如上所述,厦门是福建向外辐射的沿海航线网络的中心。③ 厦门和鹿耳门之间的航道是主干线之一。厦门和澎湖之间的距离是 7 更,澎湖到鹿耳门需要再走 5 更。在最理想的情况下,从厦门到澎湖需要一天多;通常,需要两天甚至几天。比如,1697 年,当郁永河从福建去台湾执行公务,几乎花了 10 天时间才到达台湾的府治。他 3 月 8 日从厦门登船,但船只能在 3 天后从 20 里外的大担岛出发,以等待有利的风向,已有另外 12 艘船在那里候风。这些船 3 月 13 日出发去澎湖,郁永河的船和另外一些船于次日到达。因为水流问题,郁永河的船与其他 6 艘船在 3 月 17 日到达府治,剩下的船在 3~7 天后到达。最后一艘船错过顺风和水流,但最终设法在郁永河到达 10 天后在港口抛锚。④ 不过,厦门到台湾之间的航道通常终年可以通航。⑤

另两条干线也沿大陆海岸延伸,它们被称为南洋海道和北洋海道。⑥ 前者往南到广东,将厦门与广东的潮州、广州、澳门或海南连接起来。而北洋海道上,船只首先会到达舟山,浙江的一个近海岛屿。从那儿,船只沿着不同的线路到达各处的目的地,一些进入宁波港,而另一些可能去乍浦。厦门和宁波之间的距离是 37 更,从舟山到乍浦之间的航道距离是 4 更。

舟山还是进一步向北航行的分叉点。船只离开这里沿着单独的航道到

---

① 《重修台湾府志》(1752 年版),第 51 页。
② 我对"更"的解释基于《重修台湾府志》(1752 年版)。
③ 《厦门志》卷四,第 45b 页。
④ 郁永河:《裨海纪游》,《台湾文献丛刊》第 44 种,1959 年,第 4~9 页。
⑤ 《重修台湾府志》(1752 年版),第 76 页。
⑥ 《厦门志》卷四,第 35~45 页;黄叔璥:《台海使槎录》,《台湾文献丛刊》第 4 种,1957 年,第 15~16 页;《重修台湾府志》(1752 年版),第 61~62 页。

上海，离厦门有47更（560海里）。其他往北的船经过上海，以长江入海口最东边的崇明岛作为另外一个航标，然后直接驶往山东省的胶州。从上海到胶州大约34更（400海里）。另一条航道通向成山头，航海者的一个陆标，在山东半岛最东边，距上海32更。从这里出发，船往北航行11更之远可以到旅顺，东北的南端，或是往西到天津。从厦门到天津的远距离航行全航程长112更（1310海里）。此外，还有将旅顺或天津与东北沿海其他海港连接起来的海道。

18世纪末，上海成为北洋海道的分叉点。厦门和上海之间的部分被称为小北线，而延伸到上海以北的以大北线著称。[①] 18世纪头几十年，分叉点在上海或乍浦，这标志着厦门以北的福建沿海网络存在两个航运领域。访问浙江和江苏港口的船只在季风改变以前不会有足够的时间继续往北。换句话说，越过上海的远距离航行将从厦门直航到舟山，经过最东点崇明岛，直航到山东、直隶或东北的北方港口。

从更的距离来看，理想情况下从厦门到天津不超过20天，但不可预测的天气经常耽误航程。更重要的是，沿海航行取决于季节性的风向反转。关于天津贸易的史料显示，福建的船只在西南季风期间到达天津，大概在7月末到10月间。[②] 从10月到11月东北季风开始，可以着手返回南方。因此，第一批从天津到厦门的船应该是在12月左右。第二次的返程因为反向季风几乎不可能，即使是到宁波的中等距离航行也至少要花费6个月的时间返航，更北的其他目的地则需要更长时间。[③]

返回厦门的船只也不一定无所事事地停泊在港湾，为下一季再次北航再等差不多5个月的时间。在一年的上半年，从北方回来的船只可以在厦门和鹿耳门之间航行几个来回。如果需要的话，它们甚至可以额外向南航

[①] 香坂昌纪：《清初沿海贸易研究——以雍正朝福建到天津之间为例》，（日本）《文化》第35卷第1/2期（1971年春/夏），第45页；《淡水厅志》（1871年版），《台湾文献丛刊》第172种，1963年，第299页。

[②] 《文献丛编：雍正朝关税史料》第18辑，第21页；《大清历朝实录：圣祖（康熙）朝》卷二一三，第9a页。

[③] 《厦门志》卷六，第7b页；Hosea B. Morse, *The Chronicles of the East India Company Trading to China 1635-1834*, Vol. 1, Oxford: The Clarendon Press, 1926, pp.116, 302, 305.

行到广东。早到天津的船也可以被租用,在天津和东北的港口之间往返航行。延伸航行的可能性与《厦门志》中对福建船舶的记载一致:

> 北至宁波、上海、天津、锦州,南至粤东,对渡台湾,一岁往来数次。①

---

① 《厦门志》卷一五,第5b页。

第 四 章

商　　人

船主和承运者

　　拥有从事获利颇丰的海上贸易的商船,被闽南人视为一种投资之道,[1]并且是发财致富的最佳途径。[2] 史料中提到一只小船的造价在几十到几百两银子不等,[3]一艘小型商船的造价可能超过一千两。更大的船只造价达到几千两甚至更多,[4]仅桅杆就要花费一千两。[5] 虽然很难再精确,但这些数据让我们对购置一艘船的必要花费有了一些概念。不用说,只有有钱人才能拥有它们,而且一些有钱人经常建造不止一艘船。常见的是,两人或更多人合资打造一艘共有的帆船。[6]

　　然而,政府对造船实行严格的限制。一艘新船建造前,有意投资者要遵照1703年的规定向本县的官府提出申请,官府随后会调查申请者的背景。造船许可证只授予富有且守法的人。[7] 地方官府要求当地港口及其家乡的头面人物,以及申请者的一名邻居,为他提供担保。

---

[1]　《宫中档乾隆朝奏折》(未出版),闽浙总督崔应阶乾隆三十三年九月一日折。
[2]　蓝鼎元:《论南洋事宜书》,《皇朝经世文编》卷八三,第39a页。
[3]　《福建通志》(1868—1871年版),卷八七,第40a页。
[4]　《宫中档乾隆朝奏折》(未出版),闽浙总督崔应阶乾隆三十三年九月一日折。蓝鼎元更明确地谈到,造一艘航海帆船需4000～5000两银子。见蓝鼎元:《论南洋事宜书》,《皇朝经世文编》卷八三,第38a页;《厦门志》卷一五,第5b页。
[5]　蓝鼎元:《论南洋事宜书》,《皇朝经世文编》卷八三,第39a页。
[6]　《宫中档乾隆朝奏折》(未出版),闽浙总督崔应阶乾隆三十三年九月一日折;《福建通志》(1868—1871年版),卷八七,第30a页;《厦门志》卷一五,第10a页。
[7]　《厦门志》卷五,第16a页;《福建通志》(1868—1871年版),卷八七,第30a页。

当船舶建成,地方官府在船舶的侧面刻上登记号码和船主姓名。一张独立的牌照详细列出船主的特征(包括年龄、相貌、姓名、籍贯和职业)、梁头的尺寸、船员总数。① 针对船主(经常称船户)的复杂规定远不止此。1707 年的规定要求每十船连保并为彼此在海上的行为活动负责。② 海事条例进一步规定,船主要由出发港官府所委任的商行担保其船只。

如前所述,沿海贸易和海外贸易主要都由闽南人控制。天津贸易的详细信息使我们得以追溯其府县原籍。我们知道船只原籍地信息的 141 次去往天津的航行中,64% 由泉漳商人投资,32% 是闽北商人,只有 4% 来自其他省份。进一步的明细显示,这些来自闽南的船中,70% 要么登记在泉州府的晋江,要么就是同安,而另外 30% 登记在漳州府的龙溪。其余的船只主要来自于闽北的闽县和莆田。③

每个人的情况不同,一些船主用自己的船做生意,一些将船租给其他生意人,而许多其他船主主要充当承运人。在第一种情形中,船主不一定亲自出海。一个经营得当的商人不再感到有必要自己出海,他可以留在家里当"财东"。他要做的是选派一名船长代表他管理船舶和负责航行。④ 在这种情况下,船长可能是他的亲属、合伙人,或只是雇员。这种做法在南洋贸易中特别普遍,通常需要大型帆船,而且投资的船主必须拥有可观的资本。至于沿海贸易,它表现出多种模式。在雍正时期,船主更愿意经常与船相伴,即使是更大的商船也是如此。这么做部分是因为规定;否则,港口官员将又有一个借口敲诈勒索,而且船只从一个港口驶往另一个港口时被水师巡逻队侦查的风险就更大。另外,访问邻近地区的帆船大多是小型的,沿海贸易是这些船主的主业。

然而,要么是因为他不再活跃于海上贸易,⑤要么是因为他已经陷入财务困境,船主才不得不将他的船租给别人。⑥ 尽管如此,清政府并不鼓励将

---

① 《厦门志》卷五,第 16 页。船员也要按指印,见《宫中档雍正朝奏折》第 9 辑,福建总督高其倬、福建巡抚常赍及广东巡抚杨文乾雍正六年正月八日折,第 566~567 页;《宫中档雍正朝奏折》第 9 辑,福建总督高其倬雍正六年正月八日折,第 568 页。
② 《厦门志》卷五,第 22a 页。
③ 参见附录二和附录四。
④ 《厦门志》卷五,第 16b 页。
⑤ 蓝鼎元:《论南洋事宜书》,《皇朝经世文编》卷八三,第 39a 页。
⑥ 《宫中档乾隆朝奏折》(未出版),闽浙总督崔应阶乾隆三十三年九月一日折。

船只租给其他非自营船主。1703年的条例明确规定官府只应将造船许可证颁发给打算自己出海的申请者。将船租给其他经营者的人将面临罚款，地方官也将承担责任。根据条例，牵涉到的官员将被罚一年的俸禄。如果官员试图包庇船主，他们将被降职两级。① 政府之所以采取如此严格的规定，是为了确保能追踪和控制所有的航运活动。但事实上，条例经常形同虚设。比如18世纪20年代初蓝鼎元报告，地方官员并未或者无法执行规定；无论何时，只要有必要，船主仍然让别人经营他们的船只。② 这种做法在乾隆年间没有太大改变。如果一名船主有了一艘船但没有资金，他除了将船租出去别无他法。地方官府最后不得不正视现实，放宽规定。只要承租人在离开港口前向当地官府登记，船就可以被租用了。船主和承租人对海上的任何非法活动共同承担责任。③

最后，船东可以作为收货人。从雍正时期开始，沿海贸易的迅速发展促进了商人的专业化。更多的船东依赖于蓬勃发展的运输贸易，而这种贸易在购置船舶后并不需要多少额外资金。虽然他通常会带着自己的货物到目的地出售，但船东基本上也接受其他托运人的托运货物。通常，整艘船都是由一名商人租用的，他一般会参与航行。

由于从台湾出口到厦门或经过厦门的大米和蔗糖在18世纪20年代初之后数量极大，航运业迅速扩展。通常，运输成本由距离、货物的价值和货物的利润率决定。19世纪初，在台湾和厦门之间，每担（100斤）货物的运费在0.25～0.5两之间，具体根据装运的类型而定。④ 那么，18世纪20年代的商运费率是多少呢？相关信息很少。一条史料提到，从台湾装运大米到浙江南部要支付给承运商每担0.14两的费用，这个距离比到厦门远。⑤ 根

---

① 《厦门志》卷五，第16～17页。
② 蓝鼎元：《论南洋事宜书》，《皇朝经世文编》卷八三，第39a页。
③ 《宫中档乾隆朝奏折》（未出版），闽浙总督崔应阶乾隆三十三年九月一日折。
④ 《厦门志》卷六，第8a页。每石货物运费在0.3～0.6两之间。假设此处"石"是重量单位，等于120斤（见 Ch'üan Han-sheng and Richard A. Kraus, *Mid-Ch'ing Rice Markets and Trade: An Essay in Price History*, Cambridge: Harvard University Press, 1975, p.79），那么每担的运费就是0.25～0.5两。
⑤ 黄叔璥：《台海使槎录》，《台湾文献丛刊》第4种，1957年，第23页。该史料未确切指出大米运至浙江何处，但是，基于前面章节的探讨，目的地似乎是浙江南部，因为北部依靠长江下游地区供应大米。为了便于比较，重量单位"石"（138.75斤）被换算为"担"（100斤）。

据别的史料,1727年从台湾运输官粮到厦门,官方支付的运费为每担0.08两。① 两年后,政府决定运输稻谷,而新的固定费率下调到每担0.06两。② 有理由相信,固定费率远低于商运费率,承运人永远无法弥补其损失。这一固定费率难以置信地几乎在接下来的100年里维持不变。比如,到19世纪初为止,官运费率仅仅是商运费率的20%。③ 无论如何,可以肯定地说,从台湾到厦门航运的商运费率是在每担0.06~0.14两之间。由于官运费率是每担0.06两,假设该费率首次设定时大约是商运费率的50%,那么我们就可以估计从台湾到厦门的商业大米运费是每担0.12两。该费率大概相当于1727—1729年间台湾市场平均米价的10%。④

以台湾市价的10%作为从台湾到厦门的运输成本似乎也适用于蔗糖。比如,18世纪20年代初,一担蔗糖从台湾运往苏州的费用大约是0.12两,就是台湾市价的10%~15%。⑤ 因此,10%的费用对于到厦门的更近的航运距离是合理的。因为18世纪20年代初台湾的糖价在每担0.8~1.4两之间,⑥那么承运人运糖到厦门平均每担可以赚取0.11两。

在这三种经营模式中,没有统计数据可以显示其中哪一种最普遍。很有可能的是,访问邻近的广东和浙江南部地区的船只通常由自有经营者(船主本人即经营者)管理。他们中许多人只是资本较为有限的商人。⑦ 雍正年间,因为官方的极力阻止,船舶租赁的做法不可能普遍存在。相对而言,对拥有中等资本的船主来说,充当承运者更有吸引力,他们也无须承担价格投机的风险。沿海贸易的货运实际和南洋贸易截然不同。在南洋贸易中,

---

① 《明清史料戊编》,第102b页。

② 《明清史料戊编》,第102b页。

③ 姚莹:《东槎纪略》,《台湾文献丛刊》第7种,1957年,第25页。

④ 见附录一。

⑤ 黄叔璥:《台海使槎录》,《台湾文献丛刊》第4种,1957年,第21页。其时台湾糖价在每担0.8~1.4两之间,根据品质而定。

⑥ 黄叔璥:《台海使槎录》,《台湾文献丛刊》第4种,1957年,第21页。

⑦ 《宫中档雍正朝奏折》第6辑,浙闽总督高其倬雍正四年十月二日折,第684页;《宫中档雍正朝奏折》第7辑,福建水师提督蓝廷珍雍正五年正月十九日折,第324页;《宫中档雍正朝奏折》第23辑,广东总督鄂弥达及巡抚杨永斌雍正十二年十月八日折,第617页。这些奏折中提到的所有船只由船户管理。一些船携带现银100多两。其中一艘带有70两现银和100多件衣服。只有一例是在载有12桶夏布(粗布,产于福建)、100多件衣服之外,还有约500两现银(见鄂弥达的奏折)。

被称作"附搭"的托运体系更普遍。船主或船长邀请其他人为沿途停靠的国内或海外港口提供要托运的货物。他也从要购买货物的人那儿接受订单，并在返程时带回来。① 正如珍妮弗·W.库什曼指出的那样，船长扮演了投资者代理人的角色。② 同时，行商（"货客"）也可以共用船舶的货舱。③ 因为洋船往往有更大的载货量，而且投资也更大，融资和合作是必要的。沿海贸易则恰恰相反，整条船经常只被一名商人单独租用，这在接下来的讨论中可以看到。

行　　商

上面介绍的货客仅仅是行商中的一类。货客虽然往往暗指和别人共享货舱的中小资本的商人，但也可以指代那些拥有良好声誉和较大资本，参与远距离沿海贸易的出洋商人。他们不一定是船主；实际上，对他们来说，为自己的海上生意租用船只是很方便的。这些商人常常会同时采购货物和租船。④

关于远距离沿海贸易中的行商（xingshang），天津贸易的资料对此有所披露（见附录四）。在第一份报告了1717年两艘闽船到达天津港的奏折中，两艘船自营船主的姓名都被提到了。第一艘船的货物很有可能是船主和他的船员们的。⑤ 至于第二艘船，还提到了船上的两名乘客，或许他们是押货去天津的行商。

值得注意的是，其余的10份奏折从1723年起不再提及船主的姓名，代替的是商人的姓名，以及船员人数和携带货物。唯一的例外是登记在龙溪

---

① "附搭"一词见《明清史料庚编》，第525b页。

② Jennifer W. Cushman, "Fields from the Sea: Chinese Junk Trade with Siam during the Late Eighteenth and Early Nineteenth Centuries", unpublished PhD dissertation, Cornell University, 1975, p.143.

③ 关于货客的资料见《宫中档雍正朝奏折》第9辑，福建总督高其倬雍正六年正月八日折，第568页；第12辑，雍正七年三月二十七日折，第725页；《宫中档雍正朝奏折》第22辑，福建总督郝玉麟雍正十一年十二月二十六日折，第474~475页。根据资料，船长负责诸如执照申请及报关等事宜（见郝玉麟的奏折）。沿海贸易中也有提到货客，见《宫中档雍正朝奏折》第6辑，浙闽总督高其倬雍正四年十月二日折，第684页。

④ 《淡水厅志》1871年版，《台湾文献丛刊》第172种，1963年，第298~299页。

⑤ 奏折指出船员（水手）携带了10000只粗碗。

的7号船（编号：龙字三〇〇号），给出了一位乘客的姓名。可以肯定的是，要么是船上的商人，要么就是乘客，是为了去天津贸易而从船主那里租用船只的行商。在143次到港停留中，有24艘船在奏折中出现了两次或三次。有时候是同一些商人随乘同一批船。有时候，第二次航行中一个人的姓和名的一个字与第一次航行中的人相同，这表明他们可能是同一家族或宗族的成员。① 也有另一些情况，即在第二次航行中，船上有不同的商人。② 因此，这就意味着，香坂昌纪得出的许多福建商人出租他们的船只到天津贸易的结论是正确的。③

关于天津贸易的记录虽然是不完整的，但揭示了沿海贸易的另一个重要方面。涉及船只的数量表明天津贸易吸引了许多海商远航而来。就闽南商人而言，在很短时间内，总共记录了77个不同的姓名91次随船来访。这表明海上贸易为大量感兴趣的商人提供了参与的良机，也显示了商人探索新经济前沿的能力和意愿。

通常，航运活动的报告会显示每一次的自营船主姓名。比如，1728年金隆顺去胶州时，乘坐的是他登记在同安的船（编号：同字一二七九号）。④ 金隆顺也于1731年去天津贸易。这一次他用不同的船（编号：顺字一八〇号，即附录四中的61号船）出航。他被认为是商人，而不是一个船户。他可能是租的船，因为同一艘船（43号船）两年前也曾到过天津，当时是由一个叫范苍盛的商人管理的。报告商人名字而不是自营船主名字的做法很有可能已经出现，因为到天津的大多数船只主要是租来的。由于每艘船上只有一名商人，他很可能是单独投资并租下这艘船的人。更恰当地说，商人不仅是在船上而已，还拥有船上所有的货物。

然而，这些报告中，我们可以确定至少有一例是用商号的名字代替了个人姓名。这就是37号船"德隆号"。另一个名字，金隆顺也存疑，因为按《厦

---

① 12、69号船的船主（沈德万和沈得万）可能是同一人。二者名字发音相同，只是中间的字写法不同。

② 指的是25、53号船，26、49号船，33、76号船，38、88号船，43、61号船，见附录四。

③ 香坂昌纪：《清初沿海贸易研究——以雍正朝福建到天津之间为例》，(日本)《文化》第35卷第1/2期(1971年春/夏)，第51页。

④ 《宫中档雍正朝奏折》第11辑，署理江南总督范时绎雍正六年九月二十一日折，第394页。

门志》所指，"金"字是合营常用的前置称谓。① 正如香坂昌纪已经提出的，清单中其余的名字，虽然有些可能是个人的名字，但另一些看起来像是商号名。德、万、利、兴、盛之类的字因其意蕴吉祥，经常被中国人选作商号的名称。②

至于"德隆号"出现在报告中，一个可能的解释是，那位商人在家乡以其商号名称更广为人知，因此用它登记。③ 这也解释了那些看似商号名称的名字的用法。比如，金隆顺这个名字在商业圈内或许是作为个人姓名被知晓的。他经常去山东省的胶州进行贸易。1728年，他的船被水师巡逻队误认为参与了非法活动。胶州的一个代理商王源盛，出面声明金隆顺是他的老熟人和客户。官府也核查了他贸易许可证上记录的个人描述，认为金隆顺确实是登记在册的商人。④ 但也不应排除金隆顺原本是商号名的可能性。当人们越来越熟悉这个商号时，他们便开始用商号名称呼店主。不管商人是用他们的商号名称还是个人姓名，毫无疑问，他们每次都随船押货到天津。

也有证据显示同一家族或宗族的成员会到天津贸易，他们可能代表了一个家族企业。柯姓商人似乎就属此类。他们的名字是柯瀛兴、柯荣盛、柯荣顺和柯荣胜⑤，都来自龙溪县。柯荣胜于1725年和1731年乘同一艘船（编号：宁字一八七号，即17、72号船）到天津。1724年他也在天津，但是奏

---

① 《厦门志》卷一五，第10a页。
② 香坂昌纪：《清初沿海贸易研究——以雍正朝福建到天津之间为例》，（日本）《文化》第35卷第1/2期（1971年春/夏），第48页。
③ 使用或称呼商号名对中国人来说很普遍。比如，《台湾私法商事编》，《台湾文献丛刊》第91种，1961年，第280～281页。
④ 金可能是姓氏，也可能是合营商号的前置称谓。即使"金"字出现在一家商号名称的开头，它也不一定是合营商号。换一种说法，福建人经常以"金"字指代合营关系，因为金不仅是一个吉利的词，而且类似于合的意思，但不是所有的"金"字商号皆为合营商号。见《台湾私法商事编》，《台湾文献丛刊》第91种，1961年，第271～283页。同样的资料也说明"金"经常用作姓氏，也经常用于指代船舶及其船主或船长。参考金隆顺之例，见《宫中档雍正朝奏折》第11辑，松江提督柏之蕃雍正六年九月十七日折，第377～378页；《宫中档雍正朝奏折》第11辑，署理江南总督范时绎雍正六年九月二十一日折，第394页；《宫中档雍正朝奏折》第11辑，署理山东巡抚岳濬雍正六年九月二十二日折，第400～402页；《宫中档雍正朝奏折》第11辑，松江提督柏之蕃雍正六年十二月五日折，第916～917页。
⑤ 第二个和最后一个商人名字的拼音相同，但汉字写法不同，分别为"柯荣盛""柯荣胜"。

折没有提到他乘哪艘船。柯荣胜和柯荣顺分别于1729年、1731年和1732年乘同一艘船（编号：宁字二九五号）航行。在这几次航行中,他们可能拥有或者租用了同一艘船。柯瀛兴三次到天津的记录为1723年、1731年和1732年。他后两次出行乘同一艘船（编号：宁字一八二号,即71、109号船）,但是第一次航行乘的是不同的船（编号：龙字六七五号,即6号船）。1731年,柯荣顺、柯瀛兴和柯荣胜分别乘三艘船（70、71、72号船）到天津贸易。柯氏的例子特别有启发性,因为它表明即使是一个兴旺的经商家族,一些家族成员仍有可能亲自出海。

虽然相关资料依旧不足,但是我们可以大致了解行商的资金和利润情况。18世纪后期,据估计沿海贸易的大商船一船可以载价值"几千两"的货物。① 然而,18世纪20年代和30年代,投资数额似乎较小。在143次到天津的航行中,我们可以获知其中73次的货物和数量的细节。其中15艘船从中排除不做计算,因为它们载运了数量可观的纸品,无论价值还是数量都难以估算。根据计算,58艘船中的50%所载货物价值在1000～2000两之间,41%左右所载商品价值2000～4000两,大约只有4%载货价值4000～5000两,而剩下的5%运了价值500～1000两的货物(见附录五)。

行商不必支付全额的货款。当他在港口从中间商那里获取商品时,可以赊账。雍正年间,厦门牙行的规定是,采购者首期支付商品总额的一半,余款在商人贸易返回后结清。②

与从事南洋贸易的帆船相比,每次海外航行的货物投资经常十倍于国内的远距离航运。尽管如此,一艘沿海商船一名行商单独投资。他的资金也许比不上富有的委托人在南洋贸易中的投资,但尤其是在远距离沿海贸易中,他经常比许多带着几百两银子到南洋做生意的行商拥有的资本更多。此外,雍正年间,相对于每年大约30艘从厦门出发去南洋的船,有超过1000艘不同载重量的船致力于沿海贸易。那么,就参与的广泛性和总投资而言,福建商人经营的沿海贸易在重要性上完全可以和他们的海外生意相提并论。在这方面,行商对福建的繁荣功不可没。

至于每次航行所得的利润,《厦门志》指出,150～500吨载重量的国内

---

① 《福建省例》,《台湾文献丛刊》第199种,1964年,第703页。
② 《宫中档雍正朝奏折》第21辑,福建总督郝玉麟雍正十一年二月二十日折,第156页。

贸易船"贩运一次获利数千金"①。这基本上描述了19世纪初较大的沿海帆船的情况。这样的大型帆船所需投资也会达到几千两，②利润率在100%左右。雍正年间，要值得进行远距离航行的话，100%的利润率可能也是必要的，虽然实际数额或许没有经常达到"几千两"之多，因为也有用较小的船。不过，这种利润率当然不适用于台湾和厦门之间的大米贸易，这点我们已经从两地的价格差异中有所了解，每次航行的利润率可能在10%～20%之间。因为一年可航行数次，所以每年的总利润也会相当高。

台湾的米商和糖商

由于从台湾和厦门开往其他沿海地区的船只主要装载的不是大米就是蔗糖，因此参与这两种商品贸易的商人代表了一个非常重要的商业团体。关于台湾米商和糖商的资料为我们提供了他们在沿海交通中发挥的作用的具体事例。

台湾米商主要生活在行政治所或沿海城镇，他们中许多人是地主（"业户"）。18世纪20年代的一个地主每年可以收取租米1万石，甚至一个小地主也能收200～300石。③他们不需自己亲自耕种土地，也不必到村子里收租，反而会要求佃农把粮食运到行政治所或附近的港口。不然，地主就雇人完成这项工作，并向佃农收取交通费。比如在彰化，佃农就把用作田租的粮食运到县治或海港，即鹿仔港。④无疑，这些地主控制着大部分收成，而且处于囤粮抬价的有利地位。高其倬曾经评论道：

> 业户囤积抬价，官买则称无。有客贩，必须如价。米价之昂，半由此辈。⑤

另一群米商由海边的碾米厂主（"砻户"）组成。据1727年巡抚毛文铨呈递的一份奏折，台湾有超过1000家碾米厂。毛文铨对他们的活动描述如下：

---

① 《厦门志》卷六，第7b页。
② 《福建省例》，《台湾文献丛刊》第199种，1964年，第703页。
③ 《宫中档雍正朝奏折》第8辑，福建总督高其倬雍正五年七月八日折，第479页。
④ 如果地主安排牛车运输，佃农要支付每石0.05两的运费。见《清代台湾大租调查书》，《台湾文献丛刊》第152种，1963年，第59～63页。
⑤ 《宫中档雍正朝奏折》第8辑，福建总督高其倬雍正五年七月八日折，第479页。

内地商贾往台买米,由来问之碧户。如伊等所碧之米稍有积聚,即云我们今日每石减三分五分。各户即减三分五分。如伊等所碧之米稍无积聚,即云我们今日每石增一钱二钱。各户即增一钱二钱。①

该奏折表明这些碾米厂主至少在地方层面有效地将自己组织成了专业团体。他们经常囤积粮食直到可以取得好价钱。他们处于如此强势的地位,操纵着米价,以致毛文铨在1727年7月离任时建议把他们从当地迁到府城以破坏他们的团结。②省级官员们肯定已经就此事进行过一段时间的讨论,而且对于该怎么做意见不一。12月底,新巡抚常赍递交了另一份奏折反对前任的建议,说这一措施不切实际。迁移碾米厂主到府城只会导致价格更高,因为大米在最后交易前会经过更多的渠道。常赍说这些产区附近的沿海米商其实促进了运输,从而令客户和找他们的行商受益。③没有迹象表明毛文铨的建议被实施过,碾米厂主依然活跃于供应源。

地主和碾米厂主之间的区分并不总是很清晰。虽然存在专门化的趋势,在许多情况下,一个地主同时也是碾米厂主和谷商。这两个群体的活动有助于解释台湾市场的米价,并强化了我前面的观点,即奏折中给出的整个府的统一价格总是带有误导性。地主和碾米厂主对于大陆的需求都消息灵通,而且不会轻易放松对价格的操控。奏折中报告的高价主要是由这些投机活动导致的,而不是因为供应短缺。1726年米价猛涨时,巡视台湾监察御史索琳已经明确地提出这一观点。④其高额利润也在次年由高其倬指出。那一年,正如前面提到的,政府打算从台湾采购多达700000石大米。米商,包括地主,开始囤积粮食,期望每石上涨几钱,就可以立即转化成总共大概100000两或者更高的巨额利润。⑤

蔗糖贸易与大米贸易大同小异。在台湾的贸易网络上游,大米和蔗糖的批发商地位优越。他们的航运联系使他们可以充当地方土产的主要出口

---

① 《宫中档雍正朝奏折》第8辑,署理福建巡抚毛文铨雍正五年六月四日折,第298~299页。

② 《宫中档雍正朝奏折》第8辑,署理福建巡抚毛文铨雍正五年六月四日折,第298~299页。

③ 《雍正朱批谕旨》第5函第2册,第40页,福建巡抚常赍雍正五年十一月十七日折,第1359页。

④ 《宫中档雍正朝奏折》第6辑,巡视台湾监察御史索琳雍正四年七月六日折,第258页。

⑤ 《宫中档雍正朝奏折》第7辑,福建总督高其倬雍正五年二月十日折,第445页。

商和进口商。据蔡国琳于1900年前后记述,台湾府的3个商会(以"三郊"著称)于1725年由从泉州和漳州来的商人组织起来。① 它们分别被称作北郊、南郊和港郊。北郊以苏万利商号为首,成员包括20多家商号。北郊从台湾出口的主要是蔗糖,通过厦门运往宁波、苏州和天津;返程中,把布匹、丝绸和其他货物带回到台湾。南郊由金永顺商号领导,有超过30家的成员。南郊出口大米、芝麻、豆、蔗糖和其他土产到厦门、泉州、漳州和广东省的其他港口;从福建和广东运回台湾的商品诸如烟草、棉布、纸品、陶瓷和从海外进口的其他物品。港郊打理台湾的沿海贸易,由50多家商号组成,李胜兴商号领导该商会。②

方豪对蔡国琳记述的可靠性提出质疑,因为后者没有提及他的资料来源。③ 根据方豪所说,李胜兴商号领导的实际上是糖郊,而不是港郊。方豪的依据是在台南发现的3块石碑,上面写着北郊、南郊和糖郊。这些石碑分别于1765年、1772年和1780年竖立,并首次提到三郊之名。因此,方豪也声称三郊肯定是在这几年成立的。④ 实际上,这3个时间只是立碑的年份,而不是郊行成立的年份。1765年的碑文清楚地叙述了北郊的成员商号如何在1763年开始翻修一座寺庙。另一方1774年所立的石碑也记录了北郊的一位董事在1754年捐建一座桥的事情。⑤ 在提到的年份中,这些郊行早已站稳脚跟。

还有另一条证据可以支持蔡国琳关于三郊成立于18世纪初的观点,即这些郊行在台湾府的总部,"三益堂"。⑥ 这里是成员们举行会议的地方,在一间寺庙旁。根据一篇碑文,1741年三益堂就已经存在了。⑦ 这篇碑文还

---

① 伊能嘉矩:《台湾文化志》下卷,东京,1965年,第4页。至于调查文本,见《台湾私法商事编》,《台湾文献丛刊》第91种,1961年,第11~12页。
② 《台湾私法商事编》,《台湾文献丛刊》第91种,1961年,第11~14页。
③ 方豪围绕台湾"郊"组织写了一系列文章,如方豪:《台南之"郊"》,《大陆杂志》第44卷第4期(1962年4月),第177~199页。
④ 《台湾南部碑文集成》,《台湾文献丛刊》第218种,1966年,第69、91、124页;方豪:《台南之"郊"》,《大陆杂志》第44卷第4期(1962年4月),第180~181页。
⑤ 《台湾南部碑文集成》,《台湾文献丛刊》第218种,1966年,第92页。
⑥ 《台湾私法商事编》,《台湾文献丛刊》第91种,1961年,第12页。
⑦ 《台湾南部碑文集成》,《台湾文献丛刊》第218种,1966年,第29~30页。

揭示了这间祭祀海神的寺庙是康熙年间商人们聚集的地方。①

方豪指出蔡国琳混淆了港郊和糖郊两个名字是对的。不过,蔡国琳提出的三个著名的泉漳商人,苏万利、金永顺和李胜兴,在雍正初年创办三个郊行似乎与1717年海外贸易被限制后的总体发展是一致的。如上所述,雍正年间米商能有效操控米价清楚地表明那时台湾郊行组织的存在。

厦门的铺商和行商

在网络中心厦门,行商(hangshang)代表定居商人最重要的团体。有必要在这里解释一下清代福建语境之下的"行"字。杨联陞强调"行"字在中文文本中的含义,说它暗指"贸易"更多于"行会"。② 基于对19世纪40年以前清朝的综合观察,他趋向于视"行"为特定贸易的集体,如果"行会"一词的使用"宽泛到包括那些没有会馆或公所"或"甚至没有行规的原始行会",他也不反对接受"行"作为"行会"的含义。③ 杨联陞的解释在沿海的福建并不适用,可以说,"行"与"牙行"(经纪公司)一词关系更大。政府颁发牙帖给经纪人,并期望他代表政府控制贸易。他会对价格、度量衡和质量进行适度调控,也负责记录交易中的客户详细信息和商品数量。④ 就福建海洋事务的情况而言,"行"意味着官方商号,而"行商"意味着官商。

傅衣凌在这方面有更多相关研究。据他研究,明代有一些福建海商充当授权经纪人("牙商"),受政府指派进行对外贸易。他们在当时的海上中心海澄被称为"铺商"。⑤ 当行商自海外贸易航行归来,他们不被准许卸货。官方的铺商将要登船而不是从行商手上购买("接买")货物。在铺商为货物

---

① 该寺庙由泉漳商人建于1715年,见连横:《台湾通史》,《台湾文献丛刊》第128种,1962年,第585页。
② 杨联陞:《传统中国政府对城市商人之统制》,《清华学报》新第8卷第1/2期(1970年8月),第195页。
③ 杨联陞:《传统中国政府对城市商人之统制》,《清华学报》新第8卷第1/2期(1970年8月),第195页。
④ 《钦定大清会典事例》卷七六五,第1a、3b、7b、14a页。
⑤ 傅衣凌:《明清时代商人及商业资本》,北京:人民出版社,1956年,第132~133、200页。

付过关税之后,海关官员才允许他们卸货。① 由于铺商实际上是采购,所以有人认为他们从这个意义上来说更像批发商而不是经纪人。据傅衣凌研究,清朝统治者在福建沿袭了明朝的做法。②

虽然没有直接的证据,但有人推测明代福建铺商是从登记在册的铺户中挑选出来的。一旦一个家族开始做生意或接受任命成为牙商,名字将会被记录在铺户登记册上。这种身份代代相传。这些铺户经常要以低于市场的价格甚至免费为地方衙门供应一切所需。在清初的几十年,这种做法维持不变。周亮工(1612—1672),杰出的学者和福建布政使,曾请求取消铺户制度。③ 显然,在地方户口登记中,铺户类别被保留下来,更多的是作为贸易或职业分类,而不是为了延续流弊。

清朝建立后,行商可能继续从铺户中任命。拥有财富、商业经验和良好的官方关系是得到任命的三个必要条件。④ 作为官方的商人,行家处在海运贸易的第一线。雍正年间,行商令没有"行"地位的铺户黯然失色,而且在文献中越来越频繁地被提及。

一份1728年的奏折清楚地表明,18世纪时,铺户和行家两种类型在厦门并存。⑤ 商人王沛兴就是一个很好的例子。1735年,王沛兴是行商,⑥ 但二十年后被称为铺商。⑦ 他很可能在晚年放弃了行商的任命。1757年的一条记录提到厦门是许多铺户和行家的家乡。⑧

从18世纪20年代开始,伴随着沿海贸易和南洋贸易的繁荣,从事海上贸易的商人进一步专业化。起初,经营外国商品的官方商号叫洋货行。它

---

① 张燮:《东西洋考》卷七,第2b～3a页,转引自傅衣凌:《明清时代商人及商业资本》,北京:人民出版社,1956年,第133页。

② 傅衣凌:《明清时代商人及商业资本》,北京:人民出版社,1956年,第201页。

③ 《福建通志》(1868—1871年版),卷五七,第36b页。

④ 所有这些条件体现在《宫中档康熙朝奏折》,福建水师提督施世骠康熙五十五年九月六日折;《宫中档雍正朝奏折》第9辑,福建总督高其倬雍正六年正月八日折,第568～569页;《钦定大清会典事例》卷七六五,第1a页;杨联陞:《传统中国政府对城市商人之统制》,《清华学报》新第8卷第1/2期(1970年8月),第193～194页。

⑤ 《宫中档雍正朝奏折》第9辑,福建总督高其倬雍正六年正月八日折,第568～569页。

⑥ 《宫中档雍正朝奏折》第24辑,福州将军阿尔赛、浙闽总督郝玉麟、福建巡抚卢焯及福建水师提督王春雍正十三年四月十八日折,第394页。

⑦ 《明清史料庚编》,第725页。

⑧ 《大清历朝实录:高宗朝》卷五三七,第34页。

们既出口土产到南洋,也为国内贸易进口洋货;换言之,它们控制了沿海和海外贸易。① 1726年巡抚毛文铨的奏折中报告,在所有的授权商家中,洋货行在厦门数量最多。② 沿海贸易量的增长导致官方决定,有必要让定居厦门的商人的职能多样化。1727年,出台一项新规定,所有的海外贸易应归洋行管理,沿海贸易应归商行管理。③ 我们虽然不清楚那时厦门的行的数量,但知道福建的所有洋行都在厦门。④ 据《厦门志》记载,1796年洋行减至8家,而商行的数量超过30家。⑤ 由于沿海贸易进一步扩张,商行的数量在18世纪下半叶可能有所增加。正如我在第二章谈到的,到18世纪末,商行甚至取代了洋行在海外贸易中的作用。史料也表明原本洋行的数量是多得多的。考虑到在雍正初年有大量销售洋货的官方商号,当时的洋行生意应该繁荣得多。⑥

尽管如此,不同商人之间的劳动分工并非界限分明。维持竞争符合官方的利益;当然,总是有空间让其他商人通过官方关系分享利益。比如,铺户对海上贸易事务仍有一定影响力,并履行通常对行商所要求的职责。1728年,一群以张喻义为首的铺商说服了水师提督蓝廷珍代表他们向总督申请放宽某些规定,以便行商和船员可以在厦门而不需要按规定回他们的

---

① 傅衣凌:《明清时代商人及商业资本》,北京:人民出版社,1956年,第205页。
② 《宫中档雍正朝奏折》第5辑,福建巡抚毛文铨雍正四年三月十日折,第689页。
③ 《厦门志》卷五,第28a、31a页。《厦门志》中并未记载商行何时开始主导沿海贸易,但18世纪末以前商行已发展得很好。傅衣凌认为这与洋行被授权管理海外贸易同时发生。见傅衣凌:《明清时代商人及商业资本》,北京:人民出版社,1956年,第205页。
④ 《明清史料庚编》,第533a页。
⑤ 《厦门志》卷五,第30b~31a页。
⑥ 这段解释有助于弄清楚厦门洋行兴起的问题。梁嘉彬:《广东十三行考》,上海:国立编译馆,1937年,第84页;傅衣凌:《明清时代商人及商业资本》,北京:人民出版社,1956年,第202页,沿用马士的解释,见 Hosea B. Morse, *The Chronicles of the East India Company Trading to China 1635-1834*, Vol. 1, Oxford: The Clarendon Press, 1926, p.176,他们认为厦门的洋行系统始于1724年,当时一群泉漳商人将他们在广州的业务撤回到厦门。厦门贸易的内在因素已在我的论述中得到强调;随着18世纪20年代海上贸易的扩张,商人活动的多样化是必然结果。

家乡获得航海许可证。① 虽然没能说服总督,②但他们得到了巡抚常赍的支持。③ 另外两个铺商,郑宁远和王沛兴于1754年被提及。上一年,一艘从吕宋来的西班牙船遭遇风暴,在厦门维修后,同知衙门指示郑宁远和王沛兴去找一艘在那个地区贸易的中国帆船,陪同西班牙船返回吕宋。他们还被要求雇用一些中国船员协助西班牙船航行。④ 在此例中,王沛兴继续被当地官员看作厦门的一位德高望重的商人,虽然他不再拥有行商的身份,正如我们前面提及的。

铺商和行商都有政府委派的另一项重要职能。官方期望他们在海上贸易中担任保家。在清朝最初的几十年,海澄和石码的商号已经在为海船做担保。1683年,所有的担保业务都移到厦门。⑤

1717年新海禁实施后,安全体系变得更加复杂。1718年,根据浙闽总督觉罗满保的建议,船只和船上所有的行商都需要保家担保。⑥ 1727年海禁取消时,高其倬进一步建议所有的出海民众首先应从他们家乡邻里中寻找一名担保人。地方官员会给他们发放带有个人信息的证照。出发港的官员将检查这些文件,并授予他们航海许可。⑦ 显然,新措施带来了极大的不便。虽然高其倬坚持他原来的计划,但行商们似乎可以在厦门官员的默许下毫不费力地在厦门找到担保。当登记在龙溪、海澄、漳浦和同安的沿海船只都在厦门获得担保时,规定最终不得不于1731年放开;甚至出海民众也可以在厦门获得证照,只要他们有这么做的充分理由。⑧

担保者对他客户的任何违法行为负有责任。比如1733年,厦门的行商

---

① 《宫中档雍正朝奏折》第9辑,福建总督高其倬雍正六年正月八日折,第568~569页。

② 《宫中档雍正朝奏折》第9辑,福建总督高其倬雍正六年正月八日折,第568~569页。

③ 《雍正朱批谕旨》第5函第2册,第44b~45a页,福建巡抚常赍雍正六年正月八日折,第1361~1362页。

④ 《明清史料庚编》,第725页。

⑤ 《厦门志》卷五,第28a、29b页;傅衣凌:《明清时代商人及商业资本》,北京:人民出版社,1956年,第201页。

⑥ 《大清历朝实录:圣祖(康熙)朝》卷二七七,第19a页。

⑦ 《宫中档雍正朝奏折》第9辑,福建总督高其倬雍正六年正月八日折,第568~569页;《雍正朱批谕旨》第5函第2册,第44b~45a页,福建巡抚常赍雍正六年正月八日折,第1361~1362页。

⑧ 《厦门志》卷五,第17页。

郑瑞听说他的客户蔡祖在泉漳人之中协助传播天主教,便立即向同知衙门报告以免受罚。① 1731年,行商陈柔远陷入了麻烦。他的客户石祥瑞,一名自营船主试图走私61担②铁和127个非法移民到吕宋,被官方逮住。③ 另一例发生在1736年。厦门的保家吴南珍为惠安船东陈吴胜做担保,陈吴胜的船被委派运输一批官方货物去台湾,返航时载回一船官粮。这一次,船由台湾另一个叫郭万盈的保家担保。但一场风暴将船吹到吕宋,船长在那儿卖掉了官粮。四年后审理时,两个保家都因担保非人而被判受罚。该判决后来得以减轻。④

以上所有的担保人都是行商,由此看来,每一个行商都有资格做担保人。1727年后,所有从厦门到南洋的洋船理论上由厦门的洋行担保,⑤沿海帆船由商行担保。⑥ 因此,承保商通常称"行保"。但实际上,其他声誉良好的铺商也被官方认可为出海者的担保人。比如,厦门的铺户遵从官府的指示,安排一艘洋船陪同西班牙船回吕宋,郑宁远便为船主做担保。

在这点上,厦门的担保体系与广州不完全一样,那里最著名的承保商人称"保商"。广州的担保体系始于18世纪30年代,主要为到达广州的外国船只提供担保。最初,只有一二个保商能提供这项服务。1745年,数量增加到5个,而广州当时有超过20家洋行。⑦ 这些保商由省级官员从洋行商人中挑选,他们财力雄厚。与之不同,厦门的承保商称行保或保家,为从厦门出发去沿海或南洋贸易的本地商人提供担保。在实践中,厦门每一个富商,不论有没有行商的身份,都有资格担此重任。

值得注意的是,正如傅衣凌所说,与停靠厦门的外国船只的贸易,没有

---

① 《宫中档雍正朝奏折》第22辑,福建总督郝玉麟及巡抚赵国麟雍正十一年十二月二十六日折,第472页。

② 一担为100斤。见 Ch'üan Han-sheng and Richard A. Kraus, *Mid-Ch'ing Rice Markets and Trade: An Essay in Price History*, Cambridge: Harvard University Press, 1975, p.79.

③ 《宫中档雍正朝奏折》第17辑,福建水师提督许良彬雍正九年三月十五日折,第789页。

④ 《明清史料庚编》,第705页。

⑤ 《厦门志》卷五,第29b页。

⑥ 《厦门志》卷五,第29b、31a页;傅衣凌:《明清时代商人及商业资本》,北京:人民出版社,1956年,第205页。

⑦ 梁嘉彬:《广东十三行考》,上海:国立编译馆,1937年,第86、94、100页。

自动纳入洋行商人的指定职能。① 这进一步表明洋行在厦门和在广州的作用不同。原因不难理解，外国船到厦门是特例，而非常态。无论什么时候有外国船只来贸易，官府将委派一名商人或从现有的行商甚至铺商中新选出一个特设小组，与外国贸易者打交道。这种做法的例子很多。早在1684年，当英国船"快乐号（Delight）"到厦门贸易时，官府任命一个叫凌官（Limia）的商人与之经营交易。② 1702年左右的官商是一个叫安官（Anqua）的人。两年后，安官搬到广州，他的职位由厦门的主要商人钦哥（Kimco）和沙邦（Shabang）接替，与外商贸易。③

按照规定，只有布政司才有权颁发"行"的许可证。然而，厦门官员经常无视规定，从中意可靠的商人中指派一个特设小组来处理外国船只的临时访问。比如，1716年，一艘法国船到厦门贸易，意在采购价值100000两的丝织品。以之前非官商以欺诈的方式与其他外国人交易为借口，水师提督施世骠与总督和巡抚商议后，亲自挑选了超过10名的殷实商人与法国商人接洽。④

1734年，一艘英国船停靠厦门港。尽管有洋行商人，水师提督王郡还是委托一个从富有行商中挑选出的团体为英国人安排买卖的事（代为买卖）。行商们随即会面进行内部商讨，并讨论如何按要求供货。相关方面经过一个月的协商后，行商们无法完成交易，英国船离开去往广州。照水师提督看来，厦门不是外国船只的常规停靠港。这次，一艘外国船只的到达再次让当地的行商措手不及。他们无法供应英国人定购的所有商品，因为他们

---

① 傅衣凌：《明清时代商人及商业资本》，北京：人民出版社，1956年，第205页。

② Hosea B. Morse, *The Chronicles of the East India Company Trading to China 1635-1834*, Vol. 1, Oxford: The Clarendon Press, 1926, p.56；梁嘉彬：《广东十三行考》，上海：国立编译馆，1937年，第59页；傅衣凌：《明清时代商人及商业资本》，北京：人民出版社，1956年，第200页。

③ Hosea B. Morse, *The Chronicles of the East India Company Trading to China 1635-1834*, Vol. 1, Oxford: The Clarendon Press, 1926, pp.125,128,131~132,135；梁嘉彬：《广东十三行考》，上海：国立编译馆，1937年，第68页；傅衣凌：《明清时代商人及商业资本》，北京：人民出版社，1956年，第200~201页。

④ 《宫中档康熙朝奏折》第6辑，福建水师提督施世骠雍正五十五年九月六日折，第595~596页。

无法按时去诸如湖广和江西之类的原产地组织货源。①

以上例子表明洋行不一定处理与外国船的所有交易。有时,与外国人交易的官商甚至不是从其中挑选的。1755年,一艘西班牙船到厦门。官方选派两个铺户,林广和与郑德林,并预付他们50000西班牙银圆,以便他们在苏州和广州采购订货。②换句话说,和官府关系良好的声誉卓著的铺户,与行商在和到港外国船的直接贸易上享有同等机会。

这些行商和一些富有铺户作为进出口商联结着海外和沿海网络。在这项职能中,他们为洋船供应中国土产。1757年年初,他们的仓库两次毁于火灾,超过10艘洋船无法启程,因为它们没能获得足够的出口货物。③

行商还有其他职能。1726年的一份奏折显示,厦门行商许藏兴等人,是授权的海关包税人。从1717年海禁前被任命以来,他们已经承担这项职能许多年了。④他们的职责包括定额海运收入的征收。为此,厦门必须有足够的洋货供应以满足其他省份的需求。这在海禁期间变得更加困难,当时这类货物大多只能走私进岛,供应短缺也危及关税征收。因此,许藏兴和他的同事向巡抚毛文铨请愿放宽海禁。在其他场合,行商也为政府贡献他们的商业专长和能力。比如,1733年,官府请他们协助为一船没收的货物估值。⑤1742年,当一个朝贡团带着各种各样的南洋物产从苏禄来到厦门时,官方让使团使用行商李鼎丰的仓库,李鼎丰的行也被指示按市场价销售货物给使团。⑥

总之,以上研究显示铺户和行商是两种类型的商人。富有的铺户可以申请特别许可和授权,成为海事业务的行商。如果愿意,他们之后可以辞去任命。即使没有行的身份,富有的铺户也可以成为海上担保人,或被给予优待,直接与外国船只交易。

------

① 《宫中档雍正朝奏折》第23辑,福建水师提督王郡雍正十二年七月十九日折,雍正十二年九月六日折,第304、483页。

② 转引自傅衣凌:《明清时代商人及商业资本》,北京:人民出版社,1956年,第206页。傅衣凌猜想这两个铺户是洋行商人,但他没有提供证据以支持他的说法。

③ 《大清历朝实录:高宗朝》卷五三七,第34页。

④ 《文献丛编:雍正朝关税史料》第17辑,第3页。

⑤ 《宫中档雍正朝奏折》第21辑,福建总督郝玉麟及巡抚赵国麟雍正十一年二月二十日折,第156页。

⑥ 《明清史料庚编》,第709b页。

至于行商,其体系本身是一个经纪("牙")机构的延伸。根据原来的做法,经纪人在商业交易中充当中介——他们不一定为自己买卖。在被任命为授权经纪人时,他们甚至还不是商人。更多的时候,他们担任买卖双方的代理人,[1]从每笔交易中收取佣金。然而,在沿海的福建,授权经纪人甚至在明代就已发挥批发商的作用,而不仅仅是商业中介。在18世纪初的清代,行商在厦门仍然习惯称牙行,[2]表明他们作为经纪人的中间人角色。然而,经纪业务只是他们生意的一方面。因此,傅衣凌认为"洋行即是牙行,纯为贸易的中介团体"[3]就很令人意外。傅衣凌的结论也与他的牙行作为商人自己也做买卖的全面认识相矛盾。如前所述,在厦门,只有富有的商人才会被挑选为行商。

通常,行商在海上贸易中占据有利及特权地位。因此,他们经常被当时的西方同行和现代学者认为是一个垄断集团。[4] 行商负责海上贸易的实际管理,这是为了确保更有效地控制。话虽如此,要记住一点,垄断是清政府不太愿意推动的举措,《钦定大清会典》禁止市场垄断("把持行市")。[5] 19世纪初这方面的两个例子值得注意。

1813年,厦门仅存的一家洋行"和合成",申请为所有从厦门到广州出口南洋的商船担保运输货物的权力,起初获得了批准。出人意料的是,官方的决定遭到了厦门商行的强烈反对。四年后,总督中止了这项权力以避免他所说的垄断。[6] 1821年,由于最后的洋行商人因为年老体衰递交了辞呈,厦门当局便任命14家商行联合执行洋行的职责。曾有计划从14人中任命一个督商,但被福州将军给否决了,因为他担心这可能会造成垄断。清政府

---

[1] 比如,见刘重日、左支鹏:《对"牙人""牙行"的初步探讨》,《文史哲》1957第8期,第38~39页。作者总结说,牙人既不是买方也不是卖方,仅仅是中间人,他们甚至都不必掌握大额资金。

[2] 比如,这一术语也见于《宫中档雍正朝奏折》第23辑,福建水师提督王郡雍正十二年七月十九日折,第304页。

[3] 傅衣凌:《明清时代商人及商业资本》,北京:人民出版社,1956年,第204页。

[4] 比如,Hosea B. Morse, *The Chronicles of the East India Company Trading to China 1635-1834*, Vol. 1, Oxford: The Clarendon Press, 1926, p.56;梁嘉彬:《广东十三行考》,上海:国立编译馆,1937年,第59、68页;傅衣凌:《明清时代商人及商业资本》,北京:人民出版社,1956年,第201页。

[5] 《钦定大清会典事例》卷七六五,第7b页。

[6] 《厦门志》卷五,第30b~31a页。

所追求的是利益和责任之间的平衡。①

至此,"行"这个字已用于表示被授权控制某一地区贸易的个体商人或他们的商号。是行会,还是广州叫的公行,则不能确定。尽管外国商人的印象中厦门在康熙年间有过垄断组织,②而且行商之间确实存在配合和协商,③但中文史料没有任何线索证实有一个正式协会的存在。

总之,有两类坐贾——铺户和行商——代表了厦门商业界的核心人物。他们从海上贸易中积累财富,甚至他们那部分来自收费的收入也相当可观。除经纪费和担保费之外,有理由相信货运、订货和租船都是通过授权的铺商和行商来做。考虑到厦门网络的贸易密度、贸易量和贸易额,以每笔货物价值的5%作为佣金将是很大的收益。④

同乡外的联系

福建人的商业成就可以归功于他们的迁移特点,建立同乡外的联系的意愿,以及可同化性。建立家乡外的据点,不仅扩大了他们的商业影响,而且也避免了一个地方的生意遭受不可预测的打击。18世纪时他们在沿海不同地区的广泛分布已经在前文讨论过,下文将用具体例子来阐述刚刚提到的特征。

从根本上来说,"行"的生意向广州扩张是福建人的贡献。1704年,厦

---

① 《厦门志》卷五,第30b~31a页。

② Hosea B. Morse, *The Chronicles of the East India Company Trading to China 1635-1834*, Vol. 1, Oxford: The Clarendon Press, 1926, pp.56, 131~132.

③ 比如,《宫中档雍正朝奏折》第23辑,福建水师提督王郡雍正十二年七月十九日折,第304页。

④ 18世纪初,最高收费大约5%似乎是惯例和官方许可的。19世纪初,厦门的保家"向出口商强取6%,进口商强取5%的关税",见John Crawfurd, *History of the Indian Archipelago*, vol. 3, Edinburgh: Archibald Constable & Co., 1820, p.170. 19世纪初,船行担负10%~20%的"用钱",福建官府认为商人的负担太重,因此,官府规定费用应固定为6%,见《福建省例》,《台湾文献丛刊》第199种,1964年,第681页。1873年,准许费率提升为12%,见加藤繁:《清初福建江苏船行》,《史林》第14卷第4期(1929年10月),第534页。在船行这里,"费"也指运输保险。虽未指出具体时间,马若孟(Ramen H. Myers)在一篇综述文章中提道:"这些船行接收3%~13%的佣金,向客户保证快速安全的航行,将风险降到最低。"见"Some Issues on Economic Organization during the Ming and Ch'ing Periods: A Review Article", *Ch'ing-shih wen-ti*, Vol. 8, No. 2 (Dec. 1974), p.82.

门一个叫安官的行商,已经开始了他在广州的生意。他从那里与外商保持密切联系。① 另一个在广州的杰出福建人是潘启(以潘启官著称)。潘启的祖先原本是龙溪人,后来搬到同安并在当地入籍。潘启出生于1714年,据说他年轻时曾在厦门当学徒,成年后,他去广州做自己的生意,接着与吕宋和其他南洋国家进行贸易。之后,他在广州加入一家"行",并担任经理。积累了足够的资金和经验后,他获得许可建立了自己的洋行,名叫"同文行"。② 实际上,广州的大多数行商原本都是福建人。③ 尤其是在海禁的十年(1717—1727)间,广州的福建人基地使他们可以更方便地继续海外生意。

1724年,在广州的福建商人与广东官员有矛盾时,他们中的一些人迁回了厦门,包括寿官(Suqua)、寇卢(Cowlo)和其他人。

在宁波的福建人作用突出,表现在1728年浙江和江苏官府将他们中的四人和另外四名浙江商人任命为"商总"。这八名"商总"共同控制对日贸易,并担任赴日商人的担保人。④ 18世纪50年代英国商人前来贸易时,他们的主要联络人是郭益隆、李元祚、辛(信)廷英和廷英的弟弟廷芬。他们都是来自福建的行商,⑤显然,福建人是宁波行商中的主力。

在区域外的活动中,家族或宗族联系只在家族生意的界限内才重要。贸易的顺利进行往往要求与非亲属建立更广泛的人际关系。这种联系常常可以根据他们的原籍府县或泉漳二府的兄弟关系,建立在同乡纽带的基础之上。比如,在苏州,至少从18世纪早期开始,就有一座泉州会馆(同乡协会)和另一座漳州会馆。⑥ 前者是晋江商人曹士馨创建的,他在苏州居住了

---

① Hosea B. Morse, *The Chronicles of the East India Company Trading to China 1635-1834*, Vol. 1, Oxford: The Clarendon Press, 1926, p.135;梁嘉彬:《广东十三行考》,上海:国立编译馆,1937年,第68页。

② 梁嘉彬:《广东十三行考》,上海:国立编译馆,1937年,第126、261页。1753年潘启是与东印度公司做生意的行商。见 Hosea B. Morse, *The Chronicles of the East India Company Trading to China 1635-1834*, Vol. 1, Oxford: The Clarendon Press, 1926, pp. 291,294.

③ 梁嘉彬:《广东十三行考》,上海:国立编译馆,1937年,第3、53页。

④ 《宫中档雍正朝奏折》第12辑,署理江苏巡抚尹继善雍正六年十二月十一日折,第46页;《宫中档雍正朝奏折》第12辑,浙江总督李卫雍正六年十二月十一日折,第58页。

⑤ 梁嘉彬:《广东十三行考》,上海:国立编译馆,1937年,第113页。

⑥ 《晋江县志》(1765年版),卷一三,第12a页;《泉州府志》(1763年版),卷六〇,第94b~95a页;《江苏省明清以来碑刻资料选辑》,北京:三联书店,1959年,第659页。

15年。从同安、龙溪和海澄来的商人在上海合建了泉漳会馆,从1757年开始建造,花了6年时间完成。① 1800年以前,上海可能还有其他福建会馆,当时福建人在这座城市的贸易地位正处于顶峰。不幸的是,史料中没有谈及某些福建会馆的确切年代,它们在19世纪早期还依然存在。② 乾隆中期,同安商人潘启在广州建立了湄洲会馆,为泉漳商人提供了一个聚会场所。③ 因此,这些例子反映了商人在建立同乡协会中所起的积极作用。④

然而,会馆组织代表的,仅仅是便利性和补充性的协会组织,以应对在省外聚集地的社会经济需求。它们不是唯一的组织形式,并不代表狭隘主义。韩格理(Gary Hamilton)令人信服地证明了,从同一地区来的人愿意加入一个大范围的同乡组织,体现出地区间的不同结合。而且,"在一个地方会被区别对待的人,在另一个地方可能会加入同一个协会"。⑤

韩格理接着讨论说,中国商人的商业成就也是"因为他们的非正式联合和他们的商业实践"。⑥ 他指出的一个方面是雇主和雇员之间的关系。⑦ 即使是中国商界中很普遍的家族生意,也经常雇请非亲属成员,"他们担任这项工作,期望几年内自己可以成为独立的手艺人或商人"。⑧ 因为学徒需要

---

① 根岸佶:《中国行会研究》,东京,1953年,第114~115页。
② 王韬:《瀛壖杂志》卷一,第6a页,《笔记小说大观》第2编第9册,第5277页。王韬说在上海有6个或7个福建和广东会馆。其中,泉漳和惠潮会馆最多。
③ 梁嘉彬:《广东十三行考》,上海:国立编译馆,1937年,第262页。
④ 何炳棣:《中国会馆史论》,台北:学生书局,1966年,第38页。
⑤ Gary G. Hamilton, "Nineteenth Century Chinese Merchant Associations: Conspiracy or Combination? The Case of the Swatow Opium Guild", *Ch'ing-shih wen-t'i*, Vol. 3, No. 8 (Dec. 1977), pp. 61~62.
⑥ Gary G. Hamilton, "Nineteenth Century Chinese Merchant Associations: Conspiracy or Combination? The Case of the Swatow Opium Guild", *Ch'ing-shih wen-t'i*, Vol. 3, No. 8 (Dec. 1977), p.63.
⑦ Gary G. Hamilton, "Nineteenth Century Chinese Merchant Associations: Conspiracy or Combination? The Case of the Swatow Opium Guild", *Ch'ing-shih wen-t'i*, Vol. 3, No. 8 (Dec. 1977), p.63.
⑧ Gary G. Hamilton, "Nineteenth Century Chinese Merchant Associations: Conspiracy or Combination? The Case of the Swatow Opium Guild", *Ch'ing-shih wen-t'i*, Vol. 3, No. 8 (Dec. 1977), p.63.

有人为他的信用做担保,同乡自然会经常被引荐和雇用。[1] 通过这种方式,雇主可以找到忠诚的店员。雇主也有义务帮助有能力的伙计开展他自己的业务(如果伙计将来决定这么做的话),但这对雇主来说也是有利的,他可以通过学徒体系建立联系网络。许多商人从没有任何商业背景的家族踏入商界,同一个体系也为他们提供了加入商业圈、白手起家的机会,一个好例子就是前面提到的潘启。他家世清寒,但通过关系,得以从厦门到了广州。从那里开始,他去南洋做生意。在他成为一名杰出商人之前,他为一位姓陈的洋行商人做事。后来的经历正如预料的那样,由于潘启的诚实和信用,陈信任他并让他全权管理"行"。几年后,潘启在"行"的生意上已有足够的经验,于是在广州开办了他自己的洋行。[2]

尽管如此,在贸易网络内建立联系并不仅限于共同的地理来源,同样的经济利益已经成为将各地商人汇合在一起的更重要的因素。向所有同行开放的行会组织就是一个明显的例子。在广州,公行包括所有尤其是与欧洲人做生意的行商。[3] 当他们合作担任商总时,类似的协会也在福建和浙江商人中建立起来。1734年,浙江商人重修了宁波镇海的商会公庙天后宫。正如斯波义信的解释,"到最后……她的作用范围更加扩大,不管哪里的航运代理,都在长江下游地区为天后建庙"。[4] 甚至在大部分商人是福建人的台湾,"郊"这种组织从涉足同行业的人中吸纳会员,就像其他行会一样。总之,行会的作用是保持"一个稳定的经济环境,使每个成员可以进行活动,而没有外人的竞争,也不致发生同行间削价抢生意的情况"。[5]

尽管关心它们共同的家乡或经济利益,同乡会和行会极少成为社会飞地;相反,它们参与当地的文化和社会活动。商人通过捐款和资助地方项

---

[1] Gary G. Hamilton, "Nineteenth Century Chinese Merchant Associations: Conspiracy or Combination? The Case of the Swatow Opium Guild", *Ch'ing-shih wen-t'i*, Vol. 3, No. 8 (Dec. 1977), p.63.

[2] 梁嘉彬:《广东十三行考》,上海:国立编译馆,1937年,第261页。

[3] Hosea B. Morse, *The Chronicles of the East India Company Trading to China 1635-1834*, Vol. 1, Oxford: The Clarendon Press, 1926, pp.163~164;梁嘉彬:《广东十三行考》,上海:国立编译馆,1937年,第77~82页。

[4] Shiba Yoshinobu, "Ningpo and Its Hinterland", *The City in Late Imperial China*, ed. G. William Skinner, Stanford: Stanford University Press,1977, p.416,423.

[5] Peter J. Golas, "Early Ch'ing Guilds", *The City in Late Imperial China*, ed. G. William Skinner, Stanford: Stanford University Press,1977, p.569.

目,参与当地的公益事业。正如韩格理所指出的,他们也帮助贯彻道德和经济行为准则。① 此外,他们还协助政府征税和规范贸易行为。

再一次,台湾的郊行提供了一个好例子。正如所预料的那样,寺庙作为商会的总部,是团结的核心。天后(妈姐)是最广泛的崇拜对象。每年,行会成员们选定一个以"炉主"——香炉之主,为首的管理委员会。炉主也是行会的首领。因为成员不是很多,每个人都互相熟悉,选举基于共识而非对抗。被选出的行会首领不仅因为富有,还因为受人尊敬。一旦当选,他的权威允许他势如家长,地方官员也愿意支持他的权威。实际上,在一个像台湾这样偏远的移民社会,商人在城市社区发挥的影响远远超过大陆,他们甚至被官员们看作绅士。郊商在18世纪中叶的台湾已超过当地学绅,成为社会机构的主要资助者。他们是经济支柱,同时拥有社会声望和政治影响力。②

地方参与和他们的贸易方向促进了来自不同地区的商人间的结合趋势。公会寺庙,特别是那些天后宫之类的公共活动中心对此有进一步推动作用。它们可以在商人间培养合作与整体精神。甚至同乡会往往也适应新的地方,韩格理正确指出,因为它们中的多数"是在各个地方独立组织的……"换句话说,它们"是严格的地方组织,即使它们的组织者不是本地人"。③ 适应地方的所有这些特性为福建商人融入所在城市的社会经济网络提供了有利条件。④ 在广州的福建行商们只是其中一例。在上海,许多福建商人已经在当地登记户口而"成为本地人"。⑤ 通过这种方式,无论走到哪,他们都可以渗透到当地网络中。他们的成功是由于他们愿意灵活融入东道主的商业圈。

福建商人经常会发现在省外的活动中,做派系内的生意是不可能的,因为当地缺少一定规模或稳定的福建人社团。在这种环境下,他们迅速与当

---

① Gary G. Hamilton, "Nineteenth Century Chinese Merchant Associations: Conspiracy or Combination? The Case of the Swatow Opium Guild", *Ch'ing-shih wen-t'i*, Vol. 3, No. 8 (Dec. 1977), p.66.

② 《台湾南部碑文集成》,《台湾文献丛刊》第218种,1966年,第89页。关于郊行的概述基于该书中收录的碑文,根据碑文的记载,为地方项目捐款的主要是商人。

③ Gary G. Hamilton, "Nineteenth Century Chinese Merchant Associations: Conspiracy or Combination? The Case of the Swatow Opium Guild", *Ch'ing-shih wen-t'i*, Vol. 3, No. 8 (Dec. 1977), p.62.

④ 何炳棣:《中国会馆史论》,台北:学生书局,1966年,第114页。

⑤ 王韬:《瀛壖杂志》卷一,第6a页,《笔记小说大观》第2编第9册,第5277页。

地生意人建立起良好关系。比如,前面已经提到的从同安来的行商和船主金隆顺,与山东省胶州本地的行商王源盛保持着长久的良好关系。无论金隆顺什么时候到胶州,他都住在王源盛的店铺。王源盛担任金隆顺的担保人。当金隆顺于1728年被官府怀疑涉嫌参与海上非法活动时,王源盛能够凭他们相交已久为他辩护。①

同乡外的联系中,最后但同样重要的一点是与政府官员关系良好。下面的例子可以说明这点。1730年,朱叔权被任命为兴泉道。当他在厦门时,商人与他已经建立起良好的关系。1740年,朱叔权调任广东粮道,在广州超过千人的泉漳贸易社团隆重欢迎他的到来。每次他因公务离开广州,泉漳商人总是聚集在码头为他送行。三年后,他被贬职到天津担任同知。他通过陆路前往北方,广州的泉漳人护送他到省界才向他告别。他在天津任职期间,几百名在城里做生意的福建商人在他生日那天到他的住处为他贺寿。与此同时,天津港所有的福建商船举办了一场张灯结彩的庆典。商船连绵数里,庆典在灯笼、焚香和音乐中持续了三天。② 如此精心培养的良好关系,当然有开花结果的时候,至少它们会促成更便利的贸易安排。

---

① 《宫中档雍正朝奏折》第11辑,松江提督柏之蕃雍正六年十二月五日折,第917页。
② 《泉州府志》(1973年版),卷三二,第3页。朱叔权任职的时间,见《福建通志》(1868—1871年版),卷一〇七,第23b、25a页;《广东通志》(1864年重印),卷四四,第16a页。

第五章

社会政治环境

国家与贸易

在明清之交的动乱中，福建人拓展了他们与南洋和日本的海运贸易。清政府建立后，他们在郑成功的领导下成为忠诚于明朝的人，并且对新政权采取了不妥协的抵抗策略。康熙帝在统一台湾后显示了相当的克制，没有对被征服的沿海居民采取报复手段。福建人不仅被允许保留他们的贸易，甚至还可以进一步扩大沿海贸易网络。

一开始，康熙帝对海上贸易巧妙地采取了实用主义的办法。精力充沛的雍正帝则相当灵活。在漫长的乾隆帝时期，海外和沿海贸易继续繁荣发展。福建商人意识到，与官员建立友好互利的关系于己有利。如此，海盗转化成驯服的海洋人群，愿意在国家体系内活动。

政治和经济方面的考量支配着清廷对海上贸易的态度。至于政治方面，朝廷最在意的是沿海安全，体现在朝廷的讨论和当时的著述中经常使用"海防"一词。海上贸易经常被朝廷视为与沿海安全密切相关的因素。朝廷完全意识到沿海省份福建省的政治脆弱性。康熙帝曾评论道，福建人是不安分的民众，[1]福建是国内最麻烦的地区。[2] 雍正帝也持同一观点。他认为福建是最具战略性的地区，并且认为地方官府应采取一切措施稳定那里的

---

[1] 《大清历朝实录：圣祖（康熙）朝》卷二四三，第12b～13a页。
[2] 转引自川口长孺：《台湾割据志》，《台湾文献丛刊》第1种，1957年，第71页。

局势。① 例如,福建大米短缺会使朝廷大为警惕,并引发对当地动乱的担忧。② 清廷已经把大米视为维持社会稳定的重要因素,用于救济短缺地区的大米贸易自然被朝廷视为地方的优先事务。朝廷甚至采取激励机制鼓励进口国外大米。③ 此外,清廷也认识到闽南人依赖海上贸易维持生计。无论什么时候福建官员向朝廷请求放开海禁,他们确信可以通过重复众所周知的沿海数府自产的粮食几乎无法养活过于稠密的人口,不得不依赖海上贸易为生的说法,来说服朝廷。这是1684年④和1727年⑤朝廷两次决定开放海禁的根本原因。

对海上安全的敏感可能是把双刃剑,因为它以牺牲贸易为代价。朝廷限制甚至时不时地禁止海上贸易是出于安全考虑,而不是对商人意识形态的偏见。不用说,平定郑氏抵抗之前的海上禁令是由于政治原因而实行的。1683年后,一些限制性规定仍然有效。比如,朝廷限制出洋船只的数量及每艘船上的船员人数,以防止出海民众勾结在一起,从事危及海洋安全的活动。⑥ 官方也严禁任何诸如铁器、造船材料、武器、硝石、火器和大米之类的物品输往海外,⑦主要是担心这些物资可能会供应给海外流民,果真如此将危及海防。1694年,朝廷进一步出台禁令,不准从海外运回武器和在海外制造的船只。政府发现很难控制未登记的船只,而且担心这些武器和船只可能落入海上叛党手中。⑧ 同样有害的是涉嫌向外国走私大米,对此,朝廷的不安是可以理解的,因为大米短缺是东南省份的常态,特别是福建承受不起这种损耗。大米外流将理所当然地把米价推到较高水平,并危及地区稳定。甚至到了后期,出于国内短缺的考虑,朝廷决定禁止其他商品的出口。

---

① 《宫中档雍正朝奏折》第7辑,福建总督高其倬雍正五年四月四日折,第897页。参见朱批部分。
② 《大清历朝实录:圣祖(康熙)朝》卷二四三,第12b~13a页。
③ 比如,见《福建通志》(1868—1871年版),卷二七〇,第11b页。
④ 《大清历朝实录:圣祖(康熙)朝》,卷一一六,第18a页。
⑤ 《大清历朝实录:世宗朝》,卷五四,第20页。
⑥ 施琅:《靖海纪事》,《台湾文献丛刊》第13种,1958年,第94页。
⑦ 《大清历朝实录:圣祖(康熙)朝》卷一一七,第10b页;《厦门志》卷七,第8b~10a页;《福建通志》(1868—1871年版),卷二七〇,第10b~12b页。
⑧ 《明清史料丁编》,第756~757页。

比如,丝织品的价格高涨和国内短缺,导致 1759 年朝廷禁止丝织品出口。①此外,朝廷极不情愿外国人踏足沿海地区,因此在 18 世纪试图限制西方人只能访问广州这一个港口。

1717 年康熙帝颁行的禁海令最能反映朝廷在贸易限制中的安全意识。做出该决定的原因是复杂的,但是,所有这些都与安全问题有关,而非歧视贸易活动。第一,皇帝早些年南巡到苏州时听闻,那里打造的许多洋船被销往海外。朝廷也怀疑福建船舶走私造船材料,比如把桅杆输往海外市场。第二,大量的海外华人,尤其是那些在吕宋岛和巴达维亚的人,以及在往来于福建和广东的运米船上工作的几千名海员,都被政府看作潜在的流民和叛乱分子。第三,朝廷对当地民众与外国人的频繁接触甚感不悦,担心泄漏国防机密。第四,官方希望制止沿海地区走私大米到海外国家。②

总之,朝廷过度担忧安全问题了。值得注意的是,1717—1727 年的十年海禁是试图限制部分南洋贸易,尤其是与吕宋和巴达维亚的贸易,不包括国内沿海贸易。③ 对海上贸易非全面的禁止,清楚地表明这不是出于意识形态方面的决策。

尽管朝廷对海上贸易的务实态度和对海上安全的敏感性之间存在着相互冲突的政策目标,但政府的立场正如《泉州府志》的编撰者恰如其分地描述的那样:

> 泉滨海三百余里,鱼盐之利,民倚为生。而舟航流通,百货云集,尤借海以运。然考之旧志,泉地煽动海寇居多,故海禁不可过严,而海防不可不豫也……④

虽然政治上的成见解释了海上限制的非意识形态方面,但朝廷仍对经济需求有了一定的理解。康熙帝和雍正帝都表现出了这种敏感性。1684年,当朝廷官员对解除海禁犹豫不决时,康熙帝指出,既然沿海民众靠贸易和捕鱼为生,海禁没有理由继续。在他看来,解除海禁有利于国计民生。⑤

---

① 《宫中档乾隆朝奏折》(未出版),浙闽总督杨廷璋及福建巡抚定长乾隆二十九年二月二十八日折。
② 《大清历朝实录:世宗朝》卷五四,第 20 页。《福建通志》(1868—1871 年版),卷一四〇,第 9b~10a 页;卷二七〇,第 10b 页。《明清史料丁编》,第 790 页。
③ 《文献丛编:雍正朝关税史料》第 17 辑,第 8a 页。
④ 《泉州府志》(1763 年版),卷二五,第 1a 页。
⑤ 《大清历朝实录:圣祖(康熙)朝》卷一一,第 3b~4a 页。

而且，别的省也可以分享福建和广东海上贸易增长带来的繁荣。皇帝继续谈到，一个直接的好处是可以征收富商缴纳的关税。有了这一收入来源，两个沿海省份的军事开支就可以自给自足，内陆省份就可以免除将有限的收入转用于这些费用的负担。①

在涉及海上贸易的商品中，朝廷最在意大米是可以理解的。至于大米短缺的原因，两位皇帝有各自的理由。在一份1712年的谕令中，康熙帝评论说，米价的上涨通常是收成不好的结果。但是，让他吃惊的是，一些丰收的年份，米价也没跌落。一些官员对他说，那是因为民众中酿酒的普遍做法消耗了大量的粮食。皇帝驳回了这一解释，理由是在这种情况下，高粱比大米更多地用于酿酒。如果酿酒真是一个因素，高粱的价格也应上涨。然而，高粱仍然比大米便宜。他也不相信另一种说法，即大米价格操纵在富户手中。据他所知，丰收会降低价格，从而阻止所谓的投机行为。最后，他得出结论，认为人口增长导致土地短缺，失业农民增加。② 无论皇帝是否对形势有充分的把握，他的推理至少防止了他瞄准米商。

雍正帝关于同一话题的观点甚至更发人深省。1727年，他将福建和广东的大米短缺都归咎于当地民众太过热衷于种植能带来眼前利益的龙眼、甘蔗、烟草、靛蓝等经济作物。结果，居民变得富有，但大米却稀缺而昂贵。虽然皇帝不反对种植经济作物，但他认为应该优先种植水稻。他敦促地方官员"劝导习俗"。③

换句话说，这两位皇帝并没有试图压制商业活动。他们也没有依照传统的儒家教导，强迫其子民保持以农耕或粮食生产为本，从而秉承传统的儒家学说。

为了确保东南沿海省份大米供应充足，朝廷持对贸易有利的态度，并期望地方政府"通商便民"④，尤其是大米贸易方面。朝廷和地方都完全理解大米从过剩地区到短缺地区的"自然循环"⑤是稳定米价最有效的办法。政

---

① 《大清历朝实录：圣祖（康熙）朝》卷一一六，第18a页；《明清史料丁编》，第745b页。
② 《大清历朝实录：圣祖（康熙）朝》卷二五九，第11b～12a页。
③ 《文献丛编：雍正朝关税史料》第17辑，第7b～8a页。
④ 《宫中档雍正朝奏折》第6辑，镇海将军何天培雍正四年七月二十日折，第323页。
⑤ 即自然流通。《宫中档雍正朝奏折》第7辑，福建总督高其倬雍正五年四月四日折，第897页。

府除了为救济或稳定米价而积极参与从一个地区到另一个地区的大米运输外,①也支持行商在其中发挥的作用。政府在严重短缺时期的介入被视为临时救急,由商人承担的大米贸易作为在通常情况下满足需求的最有效的措施,为政府所接受。②

大米的大量出口往往会驱使米价高涨或导致大米产区粮食短缺。在此情况下,地方政府和城镇居民都发现有必要暂停进一步出口。当地商人也囤积大米,雍正帝对此表示不悦。他屡次颁旨,指出大米过剩地区的官员不得阻止行商购买和运输大米。③ 秉承皇帝的愿望,福建总督刘世明甚至向前迈了一步,"与民讲求",并向"绅衿和富户"呼吁从别的地区进口大米。④

朝廷采取了一项灵活的措施促进大米贸易。1693年,康熙帝指示户部通过授予许可证和发放免息贷款鼓励富商从事大米贸易。⑤ 虽然1717年实行海禁的原因之一是禁止沿海大米航运,但康熙帝颁令,商人可以运输大米到福建。⑥ 台湾和福建之间的大米贸易在整个封锁期也是被允许的。⑦ 实际上,大米贸易在海禁的十年内势头越来越猛。

换句话说,无论是康熙帝还是雍正帝都没有对商人或其商业活动表现出任何特别的偏见。比如,康熙帝于1681年指出,商人属于四民之一,他们的财富应平等地受到国家保护。⑧ 雍正帝也持相似观点。1729年,他颁旨宣布富户亦是国家的良民,因为他们的财富要么是从前人那里继承的,要么是通过他们的商业努力和节俭积累的。⑨ 有一次,他提醒一位巡抚,决不应该歧视富户。按照皇帝的说法,这些人可能常常过着奢侈的生活,但如果他

---

① 如运济(提供救济)及平粜(稳定价格)。

② 《宫中档雍正朝奏折》第6辑,镇海将军何天培雍正四年七月二十日折,第323页。

③ "阻止购买大米"的措施被称为"遏籴",见《宫中档雍正朝奏折》第6辑,镇海将军何天培雍正四年七月二十日折,第323页。

④ 《宫中档雍正朝奏折》第19辑,福建总督刘世明雍正十年正月二十六日折,第358页。

⑤ 《大清历朝实录:圣祖(康熙)朝》卷一五八,第5b页。

⑥ 《大清历朝实录:圣祖(康熙)朝》卷二九三,第6b页。

⑦ 杨景仁:"通商",《筹济编》,《皇朝经世文编》卷四一,第44b页。

⑧ 《东华录》(康熙版),卷二八,第2b页。清时四种在册人口(四民)为军、民、商、灶,然而,正如杨联陞所说,"商"即商籍,仅指盐商,非商人总称",见杨联陞:《传统中国政府对城市商人之统制》,《清华学报》新第8卷第1/2期(1970年8月),第192页。当1681年康熙帝论及于此,他用了"商民"和"商人"两个词,可能表明他想到的是所有商人。

⑨ 《福建通志》(1737年版),卷首,第27a页。

们从未违法,地方官府就应该对他们保持容忍。①

在康熙和雍正时期的其他记录中,我们发现了几处朝廷对商业活动持赞许态度的表述。朝廷经常指示官员"恤商",不仅要"裕课",而且要"裕民"。② 1686年,康熙帝对全国各地关员的违规行为表示不满。他警告他们,如果商人不堪重负,将有损国民经济;只有通过海关的妥善管理,才能"百物流通,民生饶裕"。③ 雍正帝表达了同样的关切,他谕令各省关员"国家之设关税,所以通商,而非以累商;所以便民,而非以病民也"。④

按照朝廷对商人的仁政,海关管理也采取了相应措施。1685年,朝廷采纳伊尔格图的建议,考虑到进口奢侈品比以前减少,由广东、福建、浙江和江苏4个海关征收的关税应减少20%。⑤ 1689年,福建海关被准许进一步减少关税6494两。⑥ 1718年,朝廷接受了总督觉罗满保的提议,为避免双重收税,厦门海关不应征收从台湾到其他沿海港口的过境船只的税。所有这些商船只需在最后到达港一次性缴税。⑦

雍正帝也试图控制海关征收的关税"赢余"。在清代,除了常规关税外,此类税额征收经朝廷公开准核,官员可以用于地方的公共开支和私人消费。皇帝期望官员不时向他报告赢余数额和使用情况。他要求官员注意额外征税不能使商人不堪重负,而且不得额外私自征税。⑧

最为重要的是1724年向全国各关口颁发的旨令,规定税关应将所有须征税的商品以印刷品的方式公开,并向每个商铺发放副本。所有与海关事务有关的公告应张贴于主要大街上,以便民众充分知晓,以防关员的任何非法行为。朝廷于1732年进一步决定,省府应指示其与口岸相近的地方官府印刷涵盖所有相关信息的小册子出售给商人。每本小册子收工本费0.02

---

① 《宫中档雍正朝奏折》第7辑,苏州巡抚陈时夏雍正五年三月十七日折,第635页。
② 比如,《大清历朝实录:圣祖(康熙)朝》卷一二一,第7a页;卷一二四,第13b~14a页;卷一二六,第23页。
③ 《大清历朝实录:圣祖(康熙)朝》卷一二四,第13b~14a页。
④ 《大清历朝实录:世宗朝》卷一〇,第4页。
⑤ 《福建通志》(1868—1871年版),卷二七〇,第10a页。
⑥ 《清朝文献通考》卷二六,第5079页。
⑦ 《福建通志》(1868—1871年版),卷二七〇,第11a页。
⑧ 《宫中档雍正朝奏折》第1辑,镇海将军何天培雍正元年九月九日折,第685页;第2辑,雍正二年四月十日折,第438页。《宫中档雍正朝奏折》第2辑,江西巡抚裴幰度雍正二年三月二十八日折,第438页。

两。此外，省府也应不时指派官员巡查海关告示是否张贴妥当，并举报任何关员滥用职权的行为。如果小册子上的信息不正确，地方官将被施以惩罚。三年后，朝廷颁布另一项旨令，海关告示应以大字书写，好让民众看到。未经授权的人员不得驻扎在口岸附近，以免引起商人不必要的忧虑。①

官府也做出决定，简化行政程序，以方便小商人。最初的规定要求商人在出生地而不是在出发港办理许可证申请并获得担保。小商人遵守规则很成问题。他们自海外满载货物而归，不得不亲自在沿海一处一处地销售货物。如果他们不得不为许可证和延续担保赶回其出生地，他们就会经常错过接下来的季风。根据新的特许，商人被允许就近在厦门、广东的南海，或浙江的乍浦海防厅办理所有的航海证照。②

至于与商业相关的一般政策，正如杨联陞所指出的，清政府遵循了一些指导方针。③《钦定大清会典》宣布私牙为非法，禁止市场垄断，秉承价格公道原则，使用已批准的度量衡，维护市场上出售的器具和布匹的质量标准。④ 1686年，四海关成立不久，康熙帝提醒官员切勿滥用选拔官商和征税的权力，谕令强调应"无滥无苛"。⑤

可以理解的是，朝廷从未放松对商业活动的监管。朝廷在依赖地方或地区官员就与商业有关的事项提供信息和建议的同时，从未放松对决策的控制，无论是在政策还是行政琐事方面。⑥ 但是，朝廷并没有运用传统的儒家思想来谴责商业活动，尽管儒家思想依赖于确立已久的安全观和有效但间接的控制。总的来说，政府巧妙而成功地避免了与贸易界的正面对抗。

---

① 《厦门志》卷七，第10b~11a页。

② 《福建通志》(1868—1871年版)，卷二七〇，第13页。

③ 杨联陞：《传统中国政府对城市商人之统制》，《清华学报》新第8卷第1/2期(1970年8月)，第193页。

④ 杨联陞：《传统中国政府对城市商人之统制》，《清华学报》新第8卷第1/2期(1970年8月)，第193页；《钦定大清会典事例》卷七六五，第1a页；《大清历朝实录：圣祖(康熙)朝》卷二三八，第7b页。

⑤ 《钦定大清会典事例》卷一二六，第23页。

⑥ 后者包括地方官员是否向朝廷进贡台湾优质西瓜以表达对皇帝的忠诚，或者是否使用最好的纸张来上奏折等事例。

省级官员

与朝廷态度一致,就省级官员而言,对待商业活动也不存在意识形态上的歧视。正如"裕国通商"和"通商便民"这两条准则所反映的,务实的观点普遍盛行。在省级官员的意识中,贸易更多的是确保关税不断和社会稳定的方式,而不是意识形态的问题。因此,在诸如福建这样不能生产足够大米或农业雇工不足的省份,贸易被政府视为维持社会福祉的唯一保证。这就解释了省级官员对贸易环境的关心。

从这个背景下看,省级官员把海禁视为社会稳定的行政目标的障碍,也就不足为奇了。然而,就1717年的限制来说,被误导的康熙帝初开此想。虽然中央随后就此事咨询了沿海省份的官员,但他们避免质疑皇帝的智慧。朝廷在以后几年,特别是雍正年间,很少提出给沿海人民生活带来灾难性影响的措施;相反,皇帝愿意等待省级政府提出更好的建议。

1726年,巡抚毛文铨已开始局部放松1717年的海禁政策,以使福建人民提高他们的生活水平,关税也能得到保障。[①] 雍正帝对此犹豫不决,因为禁令出于其父。尽管如此,他本人仍在掂量此事。同时,他在等待新任命的也更为信任的总督高其倬的更详细调查和建议。

下一年,高其倬向雍正帝呈送了一份更具说服力的奏折。他阐述道,解除1717年海禁迫在眉睫,沿海民众急需来自贸易的收入。高其倬向朝廷保证海上贸易不会制造安全问题;相反,非法海上活动问题也将迎刃而解。高其倬的建议被朝廷采纳。[②]

此事说明省级官员经常影响朝廷做出尊重地方事务的决策。雍正年间,省级官员与中央之间的沟通空前频繁。福建海洋事务方面的重大决策主要源自地方或省府,而非朝廷的独断专行。然而,这并不意味着所有的地方建议都被采纳。

在这方面,总督高其倬堪称典范,他曾多次充当他所在省的代言人。他对海上贸易的主要贡献是,在上任初年通过呈请使从台湾进口大米解禁。

---

① 《文献丛编:雍正朝关税史料》第17辑,第3a~4a页;《宫中档雍正朝奏折》第6辑,福建巡抚毛文铨雍正四年十月十二日折,第728~730页。

② 《福建通志》(1868—1871年版),卷一四〇,第9b~10a页。

之前,在1721年朱一贵起义爆发时,从台湾出口大米到大陆由于台湾官员的建议而被禁止,当时担心出口大米可能落入海上叛党手里。然而,高其倬批评他们太狭隘——他们真正关心的是大米出口可能使当地市场米价上涨。果真如此的话,将激起当地居民暴乱,危及官员仕途。高其倬认为如此态度是不负责任和自私的,因为地方官员只想自保。如果切断了台湾的大米供应,泉漳人民是否要面对饥荒的问题,他们并不关心。在高其倬看来,光凭台湾年产大米大量过剩,台湾与福建之间的大米贸易就应被鼓励。他说台湾一年的产量就足够当地四五年的消费。

根据高其倬的论述,台湾农业不是为了自给自足,而应试图销售盈利。一旦大米贸易被禁止,一方面过剩的大米对生产者无用,另一方面泉漳人民被剥夺了供应源。这种情况只会鼓励海峡间的走私活动,高其倬继续说道:"查禁虽严,不过徒生官弁兵役索贿私放之弊。"最终会导致台湾和泉漳两府皆受被禁之苦的局面。高其倬指出,朝廷实际上已惩戒了其他省那些禁止省内大米贸易的地方官员,因此,在福建一省内禁止大米贸易是荒唐的。高得出结论,"似宜酌量变通"。

高其倬列举了解禁台湾大米的四点益处来总结他的陈述。第一,泉漳人民不再受粮食短缺之苦;第二,台湾人民将会摆脱过剩供应,从粮食销售中的获利将成为进一步开发土地的动力;第三,台湾与泉漳人民都不再被迫从事非法贸易,因此将免于被官员敲诈勒索;第四,从台湾供应大米,泉漳人民将不再与内陆省份争夺有限的供应。[①]

1727年,高其倬继续向台湾官员施加压力,确保大米贸易不被阻止。他在另一份奏折上直言相陈,"台地之民必有余方卖,泉漳之民必价贱方买。原系彼此两愿。听其自然,无庸示禁"[②]。在其他场合,他坚持让人了解他支持大米贸易"自然流通"的观点。[③]

高其倬对贸易的肯定态度也体现在他对其他海洋活动的处理方式中。他成功地呈请1717年海禁的解除代表着他对福建贸易发展的主要贡献。1727年,他再次支持务实的解决方案,在奏折中提出,海禁后经济困难迫使

---

① 《宫中档雍正朝奏折》第6辑,浙闽总督高其倬雍正四年七月二十六日折,第355～357页。朝廷批准了高其倬的建议,见《宫中档雍正朝奏折》第7辑,福建总督高其倬雍正五年二月十日折,第445页。

② 《宫中档雍正朝奏折》第7辑,福建总督高其倬雍正五年二月十日折,第446页。

③ 《宫中档雍正朝奏折》第7辑,福建总督高其倬雍正五年四月四日折,第897页。

大量无业者成为强盗。海禁前，人们可以轻易地在贸易中追求财富。富人可以成为船主或商人，而穷人可以被雇为船员。每艘船几乎搭载上百人。他们不需要地方的支持；相反，这些海民从贸易中赚取收入养活他们的家庭。此外，海上贸易为当地的手工艺人创造机会销售他们的产品。贸易帆船也为区域商业繁荣做出贡献。高其倬不担心海上贸易可能导致的与外国或者海上亡命之徒的大米走私，与外国联系将会产生的安全漏洞，或者贸易帆船走私桅杆。相反，他认为南洋国家大米出产丰富，中国帆船实际上是带回大米而不是走私出去。

高其倬认为商人卖大米给海盗的观点是很荒谬的。后者仅仅抢劫他们想要的东西，而从来不采购，甚至抢劫的问题也可以忽略。因为在此期间，在海上的犯罪行为是由沿着海岸线掠夺的小团伙犯下的，他们没有能力掠夺洋船。高其倬也嘲笑对信息泄露的担心，因为外国船只被允许到广州，并自由离开，无须担心他们会泄露与沿海安全相关的信息。最后，高其倬解释说，在中国生产的帆船桅杆不能与国外产品的优良质量相媲美，将其卖到海外的问题并没有出现。①

他对海民的同情影响了他的观点，认为朝廷缺乏根据的怀疑不应该危及海上贸易。1727年，当南洋贸易再度开放，仍有人认为中国到吕宋和巴达维亚的移民中存在大量的亡命之徒。如果省级官员没能不能劝阻皇帝因为无事实根据的恐惧而采取预防措施，与南洋重新开放的贸易将无法长久。高其倬在一份与福建巡抚、广东巡抚联名的奏折中区分了海上贸易和非法行为。在上奏者们看来，需要被禁止的是私运大量移民出国。作为积极措施，高其倬与其同僚建议加强防范系统，包括联保和收紧关卡。②

高其倬同情海商的最好体现莫过于对逾期滞留海外者的处理。尽管皇帝最初不情愿③，但高其倬还是在1728年说服他允许1717年海禁以前出国

---

① 《福建通志》(1868—1871年版)，卷一四〇，第9b～10a页。
② 《宫中档雍正朝奏折》第8辑，福建总督高其倬、福建巡抚常赉、广东巡抚杨文乾雍正五年九月九日折，第836～838页。同一份奏折也建议厦门应成为南洋贸易唯一指定港口。上奏者甚至建议派遣特使伴装商人以获取海外华侨的活动信息。雍正帝准奏。
③ 朝廷怀疑返回者在海外长期居留后，可能会在当地民众中传播不良影响。见《宫中档雍正朝奏折》第10辑，福建总督高其倬雍正六年四月十二日折，第246页。

的华侨回国,而不受官员的骚扰。① 高其倬确实为其继任者树立了一个良好榜样,继任者们对海上贸易继续采取友善态度,并常常代表福建海民请愿。② 他们与当地商人保持了紧密的、私人的,虽然有些家长式的和腐败的关系。这样的交流让官员了解海事状况,使他们能更准确地向朝廷报告情况;作为回报,他们经常不遗余力地帮助商人。③

海上贸易总体上有利的环境与朝廷保持社会稳定的政治目的相一致,消除了朝廷对福建海民的叛逆性的顾虑。在此框架下,省府官员可以在维护社会秩序的借口下大张旗鼓地宣传贸易活动的益处。当然,他们并不赞成新的亲商政策。显然,迁就商人符合官员的最大利益。通过与官员分享商业利润,商界可以在贸易中实现互惠互利的局面。

对于官员来说,通过半合法或者非法的操作,贸易繁荣为他们带来了额外的私人收入。理论上,任何行贿都是朝廷无法容忍的重罪。然而,如前所述,征收"额外费用"(耗羡)或者"余额"(赢余或羡余)被视为常规。这笔钱经常作为津贴在官员中分配,弥补他们微薄的薪俸。有了这笔"养廉",朝廷认为官员应该没有了敲诈勒索的借口,所有其他陋规都被禁止。④ 然而,收费的半合法与非法之间的区别从来就没能一清二楚。

1726年,巡抚毛文铨弹劾前任总督觉罗满保。后者1712年被任命为福建巡抚,并在三年后晋升为总督。他在福建一直任职到1725年。在他涉嫌的罪行中,从事海外贸易的商人在出发前为获取许可证而不得不满足他额外收费的要求,特别是1717年海禁之后,商人必须买路出海。觉罗满保和他的手下最欢迎外国船舶来访。因为对于一艘携带百万两资金的西方船只,总督、水师提督和总兵可以分别索要五六千两额外费用,其他官员也索

---

① 《宫中档雍正朝奏折》第8辑,福建总督高其倬等雍正五年九月九日折,第836~838页。

② 比如,《宫中档雍正朝奏折》第21辑,福建总督郝玉麟雍正十一年四月五日折,第353~355页;第24辑,福建总督郝玉麟等雍正十三年四月十八日折,第393~396页。郝随高例,将贸易与非法海外移民区分开来。更明确地说,郝玉麟为那些逾期居留的泉漳移民请愿,称他们是良民,他们外出仅仅是为了更高的收入,应准其回国。

③ 《宫中档雍正朝奏折》第24辑,浙闽总督郝玉麟等雍正十三年四月十八日折,第393~396页。

④ 参见《大清历朝实录:世宗朝》卷六九,第5a~6a页;《宫中档雍正朝奏折》第13辑,福建巡抚刘世明雍正七年六月十六日折,第417~421页;《雍正朱批谕旨》第5函第3册,第56a~58a页,怡亲王允祥雍正七年□月□日折,第1415~1416页。

要不同额度的费用。① 毛文铨在另一份奏折中提到,当海关曾置于海关监督的管辖下时,监督"无不满载而归"。② 毛文铨还弹劾其前任黄国材。黄国材要求每艘经过厦门的糖船支付16.2两的检查费,仅此一项收入数额就超过1万两。巡抚衙门向停靠在厦门、泉州和其他港口的商船收取额外费用,总计约2万两。③

官员参与贸易是另一种生财之道。毛文铨自己就参与了当地生意。他的家仆在省会福州经营一个钱庄和一家米店,④这不太可能是在毛文铨不知情或没有投资的情况下经营的。虽然朝廷禁止官员参与贸易,但他们渴望从生意投资中获利不足为奇。⑤ 借钱给商人收取利息("交商生息")是另一类的收入。官员往往为了收息将公款挪借给商人。⑥

换句话说,官员在贸易中有真正的股份。他们乐意看到海上贸易的发展,以便有更多的分红。他们非但不敌视贸易,反而充当了保护人,并与商人建立起紧密的私人关系。这种保护性质是否对贸易健康发展产生破坏就是另一个问题了,不在本书讨论的范围内。本研究所涉及的时段内,商人毫无疑问可以利用官员的合作意愿,并通过与他们的良好关系来实现利益最大化。无论如何,这是商人们需要承受的部分投资成本。

福建学者和官员

在福建社会中,还有两个因素有助于促进贸易的发展:一是学者对贸易活动的深切欣赏,甚至是直接参与;二是本地军事官员的保护。

---

① 《宫中档雍正朝奏折》第5辑,福建巡抚毛文铨雍正四年三月十日折,第688~690页。

② 《文献丛编:雍正朝关税史料》第17辑,第3a页;《宫中档雍正朝奏折》第6辑,福建巡抚毛文铨雍正四年十月十二日折,第728页。

③ 《宫中档雍正朝奏折》第5辑,福建巡抚毛文铨雍正三年十月二十五日,第293、297页;雍正四年五月四日折,第893~894页。

④ 《宫中档雍正朝奏折》第6辑,福建布政使沈廷正雍正四年九月二十九日折,第665页。

⑤ 比如,《雍正朱批谕旨》第5函第2册,第34a页,福建巡抚常赉雍正五年十月二十五日折,第1356页。

⑥ 比如,台湾的一名知县周钟瑄卷入此类案件中,他是《诸罗县志》编纂者之一。见《宫中档雍正朝奏折》第5辑,福建巡抚毛文铨雍正四年三月十日折,第693页。

清朝年间,正如杨联陞指出,"商人跨入仕途存在明显的障碍"。① 他们要么安排一些儿子参加科举考试,要么捐纳求得头衔或职位。② 尽管如此,许多学者转而经商在福建同样常见。这样做并非他们科举失意,而是因为贸易致富快且前景好。③ 比如,在漳州城,巡抚潘思榘奏报"该地绅士富户,半系贩洋为生"。④ 当地的情形是,士绅公开操控集市。蔡世远,来自漳浦的杰出学者和礼部侍郎,是参与贸易的典型例子。乡里大部分生意都由他儿子和家仆打理。⑤ 对一个缺少资金或经商经验的穷读书人来说,开始新职业最常见的办法是在商号里做一名账房,⑥他们中许多人后来成为成功的商人。⑦

学者对贸易的深度参与催生了一个商人群体,他们成功地联结了学问和贸易要素。潘启,在广东的福建行商,就是一例。他起初是一个读书人。在广州,他在成功开始自己的"行"生意前,是一位行商的经理。作为泉漳会馆的建立者,他在广州的同乡中的领导地位毋庸置疑。另一个例子是曹士馨。他起初是个书生,后来成为苏州一名成功的领军商人,还建立了一座晋江/泉州会馆。潘启和曹士馨都涉足学术圈很深。

这些儒商模糊了儒家传统中商人和学者两个社会阶层间的界线。他们及其家庭成员可以保持学者和商人的双重身份,或者在二者之间自由转换,而不产生价值冲突。他们不仅在两个阶层间左右逢源,而且实际上在当地社会创造了一个共同的士绅圈。即使一个学者不做生意,他也愿意经常围绕当地社会经济的实际情况来做学问,即一门有助于"经世济民"的学问。这种务实的学问对地区发展影响很大,尤其是在贸易方面。学问与实务的紧密结合,造就了一批对当地社会经济情况、贸易活动和海外国家了如指掌

---

① 杨联陞:《传统中国政府对城市商人之统制》,《清华学报》新第 8 卷第 1/2 期(1970 年 8 月),第 189 页。
② 杨联陞:《传统中国政府对城市商人之统制》,《清华学报》新第 8 卷第 1/2 期(1970 年 8 月),第 190 页。
③ 参见不同地方志的传记部分。
④ 《宫中档乾隆朝奏折》(未出版),福建巡抚潘思榘乾隆十六年九月二十一日折。
⑤ 《宫中档雍正朝奏折》第 15 辑,福建观风整俗使刘师恕雍正七年十二月八日折,第 258~259 页;《宫中档雍正朝奏折》第 16 辑,福建总督高其倬雍正八年六月六日折,第 602~603 页。
⑥ 《晋江县志》(1765 年版),卷一〇,第 37b~38a 页。
⑦ 《泉州府志》(1763 年版),卷六〇,第 94b 页。

的福建人。他们的理解由于许多与外贸打交道的商人掌握外语而进一步加强。①

福建人在贸易活动中占据优势还因为本地水师衙门的存在。福建在海防上的重要地位,经常导致朝廷的过度关心和过度反应。雍正帝曾经为福建较重要的委任而亲自面试和选拔所有官员。② 他还沿袭其父的做法,委派福建人在其家乡担任几乎所有的水师职位。部分是因为他们的海洋天资,部分是因为他们了解当地环境,比其他人更能保卫沿海安全。不过,朝廷从不掩饰对水师官兵给予他们同乡的"不当"保护和支持的不满。③

接下来将以五个杰出的福建人为例,说明以上看法。这五人即施琅、许良彬、陈伦炯、蓝鼎元和蔡新。

施琅(1621—1696),晋江人,起初受教育要成为一名学者。但他尚未成年时,便家道中落。在明清之交的混乱中,他很自然地开始了军旅生涯。④ 郑成功反清和从事海上贸易前,施琅曾是他的下属。⑤ 他对海上事务的贡献,包括上奏朝廷保留台湾,解除清早期海禁及制定海上贸易规则等。

1683年统一台湾之后,清廷不愿意看到海上动荡死灰复燃,原本计划放弃岛屿,将台湾居民撤回大陆。施琅强烈反对撤回的主意。他认为该计划不切实际,不仅因为撤回全部居民将耗费多年才能完成,还因为在大陆的安置会导致巨大的问题。此外,不法之徒或荷兰人将迅速填补空白并重新占领台湾岛。如果1683年前的形势重演,那么沿海省份的安全将受到威

---

① 潘启在外贸上的成功多半归功于他对几门外语的掌握。见梁嘉彬:《广东十三行考》,上海:国立编译馆,1937年,第261页。

② 《宫中档乾隆朝奏折》第12辑,福建巡抚刘世明雍正七年正月二十五日折,第324页。

③ 参见《大清历朝实录·圣祖(康熙)朝》卷二四三,第12b~13a页;《皇朝经世文编》卷八四,第54a页;《宫中档雍正朝奏折》第6辑,福建水师提督蓝廷珍雍正四年八月十五日折,第455页;《宫中档雍正朝奏折》第6辑,浙闽总督高其倬雍正四年七月二十五日折,第354页;《宫中档雍正朝奏折》第6辑,浙闽总督高其倬雍正四年九月二日折,第517页。

④ 施琅:《靖海纪事》序言部分,《台湾文献丛刊》第13种,1958年,第23页;关于施琅的传记,见Arthur W. Hummel, ed., *Eminent Chinese of the Ch'ing Period* (1644-1912), Vol. 2, Washington: Library of Congress, 1943, p. 653.

⑤ John E. Wills, Jr, "Maritime China from Wang Chih to Shih Lang", *From Ming to Ch'ing: Conquest, Region, and Continuity in Seventeenth-Century China*, ed. Jonathan D. Spence and John E. Wills, Jr, New Haven and London: Yale University Press, 1979, pp. 229~230.

胁。显然,施琅当时对台湾的经济和商业潜力已有清醒的认识。正如施琅所指出的,凭借肥沃的土地和农产品,台湾很容易自给自足并推动与大陆之间的贸易。① 施琅成功地呈请台湾岛免于被抛弃,而且奠定了接下来几十年沿海贸易繁荣的基础。

几乎与此同时,施琅也敦促开放海上贸易。② 他的积极主动成功地促成了1684年福建海关的建立。他非常清楚在朝的保守派企图再次对海上贸易进行限制,便先发制人地提出一项保护海上贸易顺利发展的计划。他的主要观点包括建立统一系统来管理涉海事务,如发放商船许可证,控制非法向外国移民,设立沿海贸易和南洋贸易的规则。关于海外贸易,他建议应限制洋船的数量,仅允许有经济能力的民户建造较大尺寸的船只;邀请行商(xingshang)投资;或者从多处发展托运业务。控制的目的在于增加每艘商船的资本,并降低大量出海的非商人比例。清朝的海洋控制正是基于施琅的建议。

然而,施琅的真实意图在1695年的奏折中显露无遗。由于不愿意看到未来再出现任何海禁和限制,他认为保证海上贸易持续下去的最好办法是提出某种形式的自我约束,并减少非法活动的概率。有了这些控制措施,清廷可以对海上贸易的增长放心。③

许良彬(1670—1733),海澄本地人,是另一个后来成为水师官员的儒商。他最初也是被培养为学者,但很快他对军事研究和海洋事务产生了兴趣。在一次去往南洋的旅途中,他仔细调查了外国的情况,并习得了航海知识。当他决定在广州开始自己的生意时,他的南洋之旅和海外贸易知识使他受益匪浅。凭借与南洋国家本地头领的联系和良好关系,他迅速成为一名成功的商人。与其他许多福建商人一样,在康熙末年的海禁期间,他的南洋贸易扩张受到驻守广东的福建长官的保护。两个主要的保护人是他的族叔许正和姚堂。后者是漳浦人。一点也不奇怪,许良彬决定买个同知的头衔来使他的商业成就锦上添花。他对外国和海洋事务的了解也促使他担任其保护人的顾问。1722年,他回到厦门协助新上任的福建水师提督姚堂,镇压了在福建内陆躲藏的台湾叛匪。

---

① 奏折全文见施琅:《靖海纪事》,《台湾文献丛刊》第13种,1958年,第59~62页。
② 丁曰健:《治台必考录》,《台湾文献丛刊》第17种,1959年,第79页。
③ 奏折全文见施琅:《靖海纪事》,《台湾文献丛刊》第13种,1958年,第69~74页。

1725年,漳浦人蓝廷珍接任姚堂。蓝廷珍向雍正帝举荐许良彬,说许良彬长于海洋事务,应有条件地对其予以特殊考虑,并请求将他从行政任命转为与水师更相关的职位。皇帝告诉蓝廷珍,这件事要去咨询浙闽总督觉罗满保。总督随后同意帮忙向皇帝推荐。结果,许良彬被雍正帝召见,进行面试。同时,许良彬在朝廷供职的福建同乡,包括蔡世远,给予他全力的支持。皇帝本人满意许良彬的能力,于是许良彬首先被任命为水师参将,很快转任水师总兵。他于1729年继蓝廷珍之后成为福建水师提督。① 他既是一位南洋贸易专家,也是卓有声誉的商人,但不像他之前的施琅和蓝廷珍那样是一名职业军人,有理由相信他水师职务的任命与迅速增长的沿海贸易和恢复的南洋贸易相一致。这对其他商人,尤其对福建商人是有益的。②

　　同安人陈伦炯(1683—1747)实际上应该和他的父亲陈昂放在一起讨论。陈氏家族在本研究中也很具代表性,因为他们在学术、商业和军旅三个方面都有关联。陈昂起初是一介书生,但因贫穷而被迫放弃学习四书五经,转而成为一名从事海外贸易的商人。在频繁往来于国外之后,他成为一名航海和海上事务专家。当1682年施琅准备出征台湾时,陈昂加入了水师并担任航海顾问。战事一获胜,因为对该地区比较熟悉,陈昂就被施琅派到东洋和南洋,做了五年的情报工作,主要目的是搜寻郑氏余部。这一任务完成后,他被正式授予军职。随着连续晋升,他先成为总兵,后来成为广东右翼副都统。1717年重启海禁时,他更加关心依靠土产销售和南洋贸易维生的沿海人民的生计。对于真实情形不为朝廷所知,陈昂也深感失望。没多久他就得了重病,但他仍然留下了一份奏折。这份奏折在他去世后呈交给了康熙帝。皇帝为陈昂之诚所动,最终部分放宽海禁。

　　他的儿子陈伦炯也擅长军事艺术。自小,他的父亲就给他讲海上经历。当他父亲在浙江供职时,他去了趟日本。这次旅行更新了他对晚明海盗问题的认识。在康熙朝的最后几年,他担任皇帝的贴身侍卫,皇帝对他的军事

---

　　① 许良彬的传记,见《漳州府志》(1877年版),卷三三,第35页;《福建通志》(1868—1871年版),卷二三〇,第34b~35a页。

　　② 与前任们不同,许良彬在其任期内似乎是个廉洁的官员。自施琅时期起,水师提督就有一笔从澎湖岛的渔业税中支取的超过1000两的私人收入。许良彬到任后,上奏雍正帝说自己决定将此款划拨为官府开销。皇帝称赞他的正直,但驳回其请求,认为他有权拥有这笔官方承认的收入。见《明清史料戊编》,第42a;《福建通志》(1868—1871年版),卷二三〇,第35a页。

和海洋专业知识印象深刻。1721年,他在台南首次就任参将。1723年后,他晋升为副将而后是总兵,在澎湖岛、台湾和广东沿海履职。在广东期间,他每天都能遇到从外国来的商人。他研究他们的海关、书籍和地图。有了这些信息,再加上原来的海洋知识,他决定编纂《海国闻见录》。此书完成于1730年,涉及海洋事务、物产和贸易,意在为商人和负责沿海防务的官员提供相关信息。①

陈昴和陈伦炯都非常关心商人的利益。他们在沿海任职期间都致力于改善贸易环境。同施琅和许良彬一样,二陈为保护福建商人提供了又一个案例。②

蓝鼎元(1680—1733),漳浦人,一个杰出的福建学者。他幼年时父亲就去世了。尽管贫穷,但他学习刻苦,在年轻时已成饱学之士。他治学专注于改善国计民生的实学。那时蓝氏家族杰出的军事人才辈出,蓝鼎元虽然毫无疑问具有军事专长,但无意从军。他也没有表现出任何做官的兴趣,因为他认为自己有义务待在母亲和祖父母身边照顾他们。他担任广东东部普宁知县两年,是其在地方政府主要的任职。在他去世前仅一个月,他还是署理广州知府。

史料没有显示他是否参与过商业活动。尽管如此,他的文字作品大量涉及沿海和南洋贸易的发展。年仅17岁时,他的治学修习就开始专注于海洋研究。他当时在厦门观察该岛周围的海洋环境,然后沿海航行到潮州和

---

① 上述信息基于陈伦炯:《海国闻见录》序言,第10a~11b页;《泉州府志》(1763年版),卷五六,第37页;《福建通志》(1868—1871年版),卷二二九,第4b~5a页;《厦门志》卷一二,第12b~13b页;Wang Gungwu, "The Melayu in *Hai-kuo wen-chien lu*", *Journal of the Historical Society*, No.2 (1963/1964), pp.1~2; Jennifer W. Cushman, A.C. Milner, "Eighteenth and Nineteenth-Century Chinese Accounts of the Malay Peninsula", *Journal of the Malaysian Branch of the Royal Asiatic Society* 52, Pt.1 (June 1979), pp.1~2. 陈伦炯的著书是福建学者的部分传统,他们试图理解远洋和外域。他们的作品与福建沿海民生息息相关。比如张燮,晚明时期的龙溪人,已经在其著作《东西洋考》中传递了他在海事方面的专业知识。

② 有一事件显示了陈伦炯关心他的福建乡亲。1742年,他被任命为浙江提督,他购买了一块地用于埋葬客死浙江的福建人,并在旁边留出一块耕地用于提供维修基金。那里所有的福建客居者都很感激他。见《厦门志》卷一二,第13b页。

浙江舟山附近。在接下来几年,他拓展知识,成为台湾和南洋事务的专家。①

他对海洋事务的首要贡献,是对四十年前施琅扭转了朝廷对台湾的消极态度的一个重申。他们在这方面的成就可以相提并论。1721年朱一贵起义爆发时,保留台湾的价值再次成为朝廷讨论的焦点话题。在总兵蓝廷珍指挥对台军事战役期间,族人蓝鼎元担任秘书和顾问。蓝鼎元关于台湾的主要论著就是这时开始创作的。七天的战役之后,蓝廷珍的登陆部队征服了岛屿,但平息整个局势却花了两年时间。鉴于台湾极低的忠诚度,中央开始策划将岛上的乡民迁移至大陆。② 他们甚至计划将岛上主要的军事指挥机构迁移到澎湖岛并在澎湖建立新的前线。③ 这一措施将彻底导致台湾的废弃。

这一背景下,蓝鼎元带着他在海上事务方面的专长站了出来。在一些论述中,他发出与施琅之前所提的类似警告,认为台湾如果被抛弃可能造成不良后果。更明确的是,他描绘了在清朝统治不到四十年的时间里,岛上农业和商业增长的生动图景。他强烈主张台湾的蔗糖和大米生产对全国都有利。通过与所有沿海省份的紧密商业联系,台湾成为国家经济网络的一个必要部分。④ 有鉴于此,蓝鼎元提出相反的建议,非但不能放弃台湾,反而应该立即开展岛上的治理。他支持《诸罗县志》编纂者陈梦林(也是漳浦人)提出的建议,认为诸罗北部应建立一个新的行政区,以鼓励发展与定居。雍正帝执政后,设立彰化县和淡水厅的提议被采纳。⑤

在商业方面,诸如商人的待遇,蓝鼎元也对相关措施表示失望。比如,他反对官府对来往于厦门和鹿耳门之间的商船额外征税。他为商人和船主

---

① 蓝鼎元传记,见蓝鼎元:《东征集》序言,《台湾文献丛刊》第12种,1958年,第1~5页;蓝鼎元:《平台纪略》序言,《台湾文献丛刊》第14种,1958年,第1~16页;《福建通志》(1868—1871年版),卷二三〇,第18b~20b页;Arthur W. Hummel, ed., *Eminent Chinese of the Ch'ing Period* (1644-1912), Vol. 1, Washington: Library of Congress, 1943, pp. 440~441. 今人对蓝鼎元的研究,见庄金德:《蓝鼎元的治台谠论》,《台湾文献》第17卷第2期(1966年6月),第1~27页。

② 蓝鼎元:《东征集》,《台湾文献丛刊》第12种,1958年,第40页。

③ 蓝鼎元:《东征集》,《台湾文献丛刊》第12种,1958年,第46~47页。

④ 蓝鼎元:《东征集》,《台湾文献丛刊》第12种,1958年,第2、32~34页。

⑤ 庄金德:《蓝鼎元的治台谠论》,《台湾文献》第17卷第2期(1966年6月),第14页。

请愿,认为"船户履险涉远,以性命易锱铢,似宜加之体恤"。① 最有趣的是他关于商船是否应该自我武装的观点。朝廷方面,对海洋事务的考虑中,维持沿海安全仍是当务之急,因此,商船被彻底禁止携带武器。蓝鼎元在雍正初年提议应该允许商船装备武器。按照他的观点,这是商船抵抗海盗进行自我保护最有效的办法。他完全明白这件事的敏感之处。为了说服官方,他坚决主张通过武装商船,沿海久拖未决的海盗问题可以迎刃而解。他强调说,对允许商船携带武器造成危险的忧虑是没有根据的。因为所有商船都是民众的私有财产,他们决不愿意以身家性命冒险卷入非法活动,如果他们在出发前已签具担保尤其如此。官府应该相信那些信用良好的保人。②

虽然史料中没有提到这项建议的结果,但有人猜想朝廷后来放松了武器禁令很可能是蓝鼎元游说的结果。据其传记所载,③他于1724年被推荐为翰林院编修。翌年,他参加编撰了《大清一统志》。1728年,雍正帝接见了他,这是海禁解除一年后。显然,蓝鼎元被认为是台湾和海洋事务的专家。在这种情况下,他向皇帝呈送了他5000字的关于恰当治理台湾的6条建议。皇帝非常欣赏他的专业意见。同年,雍正帝颁布了关于携带武器的法令。虽然禁止沿海航行的商船和渔船配备武器,但洋船可以载运最多8支枪、10套弓箭和20斤火药。两年后,皇帝准许洋船除了以上提到的武器,还可以另外携带两门炮,火药数量也增加到30斤。④

蓝鼎元对海洋事务的洞悉在他18世纪20年代初刊印的南洋论述中得到最好的阐述。实际上,文章没有局限在海外贸易本身,而是全面检视和评估了影响国内外活动的贸易环境。他的论据是如此清晰和广博,在我看来,这是19世纪前该论题上的最佳文章。它的影响是毋庸置疑的,而南洋贸易的再次开放也可以追溯到蓝鼎元的请愿。⑤

他的论述可以分为三个方面。第一,他设想沿海安全的未来威胁来自

---

① 蓝鼎元:《平台纪略》,《台湾文献丛刊》第14种,1958年,第51页。
② 蓝鼎元关于这一问题的文章,见丁曰健:《治台必考录》,《台湾文献丛刊》第17种,1959年,第46～47页。
③ 蓝鼎元:《平台纪略》,《台湾文献丛刊》第14种,1958年,第8页;《福建通志》(1868—1871年版),卷二三〇,第18b～19a页。
④ 《福建通志》(1868—1871年版),卷二七〇,第12b～13a页。
⑤ 魏源(《海国图志》的作者)做此评价。见丁曰健:《治台必考录》,《台湾文献丛刊》第17种,1959年,第79页。

于日本和西方海洋力量。后者包括荷兰、英国、西班牙和法国,它们的侵略在南洋的活动中昭然若揭。相反地,南洋国家国力衰落,无力制造麻烦。尽管如此,既然西方人被允许在广州和澳门传教和贸易,与日本的贸易也未禁止,他不理解为什么中国与无害的南洋人民的贸易要被禁止。

第二,蓝鼎元嘲讽实行海禁的借口。他说南洋国家制造的船桅质量更好,而且大米大量过剩,从中国走私这些物品从来没有发生过。而洋船可能在公海上成为海盗的目标,增加了海盗出现的概率。蓝鼎元指出中国的海盗只在近海活动,流民的目标是沿海商船,而不是去海外的船。

第三,蓝鼎元讨论了解除海禁的必要性。从消极方面来说,海禁剥夺了沿海人口的生计。因为失业,他们中许多人跑到台湾成为盗匪。台湾的起义就是海禁所致危害的表现。从积极方面来说,如果允许人民自由贸易,"以海外之有余补内地之不足"。土产,其中很多在中国是廉价或没有多大用处的,可以作为珍稀品卖到海外。所有本地的手工艺品可由商人收购后销往海外市场。

在文章中,蓝鼎元也表示了对之前支持海禁的省级官员的失望。他们对海洋状况的观点被其批评为"以井观天之见"。至于那些对强行实行海禁最后负责的朝廷大臣,他指责他们缺乏经验,不切实际。蓝鼎元很遗憾包括无官衔的学者们在内的福建本地人没有被咨询意见,虽然他们是最了解真实情况的人。[①]

对比蓝鼎元的文章和高其倬呈请重开南洋贸易的奏折,可以清楚地发现高其倬的论述和信息几乎都是基于蓝鼎元的建议。遗憾的是,我们看不到早于蓝鼎元而写的陈昂的奏折,所以无法得知它是否对蓝鼎元有影响。然而,蓝鼎元对解除海禁的贡献是不容置疑的。

最后,蔡新(1710—1799)也是一个值得一说的漳浦人。他于1736年考中进士,翌年,被任命为翰林院编修。他的学问让乾隆帝印象深刻。1740年荷兰人在巴达维亚对华侨进行大屠杀后,在朝廷的引导下,关于是否重启针对外贸的海禁,清朝高官间展开了激烈的讨论。讨论仍在继续时,内阁学士方苞咨询了30岁的蔡新。方苞知道蔡新不仅是饱读儒家经典的学者,而且经常倡导解决问题的实际办法。在其答呈中,蔡新说他反对再次实施海禁这种激烈的措施。他提供了一些数据支撑他的主张。据他所述,新的海

---

① 蓝鼎元:《论南洋事宜书》,《皇朝经世文编》卷八三,第37～39页。

禁将使不少于110艘、价值500万~600万两的洋船一无所用;另有几百万两堆积在厦门和广州的货物也将蒙受损失;大概有1000户以海为生的人家将无法维持生计。所有这些都会在实施海禁后立即发生。更糟糕的是,几年内,海禁将彻底摧毁国民经济和人民生活。鉴于这些考虑,他建议朝廷应该保持冷静,深思熟虑,长远打算。讨论之后,朝廷于1742年颁旨,宣布海外贸易照常进行。①

从上面的研究可以看到,从皇帝到福建本土学者,对海上贸易的务实态度始终贯穿于17世纪末和18世纪上半叶。他们都赞同海上贸易可以带来益处,以及该产业对于沿海人口的重要性。至于它是不是传统观念和儒家思想中的理想职业,并不重要。

---

① 蔡新传记见《漳州府志》(1877年版),卷三三,第64a~65a页;《福建通志》(1868—1871年版),卷二三〇,第21b页;Arthur W. Hummel, ed., *Eminent Chinese of the Ch'ing Period* (1644-1912), Vol. 2, Washington: Library of Congress, 1943, p.734.

结　　论

　　1683—1735年间,海上贸易的扩张带来了沿海贸易网络中心厦门的发展。泉漳商人在海上贸易中扮演了重要角色,是最活跃的人群。他们有着悠久海洋历史的支撑。正是他们的推陈出新,为18世纪初期中国沿海广阔贸易网络的形成做出了贡献。

　　虽然闽南人不是中国海洋史上唯一的出海人群,但没有其他航海地区的中国人可以在参与人数之多、地域延伸之广和世代的不懈努力上与之相提并论。中国其他地区也没有同行比得上他们的执着热情和成就。

　　闽南人参与海上贸易的原因很复杂,一言难尽。闽南土地稀少的地理局限或许是第一要素。然而,同样真实的是,由于地处偏远的东南沿海边陲,中央的限制管控相对薄弱,优越的地理位置弥补了不利的土地条件。正如《厦门志》编纂者注意到的那样,闽南人将大海视为他们的"良田"。如果他们满足于只将打鱼作为副业甚至备选的生计,就不会超越更符合传统思想的经济界限。但实际上,他们迅速发现了通向各种致富机遇的新途径。

　　这样看来,闽南人海上事业背后的动力,似乎是"推—拉"因素的结合。用最一般的术语来说,土地有限和政治动乱的推动因素,以及迅速成长的地区间和海外贸易的外部拉动因素,为他们的海洋取向提供了多方面解释。从这种更广阔的视野来看,福建人的活动代表着他们努力迎接经济生活的挑战和对农村之外更好前景的回应。不过,并不是说这个归纳适用于福建人海上活动的所有阶段。值得注意的是,有些因素在某一特定时刻比其他因素更为重要,而不同时期的新发展则为他们的海上事业注入了新动力。因此,我们应该在一定的社会经济语境中分析相关因素,以展示经济活动和社会状况的相互作用。

　　闽南的三大海洋中心——泉州、海澄、厦门——生动地展现了这一地区的海洋历史,分别研究其兴衰沉浮将有助于描绘出不同时期区域贸易活动的清晰图景。尽管如此,我们应该牢记,泉漳人创造的海洋传统随着这些中心的变化而演化。并且,泉漳人被视为同一贸易圈中的成员,不仅因为他们说相似方言或来自同一地区,还因为他们创造的航海传统将他们融为一体。

把闽南作为一个社会经济单元和地理单元,更有利于我们评估泉漳人的贸易活动。在统一台湾和恢复东南沿海省份和平秩序后的几十年内,闽南人再一次证明了他们适应新环境的能力,以及他们面对挑战和机遇的应对能力。沿着这些脉络,这一研究检视了闽南的社会经济条件及其农村外部活动如何相互关联和相互作用,以及所有这些不同因素的相互作用如何实现厦门作为贸易网络中心的运转和成长。

自始至终,闽南人就清醒地意识到该地区多山地形造成的经济阻碍。他们已经为更有效地利用土地以提高生产力做了一些尝试。通过改良种子、双作和梯田,农业增产得以实现。种植诸如番薯和花生等新作物使边际土地得以耕种。这些发展与劳动密集的耕作紧密相关。它们要求额外的人力投入,因此在很大程度上促进了人口增长。这反过进一步造成地方经济紧张,增加的农业产出主要被快速增长的人口消耗掉了。

商业化农业的发展是提高人均收入的积极尝试。尤其是甘蔗和烟草,往往会争夺传统上用于种植水稻的平原。然而,1600—1800年间农业商业化势头停止,没有把福建的传统农业经济转变成基于经济作物的商品经济。即使有台湾和长江流域新的外部资源大量供应大米,以及从17世纪后期沿海贸易量猛增对本土农产品需求的不断增长,闽南农民仍然避免腾出更多的稻田来种植经济作物。种植经济作物虽然在农民中很普遍,甚至流行,但还是不能摆脱它在农村经济中的从属地位。

然而,说泉漳人民完全没有投资土地是不准确的。台湾的开发吸引了他们大量的资金流入。他们可以在这里发展商业化农业,特别是生产蔗糖和大米,以满足沿海贸易繁荣增长的需求。然而,由于土地短缺,或许还有严格的宗族制度带来的限制,他们无法在家乡获得同样的成功。

考虑到家乡的经济限制,难怪农村人口会把目光转向海上贸易迅速发展创造出来的农村外部的职业。尽管有着这样的经济诱惑,农业移民从来不期望一去不归。对于他们而言,家乡的宗祠仍然是精神源泉和强大的向心力。他们愿意寄钱回去养活他们的家庭和宗族,维持传统制度的运转。有朝一日,他们会回到祖辈的村子里安度晚年。换句话说,农村社会的基本结构模式保持了活力,完好无损。村民在农村外部的经济参与没有把当地的稻作群体全部转向贸易和航海。

商业化的过程中,闽南农村地区一个有趣的发展是宗族组织地位的强化。它们的扩展可归因于当地经济的限制和农村外部的机遇。就前者而言,农村地区长期持续的对有限资源的激烈竞争要求团结和保护。至于后者,16世纪和17世纪的动荡岁月里,宗族组织与海上贸易的发展有着紧密联系。大宗族有能力组织航行,并提供人力和资金;反过来,从贸易中获得巨大利润巩固了宗族力量。1683年恢复和平秩序后,一个有规律且复杂的贸易网络已经形成,宗族在组织海上贸易方面的作用减小。即便如此,在农村范围内,宗族组织仍然保持着活力,而且依然是竞争环境中的生存机制。

尽管如此,依附宗族的意识绝非不利于更广泛更有益的贸易人际网络的形成。实际上,宗族为农村外部的社会联系提供了一个相关的训练场。为了适应社会经济目的,其内在活力已经发生了深刻的变化。它变得不那么排外了。正是宗族组织具备的家长式的、相互依存、互惠互容的特征要素,为它们向农村外部世界的过渡架起了桥梁。

厦门是通向延伸的海洋疆界最重要的门户,为闽南人在农村以外的冒险提供服务。这座城市毫无疑问是闽南贸易群体的本土产物。此外,政府在管理方面的灵活为地方的能动性留出了空间,而这反过来推动了海上贸易的扩张。在这个意义上说,作为市场中心和经济城市,厦门更接近没有行政主导或事先规划的城市发展模式。①

厦门城区不同阶层的人群之间存在着引人瞩目的社会凝聚力。这并不是说,所讨论的一种共同的厦门身份认同在那个时期已经形成,而是培养了一种更包容的泉漳双地意识。实际上,这一过程中,贸易是主要的综合因素,而商人扮演了重要角色。官、绅、商三方关系的形成甚至使社会联系更加深远。就群体层面来说,商人发挥了事实上的领导作用。官员和士绅在名义上参与庙会活动,表明他们认可和接受商人的社会角色。商人甚至经常被当作士绅,因为他们中许多人有捐领的官衔。个人化的三角关系为商人经营海上贸易带来了巨大的便利。

台湾边疆之地的迅速发展和台湾高度的商品化经济,极大地促进了厦

---

① Gilbert Rozman, *Urban Networks in Ch'ing China and Tokugawa Japan*, Princeton: Princeton University Press, 1973, p.97.

门沿海网络的成长。由于大米和蔗糖贸易在厦门网络内尤其重要,毫不夸张地说,是台湾的发展,而不是闽南自身的商品化农业,带动了沿海贸易量的高涨。

毫无疑问,台湾的发展主要是由于泉漳商人主导的海峡两岸的贸易所带来的闽南人的扩张。由于控制着商业干线,再加上他们也是海外贸易中无可争议的领袖这一事实,他们可以在18世纪30年代之前的沿海贸易中发挥最积极的作用。闽南人在中国沿海主要港口的出现也极大地促进了贸易网络的扩张和运转。

然而,闽南商人的成功,不仅依赖于他们与同乡的良好关系,也依赖于他们与本土贸易群体合作的意愿。广阔网络内的巨大贸易量为来自于其他地区的各种商人团体参与其中提供了充足的机会。这些社会联系可以使闽南人对当地市场了如指掌。当环境需要时,他们中的许多人甚至融入新的社会环境中。

至于贸易本身,可以从中观察到一些明显的趋势。第一,到18世纪早期为止,区域间的沿海贸易已经从少数奢侈品和必需品扩展到广泛的商业,以满足一般大众的日常消费。大米、蔗糖、衣料、手工艺品和其他五花八门的土产构成了商品的主体。第二,18世纪20年代,航行在从厦门延伸出去的海上航线中各种规格的商船不可胜数,可以运输大宗商品,完成从厦门到天津的远距离航行。福建人发展的网络可以应对18世纪中国沿海的商业需要,而且这是到那时为止中国人所组织出的最好网络。第三,18世纪早期的沿海贸易也因中小资本的商人和船主积极且广泛的参与而别具特色,还出现了一种功能专业化的趋势。富商不再需要充当船主指挥其大规模、远距离的商业活动,相反他们可以依靠许多随时准备为他们提供承运服务的船主。一旦延伸的沿海网络全面运转,其他地区的海商也可以将他们自己与这一跨区域网络连接起来,并组织更多的专门贸易,如闽县的闽北商人载运大量纸品到天津。在各类商人中,台湾的米商、糖商和厦门的行商(hangshang)尤其富裕。

社会政治环境也决定了闽南人贸易活动的优势与局限。一般的中国商人,特别是福建商人,是否能在一个良好的社会政治环境中经营是另一个具有争议的话题。总的说来,两类归纳经常被提出来说明儒家思想和国家官僚机构与中国传统商业的关系。一类为"尊卑"倾向。比如白乐日(Etienne Balazs)主张的,国家商业关系是由无所不在的且无所不能的国家通过社会金字塔顶端的士大夫阶层支配的。① 在一种程序化、传统主义、固化的氛围中,裙带关系和腐败构成帝国管理商业的特点。② 没有什么能逃脱官方的监管,官僚机构设法通过税收、国家垄断、证照、特许权和政治压力来控制商业活动。③

不同于上述对商业发展的悲观描绘,另一类归纳积极评价了商人的地位,我们可以把它称为"仁慈国家"的倾向。在一篇很有启发性的文章中,杨联陞主张,在清朝的前两百年中,商人提升地位受到的阻碍很少,几乎不存在对其商业活动的抑制,课税和勒索也相对较轻。他总结认为,在过去几百年里,商人"获得了一种政治解放"④。墨子刻(Thomas Metzger)甚至怀疑儒家思想在实践和理论上是否是反商业的。⑤

这两类解释对更清楚地理解国家与商业的关系很有帮助,然而,对传统意识形态的讨论往往过于抽象。对儒家反商业一面的强调,可以引用儒家著作中支持商业的内容来反驳。但是说朝廷对商业的态度是支持的,忽略了商业社会总是面临着不确定性。总的来说,这两种解释是互补而不是对立的。

如果从一个更广阔的社会视角进行研究,可以更好地理解国家与商业的相互关系,而不是过于简单地聚焦于国家与商业之间的双向互动。后者过多地强调国家政策,给人的印象是,事态是由不带个人色彩的政策决定的。

正如本研究所揭示的,福建商业扩张伴随着交织的社会关系形成。在

---

① Etienne Balazs, *Chinese Civilization and Bureaucracy*, ed. Arthur F. Wright and trans. H. M. Wright, New Haven: Yale University Press, 1964, p.16.

② Etienne Balazs, *Chinese Civilization and Bureaucracy*, ed. Arthur F. Wright and trans. H. M. Wright, New Haven: Yale University Press, 1964, pp. xv, 11; Albert Feuerwerker, *China's Early Industrialization: Sheng Hsüan-huai (1844-1916) and Mandarin Enterprise*, Cambridge: Harvard University Press, 1958, pp.242~244.

③ Etienne Balazs, *Chinese Civilization and Bureaucracy*, ed. Arthur F. Wright and trans. H. M. Wright, New Haven: Yale University Press, 1964, p. xv;余英时:《历史与思想》,台北:联经出版事业公司,1976年,第279~281页。

④ 杨联陞:《传统中国政府对城市商人之统制》,《清华学报》新第8卷第1/2期(1970年8月),第188、190页。

⑤ Thomas A. Metzger, "The State and Commerce in Imperial China", *Asian and African Studies* (Jerusalem), Vol. 6 (1970), pp.23~24, 32; "Ch'ing Commercial Policy", *Ch'ing-shih wen-t'i*, Vol. 1, No. 3 (Feb. 1966), p.7.

横向层面,社会关系与商业网络并存。然而,在纵向层面,社会关系也按等级扩展——国家与贸易群体之间存在若干个层次的中介。在这种情况下,任何国家政策仅可间接影响地方社会,允许贸易群体有一定的灵活度。

总而言之,在这一时期朝廷对与沿海福建人民生计相关的事项采取了限制。虽然在重商的假设上解释朝廷对商人和贸易的态度没有意义,但是,有理由推断朝廷和省级官员本着实用主义原则,在很大程度上肯定了商人的积极作用,没有对贸易群体表现出明显的歧视。朝廷完全清楚福建人的商业能力和贡献对于该地区的政治稳定和社会福祉必不可少,而政府自身不可能做得更好。

即使时不时地有限制性的规定,但由于省级和地方官员所采取的灵活态度,对贸易群体的直接影响被降到了最低。如果他们对贸易群体采取过于严厉的措施,官员自己的政治利益和经济利益也将受损。除非商人贸易活跃,否则他们不仅难以征收定额关税,而且他们私人半合法或非法渠道的收入也将减少。他们的仕途取决于成功地维持他们治下的地方社会稳定。此外,商人基于个人关系也可以对官员施加影响。官员往往代表贸易群体,也为他们自身利益向朝廷请愿,争取更好的商业环境。换句话说,在网络中,官员和商人的关系是相互依赖的,虽然有些剥削性质。它所涉及的双方地位不平等,虽然他们间存在着互相受益的保护人—客户的关系,但是,和官员过于亲近的商人也要承担不确定性和高风险,因为官员随时有可能失宠。一旦充当保护人的官员失宠于朝廷,他的当事商人的特权地位就岌岌可危。在更为复杂的涉及腐败的案件中,当事商人甚至因为与被弹劾官员的联系而被惩戒。① 此外,朝廷坚决反对商人企图发展成独立地位,或形成挑战朝廷至高无上权威的压力集团。然而,在法定许可的范围内,商人可以在相当有利的社会政治环境中经营自己的生意。

就福建人群体自身而言,对涉足贸易活动并没有心理上或道德上的抵制。本土学者由衷地肯定海上贸易对当地人的重要性,而且对海洋事务表现出了极大的兴趣。通过他们的著作和呈请,关于海事状况的准确信息传

---

① 比如,1732 年,广东海关监督因腐败被拘审。三个在广州的福建行商(hangshang)也被指控行贿,结果,他们失去了所有的特权。见《宫中档雍正朝奏折》第 20 辑,广州总兵毛克明雍正十年七月十二日折,第 248 页;雍正十年九月二十九日折,第 590 页。

达到了官方,官员信赖学者们在这些方面的专门知识。本土学者与官员之间的沟通,为朝廷和官员更好地理解和认可海上贸易奠定了基础。此外,还有一些儒商,他们令闽南贸易群体更加精明老练。最后但同样重要的是福建籍的水师官员所扮演的角色,很多情况下他们自己就是商人。他们为当地的商人事业提供保护。

17世纪末18世纪初,在复杂的社会政治环境中,福建人的商业技能得以磨炼,贸易得到扩张。像他们以航海为业的祖先那样,他们有足够的决心冲破传统社会的经济疆界,在贸易中追求财富。由于他们满足于在国家框架的约束下工作,他们的进取性、创新性和冒险性[①]可能在一定程度上受到了损害,但并没有完全丧失。福建人将在未来的岁月中不断产生商业活力。

[①] 朝廷和官员经常用"轻生"一词贴切地描述福建人的特性。此词的使用,见《宫中档雍正朝奏折》第24辑,福建按察使觉罗伦达礼雍正十三年六月二十六日折,第912页。

附 录

附录一 1707—1735 年的福建米价

单位：两/石

I	II	福州府	兴化府	泉州府	漳州府	汀州府
		1	2	3	4	5
1707年 12月14日	康熙四十六年 十一月二十一日	1.2~1.3	0.8~1.0	0.8~1.0	0.8~1.0	0.8~1.0
1708年 6月7日	康熙四十七年 四月十九日	1.4~1.5	1.4~1.5	1.4~1.5	1.4~1.5	1.4~1.5
1709年 2月28日	康熙四十八年 正月十九日	1.0		0.6~0.7	0.6~0.7	
1709年 9月27日	康熙四十八年 八月二十四日	0.6~0.9	0.6~0.9	0.6~0.9	0.6~0.9	0.6~0.9
1710年 8月2日	康熙四十九年 七月初八日	0.9				
1719年 7月20日	康熙五十八年 六月初四日	上米 1.2~1.3 次米 1.0	上米 1.2~1.3 次米 1.0	上米 1.3~1.4 次米 1.1~1.2	上米 1.3~1.4 次米 1.1~1.2	0.8~1.0
1723年 4月10日	雍正元年 三月初六日	1.0	1.0	1.1~1.2	1.1~1.2	0.9~1.0
1723年 5月3日	雍正元年 三月二十九日	0.9~1.0	0.9~1.0	1.1~1.2	1.1~1.2	0.9~1.0
1723年 6月16日	雍正元年 五月十四日	0.9~1.0	1.0~1.1	1.0~1.1	1.0~1.1	0.9~1.0
1723年 7月1日	雍正元年 五月二十九日	0.9~1.0	1.1~1.2	1.1~1.2	1.1~1.2	0.9~1.0
1723年 9月11日	雍正元年 八月十二日	0.8~1.0	0.8~1.0	0.8~1.0	0.8~1.0	0.8~1.0

建宁府	邵武府	延平府	福宁州	台湾府	厦门	备注及资料来源
6	7	8	9	10	11	
0.8~1.0	0.8~1.0	0.8~1.0		1.8~2.0		《宫中档康熙朝奏折》第1辑,第534页
1.4~1.5	1.4~1.5	1.4~1.5				《宫中档康熙朝奏折》第1辑,第775页
0.5~0.6	0.5~0.6	0.5~0.6				《宫中档康熙朝奏折》第2辑,第46页
0.6~0.9	0.6~0.9	0.6~0.9				《宫中档康熙朝奏折》第2辑,第333页
0.7~0.8		0.7~0.8				《宫中档康熙朝奏折》第2辑,第625页
0.8~1.0	0.8~1.0	0.8~1.0	0.8~1.0	0.8~0.9		《宫中档康熙朝奏折》第1辑,第540页
0.9~1.0	0.9~1.0	0.9~1.0		0.7~0.8		《宫中档雍正朝奏折》第1辑,第116页
0.9~1.0	0.9~1.0	0.9~1.0		0.7~0.8		《宫中档雍正朝奏折》第1辑,第152页
0.9~1.0	0.9~1.0	0.9~1.0		0.8~0.9		《宫中档雍正朝奏折》第1辑,第259页
0.9~1.0	0.9~1.0	0.9~1.0		0.8~0.9		《宫中档雍正朝奏折》第1辑,第307页
0.8~1.0	0.8~1.0	0.8~1.0		0.8~1.0		《宫中档雍正朝奏折》第1辑,第612页

I	II	福州府	兴化府	泉州府	漳州府	汀州府
		1	2	3	4	5
1723年11月15日	雍正元年十月十八日	0.9~1.1	0.8~1.0	0.8~1.0	0.8~1.0	0.8~1.0
1723年12月6日	雍正元年十一月初九日	0.8~1.0	0.8~1.0	0.8~1.0	0.8~1.0	0.8~1.0
1724年2月19日	雍正二年正月二十四日	0.8~0.9	0.8~0.9	0.8~0.9	0.8~0.9	0.8~0.9
1724年4月19日	雍正二年三月二十六日	0.9~1.0	0.9~1.0	0.9~1.0	0.9~1.0	0.9~1.0
1724年5月19日	雍正二年四月二十七日	0.9~1.0	1.1~1.2	1.1~1.2	1.1~1.2	0.8~0.9
1724年6月4日	雍正二年闰四月二十三日	0.9~1.0	1.1~1.2	1.1~1.2	0.8~0.9	0.8~0.9
1724年6月25日	雍正二年五月初五日	0.9~1.0	1.0~1.1	1.0~1.1	1.0~1.1	0.8~0.9
1724年7月11日	雍正二年五月二十一日	0.9~1.0	1.0~1.1	1.0~1.1	1.0~1.1	0.8~0.9
1724年8月2日	雍正二年六月十四日	0.8~0.9	0.9~1.0	1.1~1.2	1.1~1.2	0.8~0.9
1724年9月11日	雍正二年七月二十四日	0.8~0.9	0.9~1.0	1.1~1.2	1.1~1.2	0.8~0.9
1724年11月30日	雍正二年十月十五日	0.8~0.9	0.9~1.0	0.9~1.0	1.1~1.2	0.8~0.9
1725年3月12日	雍正三年正月二十八日			1.7~1.8	1.5~1.6	
1725年4月13日	雍正三年三月初一日			1.5~1.6		

建宁府	邵武府	延平府	福宁州	台湾府	厦门	备注及资料来源
6	7	8	9	10	11	
0.8~1.0	0.8~1.0	0.8~1.0		0.7~0.8		《宫中档雍正朝奏折》第1辑,第874页
0.8~1.0	0.8~1.0	0.8~1.0		0.8~1.0		《宫中档雍正朝奏折》第2辑,第33页
0.8~0.9	0.8~0.9	0.8~0.9		0.8~0.9		《宫中档雍正朝奏折》第2辑,第264页
0.9~1.0	0.9~1.0	0.9~1.0		0.7~0.8		《宫中档雍正朝奏折》第2辑,第423页
0.8~0.9	0.8~0.9	0.8~0.9		0.7~0.8		《宫中档雍正朝奏折》第2辑,第523页
0.8~0.9	0.8~0.9			0.8~0.9		《宫中档雍正朝奏折》第2辑,第560页
0.8~0.9	0.8~0.9	0.8~0.9		0.8~0.9		《宫中档雍正朝奏折》第2辑,第639页
0.8~0.9	0.8~0.9	0.8~0.9		0.8~0.9		《宫中档雍正朝奏折》第2辑,第688页
0.8~0.9	0.8~0.9	0.8~0.9		0.8~0.9		《宫中档雍正朝奏折》第2辑,第748页
0.8~0.9	0.8~0.9	0.8~0.9		0.8~0.9		《宫中档雍正朝奏折》第2辑,第908页
0.8~0.9	0.8~0.9	0.8~0.9				《宫中档雍正朝奏折》第3辑,第328页
						《宫中档雍正朝奏折》第3辑,第780页
						《宫中档雍正朝奏折》第4辑,第4页

Ⅰ	Ⅱ	福州府 1	兴化府 2	泉州府 3	漳州府 4	汀州府 5
1725年11月29日	雍正三年十月二十五日	1.2～1.3	1.2～1.3	1.2～1.3	1.2～1.3	0.8～1.0
1725年12月15日	雍正三年十一月二十日					
1726年3月7日	雍正四年二月初四日	1.4～1.6		1.7～1.9	1.7～1.9	
1726年5月2日	雍正四年四月初一日	1.5～1.6		1.8～1.9	1.8～1.9	
1726年5月22日	雍正四年四月二十一日	1.5+	1.6～2.0	1.6～2.0	1.6～2.0	1.2～1.6
1726年6月3日	雍正四年五月初四日			2.1～2.3	2.1～2.3	
1726年6月10日	雍正四年五月十一日					
1726年6月13日	雍正四年五月十四日		2.5～2.8	2.5～2.8	2.5～2.8	2.5～2.8
1726年6月18日	雍正四年五月十九日	1.7～1.8				
1726年6月19日	雍正四年五月二十日		2.5～2.9	2.5～2.9	2.5～2.9	2.5～2.9

建宁府	邵武府	延平府	福宁州	台湾府	厦门	备注及资料来源
6	7	8	9	10	11	
0.8~1.0	0.8~1.0	0.8~1.0	1.2~1.3	0.8~1.29		台湾县、凤山：1.28~1.29，诸罗、彰化：0.8~1.0。《宫中档雍正朝奏折》第5辑，第299页
				0.72~0.73		《宫中档雍正朝奏折》第5辑，第404页
1.0+	1.0+	1.0+				《宫中档雍正朝奏折》第5辑，第587页
						《宫中档雍正朝奏折》第5辑，第769页
1.2~1.6	1.2~1.6	1.2~1.6	1.2~1.6	0.95~1.3		《宫中档雍正朝奏折》第5辑，第831页
						广东潮州：3.2~3.5。《宫中档雍正朝奏折》第5辑，第892页
上米1.0*						*浦城的米价。《宫中档雍正朝奏折》第6辑，第257页 于雍正四年七月六日奏报
						《宫中档雍正朝奏折》第6辑，第12页
						《宫中档雍正朝奏折》第6辑，第257页 于雍正四年七月六日奏报
						《宫中档雍正朝奏折》第6辑，第46页

I	II	福州府 1	兴化府 2	泉州府 3	漳州府 4	汀州府 5
1726年6月18~29日	雍正四年五月十九日至三十日		1.7~1.8	1.7~1.8		
1726年6月	雍正四年五月日期不详	1.8~1.9	3.0	3.0	3.0	
1726年6月29日	雍正四年五月三十日					
1726年7月21日	雍正四年六月二十二日	1.4~1.8	2.5~2.8	2.5~2.8	2.5~2.8	2.5~2.8
1726年8月3日	雍正四年七月初六日					
1726年8月15日	雍正四年七月十八日	1.5~2.0+		1.7~4.0	1.7~4.0	
1726年9月27日	雍正四年九月初二日	1.4~1.5	1.4~1.5	1.6~1.8	1.6~1.8	1.2~1.5
1726年10月24日	雍正四年九月二十九日	1.2~1.3	1.0—	1.4~1.5	1.4~1.5	1.4~1.5
1726年11月6日	雍正四年十月十三日	上米1.4 次米1.3	1.1~1.2	1.5	1.7	1.5
1726年12月2日	雍正四年十一月初九日	0.85~1.4	1.1~1.2	1.4~1.9	1.2~1.8	0.9~1.7
1727年2月4日	雍正五年正月十四日	1.8	1.8	1.8	1.8	1.8

建宁府	邵武府	延平府	福宁州	台湾府	厦门	备注及资料来源
6	7	8	9	10	11	
						《宫中档雍正朝奏折》第6辑,第257页 于雍正四年七月六日奏报
						《宫中档雍正朝奏折》第6辑,第174页
					1.3～1.4	《宫中档雍正朝奏折》第6辑,第257页 于雍正四年七月六日奏报
1.4～1.8	1.4～1.8	1.4～1.8				《宫中档雍正朝奏折》第6辑,第208页
				1.1～1.2		《宫中档雍正朝奏折》第6辑,第257页
						《宫中档雍正朝奏折》第6辑,第301页
1.2～1.5	1.2～1.5	1.2～1.5				《宫中档雍正朝奏折》第6辑,第521页
1.0—	1.0—	1.0—	1.2～1.3			《宫中档雍正朝奏折》第6辑,第669页
1.1～1.2	1.1～1.2	1.1～1.2				《宫中档雍正朝奏折》第6辑,第740页
0.86～1.2	0.9～1.05	1.1～1.6	1.1～1.65	1.2～1.4		《宫中档雍正朝奏折》第6辑,第837页
1.8	1.8	1.8	1.8	1.8		《宫中档雍正朝奏折》第7辑,第390页

I	II	福州府 1	兴化府 2	泉州府 3	漳州府 4	汀州府 5
1727年 3月2日	雍正五年 二月初十日	上米 1.45~1.5 次米 1.35	上米 1.45~1.5 次米 1.35	1.7~1.8	1.8~1.9	1.3 2.0
1727年 3月2日	雍正五年 二月初十日	0.8~1.0	1.2~1.8	2.02	2.1~2.2	1.2~1.8
1727年 5月24日	雍正五年 四月初四日	09~1.5	1.55~1.9	1.5~2.5	1.4 3.0	1.0~2.9
1727年 5月24日	雍正五年 四月初四日	1.23~1.28	1.43~1.48	1.9~2.1	2.5	
1727年 7月22日	雍正五年 六月初四日	0.85~1.5	1.3~1.4	1.6~2.1	1.3~3.0	1.1~2.9
1727年 7月22日	雍正五年 六月初四日				1.7 2.3	
1727年 11月25日	雍正五年 十月十三日					
1727年 12月7日	雍正五年 十月二十五日	1.02~1.4	1.23~1.4	1.5~1.8	1.3~1.9	1.2~1.8
1727年 12月8日	雍正五年 十月二十六日	1.2~1.3	1.2	1.5~1.6	1.7~1.8	1.4~1.6

建宁府	邵武府	延平府	福宁州	台湾府	厦门	备注及资料来源
6	7	8	9	10	11	
1.1~1.3	1.1~1.3	1.4	1.4	1.16	1.7	金门1.9,铜山1.9,海坛1.8,云霄1.9,南澳1.8~2.0。《宫中档雍正朝奏折》第7辑,第442页 二月初以来的米价
1.2~1.8	1.2~1.8	1.2~1.8	1.2~1.8	1.2~1.8		《宫中档雍正朝奏折》第7辑,第431页
0.86~1.3	0.9~1.8	1.15~1.4	1.15~1.5	1.4~1.7		《宫中档雍正朝奏折》第7辑,第877~878页
						广东潮州:4+。《宫中档雍正朝奏折》第7辑,第895~896页
0.86~1.3	0.9~1.2	1.2~1.4	1.15~1.5	1.5~1.92		《宫中档雍正朝奏折》第8辑,第297~298页
					1.5~1.6	铜山、金门1.5~1.6,南澳2.7~3.0。《宫中档雍正朝奏折》第8辑,第300~301页
				1.15—上米1.183		台湾县1.17,凤山1.16,诸罗:上米1.183,彰化1.15。《宫中档雍正朝奏折》第9辑,第130页
0.82~1.1	0.9~1.1	1.18~1.4	1.0~1.4	1.18~1.4		《雍正朱批谕旨》,第1357页
1.1~1.15	1.1~1.15	1.1~1.15				《宫中档雍正朝奏折》第9辑,第189页

I	II	福州府	兴化府	泉州府	漳州府	汀州府
		1	2	3	4	5
1728年 2月17日	雍正六年 正月初八日	1.1～1.4	1.1～1.4	1.3～1.6	1.3～1.6	1.3～1.6
1728年 3月20日	雍正六年 二月初十日			1.4～1.7	1.4～1.7	
1728年 4月30日	雍正六年 三月二十二日	1.3～1.4	1.3～1.4	1.3～1.4	1.3～1.4	1.3～1.4
1728年 5月20日	雍正六年 四月十二日	1.2～1.3	1.2～1.3	1.2～1.3	1.2～1.3	1.2～1.3
1728年 5月20日	雍正六年 四月十二日	1.2+	1.1～1.2	1.4～1.5	1.5～1.6	1.5～1.6
1728年 6月13日	雍正六年 五月初六日					
1728年 7月13日	雍正六年 六月初七日			1.2	1.2	
1728年 8月11日	雍正六年 七月初六日	1.1～1.2	1.1～1.2	1.3～1.4	1.3～1.4	1.5
1728年 9月21日	雍正六年 八月十八日					
1728年 10月3日	雍正六年 九月初一日					
1728年 12月4日	雍正六年 十一月初四日					
1728年 12月5日	雍正六年 十一月初五日			1.07～1.08	1.07～1.08	

建宁府	邵武府	延平府	福宁州	台湾府	厦门	备注及资料来源
6	7	8	9	10	11	
0.8~1.1+	0.8~1.1+	0.8~1.1+	0.9~1.0+	1.1~1.2+		《宫中档雍正朝奏折》第9辑,第576页
						《宫中档雍正朝奏折》第9辑,第789页
1.3~1.4	1.3~1.4	1.3~1.4	1.3~1.4	1.3~1.4		《雍正朱批谕旨》,第1364页
1.2~1.3	1.2~1.3	1.2~1.3	1.2~1.3	1.2~1.3		《雍正朱批谕旨》,第1366页
1.1~1.2	1.1.1.2	1.1~1.2				《宫中档雍正朝奏折》第10辑,第240~241页
				1.05~1.3		《宫中档雍正朝奏折》第10辑,第394页
						《宫中档雍正朝奏折》第10辑,第571页
1.1~1.2	1.0+	1.3~1.4	1.0+	1.2		《宫中档雍正朝奏折》第10辑,第787页
				1.05~1.3		《宫中档雍正朝奏折》第11辑,第122页
				1.07~1.08		《宫中档雍正朝奏折》第11辑,第226页
				1.0+ 1.3+		台湾县1.3+,凤山1.2+,诸罗1.2+,彰化1.0+。《宫中档雍正朝奏折》第11辑,第686页
						《宫中档雍正朝奏折》第11辑,第690页

I	II	福州府 1	兴化府 2	泉州府 3	漳州府 4	汀州府 5
1728年 12月5日	雍正六年 十一月初五日	1.4~1.5	1.1~1.2	1.1~1.2	1.1~1.2	1.4~1.5
1729年 1月27日	雍正六年 十二月二十八日	1.4~1.5				1.3+
1729年 2月17日	雍正七年 正月二十日	上米 1.3+ 次米 1.1	上米 1.1~1.2 次米 1.05~1.06	上米 1.1~1.2 次米 1.05~1.06	上米 1.1~1.2 次米 1.05~1.06	上米 1.3~1.4
1729年 2月22日	雍正七年 正月二十五日	1.04~1.3+	1.04~1.3+	1.04~1.3+	1.04~1.3+	0.95~1.14
1729年 4月7日	雍正七年 三月初十日	上米 1.2 次米 1.05~1.1	上米 1.17~1.18 次米 1.07~1.08	上米 1.17~1.18 次米 1.07~1.08	上米 1.2 次米 1.1	1.3~1.4
1729年 5月8日	雍正七年 四月十一日					
1729年 5月9日	雍正七年 四月十二日					
1729年 7月11日	雍正七年 六月十六日	1.1	0.94~1.16	0.94~1.16	0.94~1.16	0.94~1.16
1729年 8月9日	雍正七年 七月十五日				0.9~1.0	
1729年 8月27日	雍正七年闰 七月初四日	1.0~1.2	1.0~1.2	1.0~1.2	1.0~1.2	
1729年 9月2日	雍正七年闰 七月初十日					

建宁府	邵武府	延平府	福宁州	台湾府	厦门	备注及资料来源
6	7	8	9	10	11	
1.1~1.2	1.1~1.2	1.1~1.2	1.1~1.2			《宫中档雍正朝奏折》第11辑,第691页
						《宫中档雍正朝奏折》第12辑,第158页
上米 1.1~1.2	上米 1.1~1.2	上米 1.1~1.2	上米 1.1~1.2			《宫中档雍正朝奏折》第12辑,第245页
0.95~1.14	0.95~1.14	0.95~1.14	1.04~1.3+			《宫中档雍正朝奏折》第12辑,第323页
1.1	1.1	1.1	1.1+		1.04~1.05	《宫中档雍正朝奏折》第12辑,第664页
				0.94		《宫中档雍正朝奏折》第12辑,第822页
				0.96~0.97		《宫中档雍正朝奏折》第12辑,第857页
0.94~1.16	0.94~1.16	0.94~1.16	0.94~1.16			《宫中档雍正朝奏折》第13辑,第421页
						《宫中档雍正朝奏折》第13辑,第613页
						《宫中档雍正朝奏折》第13辑,第808页
				0.9~1.08		《宫中档雍正朝奏折》第13辑,第845页

I	II	福州府 1	兴化府 2	泉州府 3	漳州府 4	汀州府 5
1729年9月16日	雍正七年闰七月二十四日	1.1	0.9	0.81	1.05	1.1
1729年9月24日	雍正七年八月初二日	0.81~1.1	0.81~1.1	0.81~1.1	0.81~1.1	0.81~1.1
1729年10月27日	雍正七年九月初六日	0.95				
1729年11月11日	雍正七年九月二十一日					0.85
1729年12月5日	雍正七年十月十五日					
1729年12月29日	雍正七年十一月初十日	0.77~1.13	0.78~0.87	0.85~1.03	0.92~1.04	
1730年2月11日	雍正七年十二月二十四日	0.6~0.8	0.6~0.8	0.6~0.8	0.6~0.8	0.6~0.8
1730年5月8日	雍正八年三月二十二日					0.85
1730年5月27日	雍正八年四月十一日					上米0.9 中米0.85

建宁府	邵武府	延平府	福宁州	台湾府	厦门	备注及资料来源
6	7	8	9	10	11	
0.9	1.15	1.12	1.15	0.94		《宫中档雍正朝奏折》第14辑,第5~6页
0.81~1.1	0.81~1.1	0.81~1.1	0.81~1.1			《宫中档雍正朝奏折》第14辑,第80页
						《宫中档雍正朝奏折》第14辑,第323页
						《宫中档雍正朝奏折》第14辑,第514页
				0.78~1.14		台湾县1.14,凤山0.82~083,诸罗0.84,彰化0.78~0.79。《宫中档雍正朝奏折》第14辑,第710页
			0.84~1.1			龙溪、漳浦、诏安:0.92~1.04,晋江、惠安:0.85~1.03,莆田、仙游:0.78~0.87,福清、连江、罗源:0.7~0.93,福安、宁德:0.84~1.1,省城:上米1.12~1.13,次米0.9。《宫中档雍正朝奏折》第14辑,第895页
0.6~0.8	0.6~0.8	0.6~0.8	0.6~0.8	0.6~0.8		《宫中档雍正朝奏折》第15辑,第358页
						《宫中档雍正朝奏折》第16辑,第2页
						《宫中档雍正朝奏折》第16辑,第194页

I	II	福州府 1	兴化府 2	泉州府 3	漳州府 4	汀州府 5
1730年6月7日	雍正八年四月二十二日	0.75				
1730年7月17日	雍正八年六月初三日	0.8~1.0	0.7~0.8	0.8~1.0	0.8~1.0	0.9~1.0
1730年9月21日	雍正八年八月初十日					
1730年9月21日	雍正八年八月初十日	1.0+	0.94~0.95	0.94~0.95	0.94~0.95	0.94~0.95
1730年9月23日	雍正八年八月十二日	0.94~1.0	0.94~1.0	0.94~1.0	0.94~1.0	0.94~1.0
1730年10月3日	雍正八年八月二十二日	0.85~1.07	0.76~0.9	0.82~0.98	0.7~0.96	
1730年10月21日	雍正八年九月初十日					
1730年11月20日	雍正八年十月十一日					

建宁府	邵武府	延平府	福宁州	台湾府	厦门	备注及资料来源
6	7	8	9	10	11	
						《宫中档雍正朝奏折》第16辑,第287页
0.8~0.9	0.8~0.9	0.8~0.9		0.7~0.8		《宫中档雍正朝奏折》第16辑,第568~569页
				0.75		《宫中档雍正朝奏折》第16辑,第776页
0.94~0.95	0.94~0.95	0.94~0.95	0.94~0.95	0.8+①		由福州将军、福建巡抚呈报。《宫中档雍正朝奏折》第16辑,第780页
0.94~1.0	0.94~1.0	0.94~1.0	0.94~1.0	0.84		《宫中档雍正朝奏折》第16辑,第784页
			0.87~1.0			福安、宁德:0.87~1.0,莆田、仙游:0.76~0.9,晋江、惠安、同安:0.82~0.98,龙溪、诏安、漳浦:0.7~0.96,闽县、侯官:0.85~1.06,长乐、罗源、连江、福清:0.87~1.07。《宫中档雍正朝奏折》第16辑,第800页
					次米0.6	《宫中档雍正朝奏折》第16辑,第900页
				0.73~0.86		凤山0.81~0.82,诸罗0.75~0.76,彰化0.73~0.74,台湾县0.86。《宫中档雍正朝奏折》第17辑,第62页

I	II	福州府 1	兴化府 2	泉州府 3	漳州府 4	汀州府 5
1730年12月18日	雍正八年十一月初九日					
1730年12月24日	雍正八年十一月十五日	上米 ?～1.06 中米 0.7～0.98	上米 ?～1.06 中米 0.7～0.98	上米 ?～1.06 中米 0.7～0.98	上米 ?～1.06 中米 0.7～0.98	
1731年4月21日	雍正九年三月十五日					0.7
1731年4月21日	雍正九年三月十五日			上米 0.8 次米 0.7	上米 0.8 次米 0.7	
1731年4月25日	雍正九年三月十九日	0.94～1.0		0.9+	0.9+	
1731年5月26日	雍正九年四月二十一日	上米、中米 0.74～1.1	上米、中米 0.74～1.1	上米、中米 0.74～	上米、中米 0.74～1.1	
1731年7月9日	雍正九年六月初六日					
1731年7月11日	雍正九年六月初八日	0.9～1.3	0.9～1.3	0.9～1.3		
1731年7月16日	雍正九年六月十三日	1.4～1.7				
1731年7月18日	雍正九年六月十五日	0.95～1.3	0.95～1.3	0.95～1.3	0.95～1.3	0.95～1.3

建宁府	邵武府	延平府	福宁州	台湾府	厦门	备注及资料来源
6	7	8	9	10	11	
					上米 0.73 中米 0.68 次米 0.63	《宫中档雍正朝奏折》第17辑,第146页
			上米 ?～1.06 中米 0.7～0.98			《宫中档雍正朝奏折》第17辑,第195页
						《宫中档雍正朝奏折》第17辑,第788页
						《宫中档雍正朝奏折》第17辑,第789页
0.8+		0.8+		0.85～0.86		《雍正朱批谕旨》,第546页
			上米、中米 0.74～1.1			《宫中档雍正朝奏折》第18辑,第118页
					上米 0.9 次米 0.8	《宫中档雍正朝奏折》第18辑,第326页
			0.9～1.3			《宫中档雍正朝奏折》第18辑,第334页
			1.4～1.7		0.9～1.1	省城:上米1.4、中米1.2,连江、长乐、福安:1.1～1.4,宁德、罗源:1.6～1.7。《宫中档雍正朝奏折》第18辑,第374～375页
0.95～1.3	0.95～1.3	0.95～1.3	0.95～1.3			《宫中档雍正朝奏折》第18辑,第391页

I	II	福州府 1	兴化府 2	泉州府 3	漳州府 4	汀州府 5
1731年7月18日	雍正九年六月十五日	1.2～1.3				
1731年7月	雍正九年六月日期不详	1.0～1.2	0.7～0.8	0.8～1.1	0.7～1.0	0.7～1.0
1731年9月22日	雍正九年八月二十二日	0.95	0.85～1.0+	0.85～1.0+	0.85～1.0+	0.85～1.0+
1731年9月29日	雍正九年八月二十九日	上、中、次米 0.8～1.4	0.8～0.97	0.9～1.4	0.7～0.99页	
1731年10月2日	雍正九年九月初二日					
1731年10月25日	雍正九年九月二十五日			0.8～1.0+	0.8～1.0+	
1731年10月31日	雍正九年十月初一日	0.65～1.2	0.65～1.2	0.65～1.2	0.65～1.2	0.65～1.2
1731年11月3日	雍正九年十月初四日				上米 1.0 次米 0.9	
1731年11月18日	雍正九年十月十九日					0.7
1731年12月17日	雍正九年十一月十九日					

建宁府	邵武府	延平府	福宁州	台湾府	厦门	备注及资料来源
6	7	8	9	10	11	
						省城《宫中档雍正朝奏折》第18辑,第394页
0.8~1.1	0.7~1.0	0.8~1.1	0.8~1.1	0.6~0.77		《宫中档雍正朝奏折》第18辑,第497~498页
0.85~1.0+	0.85~1.0+	0.85~1.0+	0.85~1.0+	0.88		《宫中档雍正朝奏折》第18辑,第701页
			上米、次米 0.9~1.4		0.9~1.1	省城:0.8~1.06,长乐、连江、罗源:0.9~1.4,晋江:1.04~1.1,惠安:上米、次米1.2~1.4,同安:0.9~1.1。《宫中档雍正朝奏折》第18辑,第738~739页
		1.05~1.3				《宫中档雍正朝奏折》第18辑,第759页
						《宫中档雍正朝奏折》第18辑,第856页
0.65~1.2	0.65~1.2	0.65~1.2				《宫中档雍正朝奏折》第18辑,第870页
						《宫中档雍正朝奏折》第18辑,第901页
						《宫中档雍正朝奏折》第19辑,第32页
				1.0±	上米1.04 次米0.93	《宫中档雍正朝奏折》第19辑,第167页

I	II	福州府 1	兴化府 2	泉州府 3	漳州府 4	汀州府 5
1731年12月22日	雍正九年十一月二十四日	上米、中米 0.9~1.4	上米、中米 0.9~1.4	上米、中米 0.9~1.4	上米、中米 0.9~1.4	
1731年12月23日	雍正九年十一月二十五日	0.89*	0.78~1.1	0.78~1.1	0.78~1.1	0.78~1.1
1731年12月—1732年1月	雍正十年正月日期不详	0.7~1.0	0.7~1.0	0.9~1.2	0.7~1.0	0.7~0.9
1732年3月21日	雍正十年二月二十五日					
1732年5月9日	雍正十年四月十五日					
1732年5月25日	雍正十年五月初二日	0.8~1.3	0.8~1.3	0.8~1.5	0.8~1.5	0.8~1.3
1732年5月30日	雍正十年五月初七日					

建宁府	邵武府	延平府	福宁州	台湾府	厦门	备注及资料来源
6	7	8	9	10	11	
			上米、中米 0.9～1.1			罗源:0.9～1.1,省城:0.9～1.1。《宫中档雍正朝奏折》第19辑,第184～185页
0.78～	0.78～1.1	0.78～1.1	0.78～1.1	0.65～1.0+		*省城的米价。《宫中档雍正朝奏折》第19辑,第187页
0.7～0.9	0.7～0.9	0.7～0.9	0.7～1.0	0.6～0.9		《宫中档雍正朝奏折》第19辑,第391页
				0.78～1.2		凤山:0.86～0.87,诸罗:0.81,彰化0.78～0.79,台湾县1.2。《宫中档雍正朝奏折》第19辑,第492页
					上米1.23 中米1.15 次米1.1	《宫中档雍正朝奏折》第19辑,第627页
0.8～1.3	0.8～1.3	0.8～1.3		0.78～1.2		晋江、惠安、德化:1.4～1.5,龙溪1.4～1.5,台湾县1.2,诸罗、凤山、彰化:0.78～0.92。《宫中档雍正朝奏折》第19辑,第686页
					1.07～1.26	《宫中档雍正朝奏折》第19辑,第710页

I	II	福州府	兴化府	泉州府	漳州府	汀州府
		1	2	3	4	5
1732年7月4日	雍正十年闰五月十三日					
1732年9月14日	雍正十年七月二十六日	1.13	0.72～1.2	0.72～1.2	0.72～1.2	0.72～1.2
1732年9月14日	雍正十年七月二十六日	0.9～1.2+	0.8～1.0	0.9～1.2+	0.9～1.2+	0.7～1.1
1732年9月17日	雍正十年七月二十九日				上米1.1中米1.0	
1732年10月27日	雍正十年九月初九日					
1732年10月30日	雍正十年九月十二日					0.8～0.9
1732年11月30日	雍正十年十月十三日					

建宁府	邵武府	延平府	福宁州	台湾府	厦门	备注及资料来源
6	7	8	9	10	11	
					上米 1.0 中米 0.92 次米 0.84	《宫中档雍正朝奏折》第 19 辑，第 876 页
0.72~1.2	0.72~1.2	0.72~1.2	0.72~1.2			《宫中档雍正朝奏折》第 20 辑，第 314~315 页
0.7~1.1	0.7~1.1	0.7~1.1	1.0~1.3	0.8~1.2		闽县、连江、侯官、福清、长乐、罗源：0.9~1.2，福安、宁德：1.1~1.3，莆田、仙游：0.8~1.0，晋江、同安、惠安：0.9~1.2，龙溪、海澄、漳浦、诏安：1.0~1.2，台湾县、凤山、诸罗、彰化：0.8~1.2。《宫中档雍正朝奏折》第 20 辑，第 322~323 页
						《宫中档雍正朝奏折》第 20 辑，第 339 页
					上米 0.95 中米 0.86 次米 0.75	《宫中档雍正朝奏折》第 20 辑，第 518 页
	0.8~0.9	0.8~0.9				《宫中档雍正朝奏折》第 20 辑，第 529 页
				0.7~1.2		凤山：上米 1.08~1.09，诸罗：上米 0.85，彰化：上米 0.72，台湾县：上米 1.2，淡水：上米 0.7。《宫中档雍正朝奏折》第 20 辑，第 637 页

附录

215

I	II	福州府	兴化府	泉州府	漳州府	汀州府
		1	2	3	4	5
1732年 12月20日	雍正十年 十一月十四日					
1732年 12月25日	雍正十年 十一月十九日	0.9~1.1	0.9~1.0+	0.9~1.2	0.9~1.3+	0.7~1.3
1732年 12月31日	雍正十年 十一月十五日	0.7~1.0+	0.7~1.0+	0.7~1.0+	0.7~1.0+	0.7~1.0+
1733年 5月18日	雍正十一年 四月初五日	1.0~1.1	1.0~1.1	1.0~1.1	1.0~1.1	1.0~1.1
1733年 5月26日	雍正十一年 四月十三日	1.1~1.8	1.1~1.8	1.1~1.8	1.1~1.8	1.1~1.8
1733年 5月26日	雍正十一年 四月十三日					0.8~1.2

建宁府	邵武府	延平府	福宁州	台湾府	厦门	备注及资料来源
6	7	8	9	10	11	
					上米 0.9 中米 0.84 次米 0.8	《宫中档雍正朝奏折》第20辑,第722页
0.7～1.3	0.7～1.3	0.7～1.3	1.1～1.5	0.7～1.2		闽县、侯官、长乐、连江、福清、罗源:0.9～1.1,福安、宁德:1.1～1.2,莆田、仙游:0.9～1.0＋,晋江、惠安、同安:0.9～1.2,龙溪、海澄、漳浦、诏安:0.9～1.1＋,南靖:0.7～1.3＋,诸罗、凤山、彰化、台湾县:0.7～1.2。 《宫中档雍正朝奏折》第20辑,第755～756页
0.7～1.0+	0.7～1.0+	0.7～1.0+	0.7～1.0+			《宫中档雍正朝奏折》第20辑,第786页
						《宫中档雍正朝奏折》第20辑,第882页
1.0～1.1	1.0～1.1	1.0～1.1	1.0～1.1			《宫中档雍正朝奏折》第21辑,第357页
1.1～1.8	1.1～1.8	1.1～1.8	1.1～1.8			前一年冬:1.3～1.8,春:1.2～1.3。 《宫中档雍正朝奏折》第21辑,第384～385页
	0.8～1.2	0.8～1.2				前一年秋冬:0.8～0.9,早春:1.1～1.2。 《宫中档雍正朝奏折》第21辑,第393页

I	II	福州府 1	兴化府 2	泉州府 3	漳州府 4	汀州府 5
1733年5月29日	雍正十一年四月十六日	1.0±	1.0±	1.0±	1.0±	1.0±
1733年6月23日	雍正十一年五月十二日				上米1.34 中米1.18 次米1.08	
1733年7月9日	雍正十一年五月二十八日			1.0±	1.0±	
1733年10月9日	雍正十一年九月初二日	0.8~1.0	0.8~1.0	0.8~1.0	0.8~1.0	0.8~1.0
1733年10月23日	雍正十一年九月十六日					0.9~1.6
1733年11月10日	雍正十一年十月初四日				上米1.06 中米1.0 次米0.96	
1733年11月28日	雍正十一年十月二十二日	0.7~1.2	0.7~1.2	0.7~1.3+	0.7~1.3+	0.7~1.3+
1733年12月23日	雍正十一年十一月十八日	0.8~1.1	0.8~1.1	0.8~1.3	0.8~1.3	1.2~1.3

建宁府	邵武府	延平府	福宁州	台湾府	厦门	备注及资料来源
6	7	8	9	10	11	
1.0±	1.0±	1.0±	1.0±			《宫中档雍正朝奏折》第21辑,第402页
						《宫中档雍正朝奏折》第21辑,第558页
					0.96	《宫中档雍正朝奏折》第21辑,第613页
0.8~1.0	0.8~1.0	0.8~1.0	0.8~1.0			《宫中档雍正朝奏折》第22辑,第68页
						《宫中档雍正朝奏折》第22辑,第142页
						《宫中档雍正朝奏折》第22辑,第179页
0.7~1.2	0.7~1.2	0.7~1.2	0.7~1.2			龙溪、海澄、漳浦、诏安:上米、中米0.8~1.1,宁德、福安:上米、中米0.8~1.1,德化:1.3+,晋江、惠安、同安:上米、中米0.8~1.1,龙岩:1.3+,长汀、连城、永定:1.3+,闽县、侯官、长乐、连江、罗源、福清:上米、中米0.8~1.1,莆田、仙游:上米、中米0.8~1.1。《宫中档雍正朝奏折》第22辑,第229页
				0.7~1.3		沿海县:0.8~1.1,台湾县、汀州:1.2~1.3,凤山、诸罗、彰化:0.7~1.1。由海关监督呈报 《宫中档雍正朝奏折》第22辑,第355页

I	II	福州府 1	兴化府 2	泉州府 3	漳州府 4	汀州府 5
1733年12月23日	雍正十一年十一月十八日	0.76~1.0+	0.76~1.0+	0.76~1.0+	0.76~1.0+	0.76~1.0+
1733年12月29日	雍正十一年十一月二十四日					
1734年1月19日	雍正十一年十二月十五日					
1734年3月8日	雍正十二年二月初四日				1.18	
1734年4月27日	雍正十二年三月二十四日					1.1
1734年5月5日	雍正十二年四月初三日					
1734年5月9日	雍正十二年四月初七日	0.8~1.0	0.8~1.0	0.8~1.0	0.8~1.0	0.8~1.0
1734年6月23日	雍正十二年五月二十二日	0.9~1.0+	0.9~1.0+	0.9~1.0+	0.9~1.0+	0.9~1.0+
1734年7月12日	雍正十二年六月十二日	0.8~1.0+	0.8~1.0+	0.8~1.0+	0.8~1.0+	0.8~1.0+

建宁府	邵武府	延平府	福宁州	台湾府	厦门	备注及资料来源
6	7	8	9	10	11	
0.76~1.1-	0.76~1.1-	0.76~1.1-	0.76~1.1-	0.76~1.1		由总督、巡抚共同呈报 《宫中档雍正朝奏折》第22辑,第357页
				上米 0.5~1.11		台湾县1.11,凤山0.91,诸罗1.06,彰化0.85,淡水0.5。 《宫中档雍正朝奏折》第22辑,第371页
				0.7~0.95		府治:次米0.86~0.95,凤山、诸罗、彰化:0.7~0.78。 《宫中档雍正朝奏折》第22辑,第441页
						府城 《宫中档雍正朝奏折》第22辑,第568页
						《宫中档雍正朝奏折》第22辑,第747页
				次米 0.7~0.78		《宫中档雍正朝奏折》第22辑,第770页
0.8~1.0	0.8~1.0	0.8~1.0	0.8~1.0			《宫中档雍正朝奏折》第22辑,第786页
0.9~1.0+	0.9~1.0+	0.9~1.0+	0.9~1.0+			《宫中档雍正朝奏折》第23辑,第72页
0.8~1.0+	0.8~1.0+	0.8~1.0+	0.8~1.0+			《宫中档雍正朝奏折》第23辑,第206页

I	II	福州府	兴化府	泉州府	漳州府	汀州府
		1	2	3	4	5
1734年 9月13日	雍正十二年 八月十六日	0.8~1.03	0.8~1.03	0.8~1.03	0.8~1.03	0.8~1.03
1734年 10月21日	雍正十二年 九月二十五日	0.9~1.0+	0.9~1.0+	0.9~1.0+	0.9~1.0+	0.9~1.0+
1734年 11月21日	雍正十二年 十月二十六日				上米 1.28 中米 1.24 上米 1.08* 中米 0.95*	
1734年 12月12日	雍正十二年 十一月十八日	0.8~1.02	0.8~0.92	1.0~1.2	0.8~1.26	0.92~1.3
1734年 12月23日	雍正十二年 十一月二十九日					
1735年 3月13日	雍正十三年 二月十九日				上米 1.23 中米 1.12 上米 1.1* 中米 1.03*	
1735年 4月2日	雍正十三年 三月初十日	0.8~1.02	0.8~1.02	1.0~1.13	1.0~1.13	0.8~1.02
1735年 4月12日	雍正十三年 三月二十日					1.10±

建宁府	邵武府	延平府	福宁州	台湾府	厦门	备注及资料来源
6	7	8	9	10	11	
0.8~1.03	0.8~1.03	0.8~1.03	0.8~1.03			《宫中档雍正朝奏折》第23辑,第410页
0.9~1.0+	0.9~1.0+	0.9~1.0+	0.9~1.0+			《雍正朱批谕旨》,第5422页
						*表示为台湾米。《宫中档雍正朝奏折》第23辑,第679页
0.72~0.92	0.8~0.9	0.8~1.06	0.7~0.9	0.8~1.2		《宫中档雍正朝奏折》第23辑,第769~770页
				0.78~1.2		台湾县:上米1.2,凤山:上米0.93,诸罗:上米0.79,彰化:上米0.85,淡水:上米0.78。《宫中档雍正朝奏折》第23辑,第828页
						*表示为台湾米。《宫中档雍正朝奏折》第24辑,第160页
0.7~0.9	0.7~0.9	0.8~1.02	0.7~0.9	0.7~1.0+		《宫中档雍正朝奏折》第24辑,第229页
	0.9±					《宫中档雍正朝奏折》第24辑,第265页

I	II	福州府 1	兴化府 2	泉州府 3	漳州府 4	汀州府 5
1735年6月10日	雍正十三年闰四月二十日	0.97~1.12	1.01~1.26	1.05~1.4	1.05~1.35	0.96~1.4
1735年6月16日	雍正十三年闰四月二十六日				上米1.28 中米1.23 上米1.18* 中米1.15* 次米1.1*	
1735年6月17日	雍正十三年闰四月二十七日	0.9~1.07	1.0~1.16	1.04~1.4	1.04~1.3	0.93~1.4
1735年8月7日	雍正十三年六月十九日					
1735年8月14日	雍正十三年六月二十六日	上米1.0~1.2	1.1	1.1~1.5	1.1±	1.1~1.2

作者原注：

在大多情况下，几个府或者甚至整个省只上报一个统一价格。

| 建宁府 | 邵武府 | 延平府 | 福宁州 | 台湾府 | 厦门 | 备注及资料来源 |
6	7	8	9	10	11	
0.72~0.95	0.8~0.95	0.87~1.1	0.73~0.9	0.8~1.35		永春、龙岩:1.05~1.3。《宫中档雍正朝奏折》第24辑,第560~561页
						*表示为台湾米。《宫中档雍正朝奏折》第24辑,第591页
0.72~0.9	0.83~0.95	0.87~1.1	0.61~0.85	0.82~1.26		龙岩 1.05~1.25,永春1.07~1.25。《宫中档雍正朝奏折》第24辑,第615~616页
0.8~0.9*						浦城0.7~0.8。*府城的米价。《宫中档雍正朝奏折》第24辑,第859页
0.84~1.0	0.84~0.9	0.96~1.1	0.78~1.0	1.12~1.29		永春1.15,德化1.4,龙岩1.1~1.25。《宫中档雍正朝奏折》第24辑,第911页

译者注:

①原表中此处为"0.08+",查奏折原文为"台湾府属每石卖银八钱零",故更正为"0.8+"。

附录二 1717—1732年间在天津贸易的福建船只

序号 a	到达日期 b	船籍 c	船号 d	船员人数 e	白糖 f	松糖 g	乌糖 h	冰糖 i	瓷碗 j	小瓷器 k	纸张 l	茶叶 m	糖果 n	烟草 o	其他货物 p	总载重估算(石) q
1	1717年7月23日	晋江	发字一一三六号	19	500篓		4篓	30桶	25000个				24桶		竹笋26把，鱼翅5捆	1000
2		晋江	发字一五二八号	19	550篓			20桶	15000个				4桶		鱼鳔1捆	900
3	1723年8月10日		发字四七四号	18	456包	*45包		29桶	50000个	28500个		大小45篓	2桶	50斤	鱼翅15捆，麒麟菜16包，白鲞5篮	1100
4			发字四七八号	17	78包	426篓		50桶	25000个	14000个		56篓			鱼鳔10捆，落花生50斤，鱼翅2捆	1000
5	1723年8月7日	同安	同字一一七八号	24	327包	851包		9桶	1500个			63小篓	41桶		麒麟菜7包，落花生2包，芦叶3包，槟榔4包，苏木1787斤	1400
6		龙溪	龙字六七五号	24	357包	573包		16桶	12350个			大小179篓	76桶	6箱	海带菜8捆，落花生5包，陈皮1包，苏木4718斤	1400
7	1723年8月8日	龙溪	龙字三〇〇号	17	118包	505包		24桶					83桶	40捆	海粉3包，落花生360斤，苏木2450斤，鱼翅3小捆	800
8		龙溪														
9	1724年(?)	?														
10		?														

226

序号	到达日期	船籍	船号	船员人数	白糖	松糖	乌糖	冰糖	瓷碗	小瓷器	纸张	茶叶	糖果	烟草	其他货物	总载重估算（石）
a	b	c	d	e	f	g	h	i	j	k	l	m	n	o	p	q
11	1724年9月4日	同安	同字一一〇八号	18	107包	212包		21桶	12850个	14200个	7464篓	779斤（上等）	44桶	2箱	麒麟菜14包、海粉3箱、鱼胶3捆、香蕈3包、乌梅2篓、槟榔1桶、银珠1桶、黄丹7桶、大料6包、苏木1190斤、锡1包、鱼翅4包、胡椒55包	1100
12	1724年9月4日	龙溪	宁字九四号	18	106包	505包①		8桶	9750个	14700个		1615斤	9桶		麒麟菜50包、海粉1包、鱼胶1包、落花生400斤、橘皮4箱、姜黄13包、槟榔5箱、苏木16188斤、鱼翅9捆、胡椒31包	1000
13	1724年9月4日	龙溪	元字四七号	18	199包	407包		19桶	22500个			361斤	58桶	150斤	麒麟菜32包、落花生2包、布料19捆、假乌木筴5捆、苏木5775斤、胡椒20包	1700
14		龙溪	字字八一号	22	76包	1014篓		15桶	9750个			25篓（上等）	53桶		鱼鳔73斤、麒麟菜10包、海粉5箱、香蕈2包、香圆片2箱、橘皮112斤、苏木3100斤、鱼翅2包、胡椒13包	
15	1725年8月11日	同安	同字一二八二号	18	664包	345包		52桶	6000个			299篓	82桶	354斤	紫菜1箱、地瓜粉953斤、乌梅2包、槟榔40包、大料50包、白布300斤、茯苓草8包、轻翅8独板1副、苏木2087斤、鱼翅90没药2包、胡香、乳香1桶	1600

起兴的门厦

序号	到达日期	船籍	船号	船员人数	白糖	松糖	乌糖	冰糖	瓷碗	小瓷器	纸张	茶叶	糖果	烟草	其他货物	总载重估算（石）
a	b	c	d	e	f	g	h	i	j	k	l	m	n	o	p	q
16	1725年8月11日	龙溪	宁字一七〇号	21	20包	712包		1桶				318篓			紫菜3包,海粉3箱,香蕈2箱,橘皮290斤,苏木1210斤	1100
17	1725年8月11日	龙溪	宁字一八四号	22	66包	742包		15桶			②	702斤			海带菜10包,海粉1箱,落花生22袋,橘饼20桶,陈皮4袋,香珠220串,藤鞭杆34捆,胡椒1包	1000
18		闽县	慎字二五四号	20	40包						4100张8615篓42块①	235斤			鱼鳔80斤,紫菜3篓,笋5篓,地瓜粉2包,香蕈1袋,乌梅4篓,建莲3袋,柑3桶,佛手5篓,枳实1篓,栀子45斤,红曲2篓,松香8篓,炒板1副	
19		闽县	慎字三七二号	21	70包	27包					6357篓1055块③	110斤			地瓜粉2包,油板2副,乌梅7篓,枳实230斤,松香8篓,苏木145斤	
20	1725年9月14日	同安	同字一一七八号	22	602包	543包		33桶	11670个		5篓	486篓	26桶		香蕈1篓,橘饼31桶,地瓜粉4包,乌梅12包,杠木独板1副,苏木2888斤,鱼翅3包	1900
21	1725年10月15日	晋江	笛字一八号	18	42包	490包					4308篓545块	31篓			笋干478篓,建莲2袋,乌梅29袋,枳实5袋	

228

序号	到达日期	船籍	船号	船员人数	白糖	松糖	乌糖	冰糖	瓷碗	小瓷器	纸张	茶叶	糖果	烟草	其他货物	总载重估算（石）
a	b	c	d	e	f	g	h	i	j	k	l	m	n	o	p	q
22	1726年8月28日	晋江	发字一〇九三号	19	241包			1桶				310斤			鱼鳔9包,海带菜5包,鲨鱼53包,笋7包,香蕈2包,橘饼1桶,苏木9495斤,鱼翅2包,胡椒2包,火腿1包	900
23		同安	同字一一二号	17	241包	456包		40桶		2800个	2箩	66桶895斤	375桶		陈皮1包,筷子628把,苏木4627斤,胡椒5包	900
24			发字一一二号	18												
25			发字八五号	23												
26		晋江	发字三五八号	17												
27			发字一〇七五号	18												
28	1729年7月9日至8月21日		发字一〇九一号	18												
29			发字一一一号	21												
30			顺字二六二号	17											松糖、鱼、鱼翅、橘饼、胡椒、糖秆、粗碗等	
31			顺字二六一号	18												
32		同安	宁字一九号	19												
33		龙溪	宁字二〇〇号	18												
34	1729年8月12日至10月1日	晋江	发字四三号	14											松糖、粗碗、苏木、铁锅、纸等	
35			发字四七八号	17												
36			发字二〇四号	15												

起兴的门厦

序号	到达日期	船籍	船号	船员人数	白糖	松糖	乌糖	冰糖	瓷碗	小瓷器	纸张	茶叶	糖果	烟草	其他货物	总载重估算（石）
a	b	c	d	e	f	g	h	i	j	k	l	m	n	o	p	q
37		晋江	发字一二五四号	18												
38		闽县	平字四四八号	22												
39	1729年 8月12日		平字三四七号	21											松糖、粗碗、苏木、铁锅、纸等	
40	至		平字一八一号	22												
41	10月1日	龙溪	宁字二八六号	18												
42		同安	宁字二九五号	22												
43		福清	宁字一八一号	23												
44		琼山	昌字七三号	19												
45			贸字一号	19												
46			发字四七八号	17	200包			10桶	100000个	33600个		236斤			浒苔菜10斤、槽鱼160斤、针鱼酱110斤、橘饼50斤、荔枝干5斤、荔酒3坛	1100
47			发字一〇四二号	18	370包	16包		40桶	120050个	41500个					鱼鳔80斤、橘皮8包	1500
48	1731年 7月27日 至 10月20日	晋江	发字一六八八号	23	739包	676包		71桶				1132斤			麒麟菜11捆、海粉2箱、闽姜18桶、橘饼25箱、枝元4箱、陈皮16袋2箱、门冬2桶、苏木2355斤	1600
49			发字三五八号	17	210包			20桶	45000个	16500个					白矾9篓	700
50			发字一六八八号	20	4包	475包						30篓			海粉3箱、乌梅12包、橘饼9箱、槟榔7包、苏木1260斤	600

230

序号	到达日期	船籍	船号	船员人数	白糖	松糖	乌糖	冰糖	瓷碗	小瓷器	纸张	茶叶	糖果	烟草	其他货物	总载重估算(石)
a	b	c	d	e	f	g	h	i	j	k	l	m	n	o	p	q
51			发字一二一九号	23	736包	770包		35桶					2桶		闽姜4桶,橘饼76桶,橘皮11袋,门冬3桶	1700
52			发字二四二号	18	220包			19桶							香附2袋,橘子9袋,鱼翅150斤	1000
53		晋江	发字八九五号	23	993包	415包		32桶	90000个5篓						闽姜2桶,橘饼84桶,橘皮9袋,门冬1桶,苏木990斤	1600
54			发字二一九号	18					18000个	1800个		226箱			姜17篓,白矾27篓,布料152匹	400
55			发字九七九号	16	60包				19000个						糖水26桶	200
56			发字八七四号	21	1060包	66包									藤丝5捆,苏木3包,625斤	1200
57	1731年7月27日至10月20日		发字三四二号	20	467包57篓	380包									绍兴酒451坛	1400
58			发字八七号	19	1339包											1500
59			顺字一〇号	21	77包	584包		29桶				226斤			陈皮12包,苏木410斤	700
60		同安	顺字三一二号	21	778包	408包									海粉6桶,橘饼30桶,橘皮30袋,苏木2500斤	1400
61			顺字一八一号	23	90包	656包		10桶					2桶	3箱	橘饼6桶,胡椒10包	800
62			顺字一六三号	20	213包	511包						5篓(上等)			苏木271斤	800
63			同字一六三号	23	57包	506包										600
64			顺字一二五号	17	613包	238包									良姜40包,槟榔27包,三茶42包	1000

附录 231

起兴的门厦

序号 a	到达日期 b	船籍 c	船号 d	船员人数 e	白糖 f	松糖 g	乌糖 h	冰糖 i	瓷碗 j	小瓷器 k	纸张 l	茶叶 m	糖果 n	烟草 o	其他货物 p	总载重估算（石）q
65		同安	顺字二四四号	21	676 包	290 包		64 桶				155 篓			闽姜 4 桶、乌梅 5 篓、橘饼 26 桶、苏木 5410 斤、胡椒 35 包	1300
66			顺字一五一号	18	1227 包							548 箱（上等）				500
67			顺字二〇四号	21	1617 包	275 包										1600
68			宁字九四号	23	222 包	104 包		11 桶							海粉 1 箱、闽姜 20 桶、乌梅 4 篓、橘饼 22 桶、陈皮 41 袋、青皮 1 袋、姜黄 2 袋	2000
69	1731 年 7 月 27 日 至 10 月 20 日	龙溪	宁字九四号	22	282 包	290 包		62 桶				51 篓（上等）	1 桶		海粉 4 箱、闽姜 8 桶、橘饼 10 桶、元眼 2 篓、橘皮 2 箱 3 箱、槟榔 4 箱、门冬 2 桶、姜黄 9 袋、鞭杆 650 斤、胡椒 3 包	700
70			宁字二九五号	23	860 包	447 包								3 箱	橘饼 9 桶、姜黄 26 篓、胡椒 23 包	800
71			宁字一八二号	23	10 包	619 包		73 桶							闽姜 2 桶、香元片 4 桶、橘饼 75 袋、槟榔 4 包、陈皮 31 袋、苏木 460 斤 8 桶	1700
72			宁字一八四号	23		693 包		16 桶								800
73			宁字二一号	21	328 包	500 包		7 桶				10 篓			海粉 1 箱、橘饼 2 桶、橘红 1 箱	900

序号 a	到达日期 b	船籍 c	船号 d	船员人数 e	白糖 f	松糖 g	乌糖 h	冰糖 i	瓷碗 j	小瓷器 k	纸张 l	茶叶 m	糖果 n	烟草 o	其他货物 p	总载重估算（石）q
74		龙溪	宁字二九一号	17	161包	398包		22桶							闽姜22桶,橘饼55桶,陈皮5箱,门冬31桶,生漆6篓	700
75			宁字一八五号	23	549包	928包		66桶				110篓（上等）			海粉2箱,闽姜8桶,乌梅5篓,橘饼68桶,元眼(?)2箱,橘皮10袋,门冬1箱,生漆20篓,苏木5515斤	1900
76			宁字二〇〇号	18	144包	475包		32桶							麦冬2桶,苏木1265斤	700
77			宁字一九三号	22	75包							490篓（上等）				400
78			平字四〇二号	23	12包	817包		18桶							乌梅9包	1000
79			平字二〇七号	23	112包	701包			25000个		117块	68篓			紫莱12篓,海粉2箱,乌梅25篓,橘皮3袋,元眼(?)43箱,橘皮3袋,姜黄10袋,红曲23篓,松香8篓,苏木1800斤	800
80	1731年7月27日至10月20日	闽县	平字三九五号	23	190包	419包					3473篓 499块	169篓		4箱	乌梅10篓,橘饼4桶	1000+
81			平字一九四号	23	91包	84包		4桶			6556篓 382块	2篓		3箱	笋40篓,乌梅17篓,元眼21箱,红曲8篓	
82			平字五〇号	23		100包		5桶			6504篓 137块	9篓			笋86篓,乌梅5包,陈皮25箱,泽泻1箱,松香5箱,桂木5包	
83			平字二一四号	23	5包 119篓						6569篓				ⓐ	
84			平字四四六号	23												

厦门的兴起

序号	到达日期	船籍	船号	船员人数	白糖	松糖	乌糖	冰糖	瓷碗	小瓷器	纸张	茶叶	糖果	烟草	其他货物	总载重估算（石）
a	b	c	d	e	f	g	h	i	j	k	l	m	n	o	p	q
85		闽县	平字三六号	22							6220篓				笋28篓①	
86			平字三三八号	23							4862篓				乌梅50篓、橘饼51桶	
87			平字二五号	21							5448篓					
88			平字四八号	21	145包						4128篓				紫菜1篓、笋242篓、红曲2篓	
89			平字二一三号	22							4423篓	28篓			红曲8篓	
90			公字五七号	21	1包	507包			4900个							600
91		莆田	公字二一四号	21	75包	380包			6510个	5690个		92篓			紫菜19篓、姜4篓、乌梅4包、元眼50桶、红曲6篓、鱼翅1包	700
92	1731年7月27日至10月20日		公字一一七号	18	60包	446包					70块	2包			元眼39桶3箱、陈皮5袋	600+
93			公字一三四号	23	89包	536包						12篓			落花生3篓、乌梅12包、桂圆8箱、枝元31桶、荔枝6桶	700
94			公字一八六号	22	155包	420包						30篓			桂圆20桶	600
95			公字一九三号	19	30包	381包					50篓	87篓			乌梅17篓、桂圆63桶、佛手10桶、姜1包	600
96			公字二二一号	21	409包							76篓				
97			公字一八号	23	112篓	493篓			9010个			10篓			乌梅17篓、桂圆5桶、蜜萝2桶、佛手14桶、陈皮8袋	800
98		宁波	商字一三六号	21	1453包	14包										1600

234

序号	到达日期	船籍	船号	船员人数	白糖	松糖	乌糖	冰糖	瓷碗	小瓷器	纸张	茶叶	糖果	烟草	其他货物	总载重估算（石）
a	b	c	d	e	f	g	h	i	j	k	l	m	n	o	p	q
99			发字一三三二号	18											白糖、冰糖、鲣鱼、茶叶、粗碗、酒碗、调羹等	
100			发字三五八号	17											白糖、冰糖、酒杯、调羹、粗碗等	
101		晋江	发字一六八七号	19											纸张等	
102			发字八六二号	17											白糖、松糖、冰糖、姜黄、粗碗、茶杯、酒杯、调羹等	
103			发字八九五号	23											白糖、松糖、冰糖、橘饼、闽姜、香圆片、苏木、陈皮、建烟等	
104	1732年7月11日至10月27日		发字一六六八号	19											白糖、松糖、良姜、三茶等	
105			顺字一八一号	23											松糖、橘皮、冰糖、苏木、麟莱、胡椒、落花生等	
106			顺字三九三号	19											冰糖、白糖等	
107		同安	顺字二五二号	17											纸张、茶叶等	
108			顺字七七号	23											苏木、铅块、胡椒等	
109			顺字六三号	20											松糖、白糖、苏木、胡椒、良姜、三茶、藤条杆等	
110			顺字九七号	20											白糖、松糖、冰糖、门冬果、槟榔、胡椒、茶叶等	
111			顺字二八八号	19											白糖、松糖等	
112		龙溪	宁字一七〇号	21											松糖、白糖、姜黄、麟莱、胡椒、茶叶、苏木等	

厦门的门兴起

序号	到达日期	船籍	船号	船员人数	白糖	松糖	乌糖	冰糖	瓷碗	小瓷器	纸张	茶叶	糖果	烟草	其他货物	总载重估算(石)
a	b	c	d	e	f	g	h	i	j	k	l	m	n	o	p	q
113			宁字九号	23											纸张、建莲、胡椒、闽姜、冰糖、橘饼、苏木、陈皮、乌梅等	
114			宁字一五四号	17											白糖、松糖、茶叶、橘饼、陈皮、胡椒、麒麟菜、冰糖、苏木、粗碗等	
115			宁字一八二号	23											松糖、白糖、冰糖、橘皮、闽姜、胡椒、陈皮、姜黄、苏木等	
116			宁字二九一号	17											白糖、松糖、橘饼、糖果、乌梅、粗碗等	
117	1732年7月11日至10月27日	龙溪	宁字五五号	21											冰糖、白糖、松糖、橘皮、麒麟菜、香覃、橘饼、闽姜、香圆片、胡椒、苏木等	
118			宁字一四一号	19											冰糖、松糖、白糖、胡椒、槟榔、建烟、建莲、闽姜、橘饼、橘皮、茶叶、苏木等	
119			宁字六〇号	21											冰糖、橘饼、松糖、陈皮、果、麒麟菜、茶叶、苏木等	
120			宁字二九五号	23											白糖、松糖、槟榔、益智仁、大茶、腹皮等三、	
121			宁字二四七号	23											松糖、白糖、冰糖、橘皮、苏木、麒麟菜、闽姜、落花生、橘饼、茶叶、胡椒、粗碗等	

序号	到达日期	船籍	船号	船员人数	白糖	松糖	乌糖	冰糖	瓷碗	小瓷器	纸张	茶叶	糖果	烟草	其他货物	总载重估算（石）
a	b	c	d	e	f	g	h	i	j	k	l	m	n	o	p	q
122	1732年7月11日至10月27日	闽县	平字三九五号	23											纸张、茶叶、菱笋、香蕈、建莲、白釜、鱼翅、冰糖、粗碗等	
123			平字四八号	21											纸张等	
124			平字二一九号	19											纸张、冰糖、茶叶等	
125			平字二一四号	23											菱笋、香蕈、纸张、乌梅、红曲、鳖鱼、茶叶等	
126			平字三三六号	23											纸张、白糖、茶叶等	
127			平字二二号	19											纸张等	
128			平字四六六号	23											纸张、菱笋、建烟、茶叶、乌梅等	
129			平字三三二号	21											纸张	
130			平字四二六号	23											纸张、乌梅等	
131			平字四四七号	23											纸张、菱笋、茶叶、苏木、乌梅等	
132			平字二七号	23											纸张	
133			平字一八三号	18											纸张	
134			平字三七七号	22											纸张	
135			平字二一七号	23											纸张、李干、门冬、苏木、佛手等	
136			平字二五号	21											纸张、乌梅、香蕈、茶叶、苏木等	
137			平字二五号	21											纸张	
138			平字三三六号	21											纸张、菱笋、建烟等	
139			公字二一八号	23												
140		莆田	公字一三四号	23											白糖、桂圆、纸张、松糖、良姜、三条、建烟、香蕈、苏木、鱼翅、粗碗、盘碟、酒杯、生姜等	

附录 237

起兴的厂顺

序号	到达日期	船籍	船号	船员人数	白糖	松糖	乌糖	冰糖	瓷碗	小瓷器	纸张	茶叶	糖果	烟草	其他货物	总载重估算（石）
a	b	c	d	e	f	g	h	i	j	k	l	m	n	o	p	q
141	1732年7月11日至10月27日	琼山	贸字六号	13											白糖、松糖、核桃、鞭杆、藤线、藤篦等	
142		宁波	商字一五一号	21											白糖、松糖、粗碗等	
143			商字一六六号	21											白糖、松糖等	

作者原注：

1. 上表所使用的计量单位包括：篓、篮、斤、袋、桶、副、箱、把、匹、包、捆、坛、个、张。表中数字未注明计量单位者，即表明与本列前一行的单位相同（译者注：为便于查阅，译者在表中已将单位补齐）。

2. 由于使用不同的计量单位，估算每艘船的载货总重量时会存在一些问题。单位"斤"是明确无疑的。此外，1篓和1包糖分别表示170斤和130斤，但无法确定它们作为其他类别货物的单位时是否表示相同的重量。为了做出粗略估算，除一些特例如筷子的单位"把"以外（见第23号船），存疑的单位大致以100斤。货物的包装可能也尽量以此为标准，以便计算重关税。尽管如此，米和糖还是保留它们自己特别的包装方式。不过，我不太愿意对载重关税的包装方式。不过，我不太愿意对载货船只载货重量进行估算（见《厦门志》卷七，第11～32页），其余的零星商品只占货物量的很小一部分，不会对计算货物总重量有很大影响。

3. 这里有必要对瓷器类做一下单独说明。瓷器分为两类，"粗碗"属这一个约重1斤，小件的是指"细磁"。根据《厦门志》中的信息，我大致估算每5件细磁约重1斤。见《厦门志》卷七，第25页。表中将它们分为2列，因为不少船只所载瓷器数量往往很多。

4. 此表数据基于前文所引用的11份奏折。依次包括第1～2，3～7，8～14，15～19，20，21，22～23，24～33，34～45，46～98，99～143号船。

译者注：

①原表中此处数字为550，奏折中记载为"松糖伍百伍包"，应为505。

②原表中此处为"4100张 6357篓 8165张 42块"，与奏折原文、核对雍正朝关税史料，该船并未载纸，可能与下一行混淆。

③原表中此处为6357篓 1055块，与奏折原文，该船载糖的种类与数量为"江连纸肆千伍百拾伍篓，古连纸肆千叁拾篓"，"夹纸玖百陆拾伍篓，红毛纸贰块"，即5046+1311=6357篓，965+90+4040=8615篓，40÷2=42块，4100张。

④原表中此处为空，但奏折中记载了该船载瓷纸，具体数量与奏折原文不符。

⑤原表中白糖"5篓"有误，查《雍正朝关税史料》中记载该船装糖的数量为"白糖肆百陆拾柒包，松糖叁百捌拾柒篓"。

⑥原表中此处为"第28篓"，查《雍正朝关税史料》，该船载"笋二十八篓"，疑与下一行混淆。

⑦原表中此处为空，查《雍正朝关税史料》，该船载"笋二十八篓"，故此处当为"笋28篓"。

⑧原表中此处有误《晋江县关志》载"该船载冰糖……所载白糖、冰糖、酒杯、调羹、粗碗等"，与该行船员人数和货物对应的是"晋江发字壹千陆百拾捌号船"，故此处当为"发字一六六号"。

⑨原表中载有误为"Fa 895"，与上一艘船重复。核对奏折原文，即"示眼"（即 longan，即 少服），即 1055块。

附录三 天津贸易中的福建土产

	福州	兴化	泉州	漳州	延平	建宁	邵武	汀州	福宁	台湾
糖	ac	ac	ac	ac	abc	c	ac	ac	abc	ac
陶瓷	c		c	c	ac	ac	ac	c	bc	
纸张	ac		bc	a	abc	bc	ac	ac	abc	c
茶叶	ac	c	ac	ac	ac	ac	ac	ac	c	bc
糖果								b		
烟	c	c	c	bc	c	c	c		bc	c
鱼鳔	ac	ac	ac			c			a	
海藻类①	bc	ac	bc	ac					c	
海粉	c		bc	c						ac
鲨鱼	ac	c	ac	b		c			a	
鱼胶	ac	a	ac			c			a	
笋	abc	ac	c	c	c	abc	ac	c	c	ac
落花生	a	c	c	bc			c	c	bc	c
香蕈	ac	ac	bc	bc	a	a	a	ab	c	
地瓜粉	c	c	c	c	c		c	c	c	c
姜②	a	ac	ac	a	ac	c	ac	ac		
莲子	c	c	c	c	a	ac	c	ac	ac	bc
乌梅（干）	abc	b								
元眼	ac	ac	ac	ac					ac	c
桂圆	c	c	c	c					c	c
佛手	c		c	c	c	c			c	c
香圆片		ac	ac	ac	ac	ac		bc	ac	
荔枝	ac	ac	ac	a					ac	c
荔枝酒	b				c					
陈皮		bc	bc	c		c				

续表

	福州	兴化	泉州	漳州	延平	建宁	邵武	汀州	福宁	台湾
槟榔										ac
枳实	c	c	c	abc		c				
门冬	ac	ac	ac	ac	ac	ac	ac	ac	c	ac
香附	ac	ac	ac	ac	ac	ac	ac	ac	c	ac
银珠	b					a				
栀子	c	bc	bc	c	bc	c	bc	bc	bc	c
姜黄					c	ac	abc	a		c
红曲	a		b	b	c			c		b
白矾	c	c		c	ac	c			c	
三奈	c			c						ac
泽泻					ac	c				
松香	a			c						
布料	a	c	ac	ab	a	ac			bc	ac
生漆	c	c		c	c	abc	c	ac		c
鱼翅	a	ac		b			c		ac	c

作者原注：

1.以上土产记载于《福建通志》,《物产》卷。"a""b""c"分别代表1737年、1768年和1868—1871年的版本。

2.从上表可知,天津贸易中的大多数商品来自福建。

3.方志中的记载并不完整,所以有些物产并未记录。前两版省志的编纂不如第三版详细,收录的内容相对较少。事实上,前两版省志未记录的物产在早些时候就已参与贸易。

译者注：

①海藻类(seaweed varieties)包括"麒麟菜""海带菜""紫菜"等。

②姜(ginger)包括"姜""闽姜""良姜""生姜"等。

附录四　1717—1732年间往天津贸易的随船商人*

1. 陈顺兴
   （陈顺兴也是船户）
2. 蔡兴利
   （蔡兴利也是船户。另两名客人是侯世英和黄朝瑞）
3. 林元兴
4. 丘合兴
5. 李元美
6. 柯瀛兴
7. 康德盛
   （客人）
8. 柯荣胜
9. 不详
10. 不详
11. 施传满
12. 沈德万
13. 张德兴
14. 陈世英
15. 谢万胜
16. 陈世英
17. 柯荣胜
18. 林　璋
19. 王昌太
20. 李元美
21. 连得捷
22. 李　栗
23. 林玉柱
24. 张宁世
25. 王崑瑜
26. 洪全兴
27. 林陞璋
28. 李和美
29. 庄　岑
30. 赵志荣
31. 陈万兴
32. 林桐甫
33. 杨士元
34. 蔡必胜
35. 施玺观
36. 蔡万源
37. 德隆号
38. 曹广兴
39. 张彩鸣
40. 张长吉
41. 林正顺
42. 柯荣盛
43. 范苍盛
44. 张德亿
45. 王兴使
46. 邱得宝
47. 王源利
48. 李德兴
49. 庄　豸
50. 曾方泰

---

* 按照附录二中的船号排序。

51. 郭凤兴
52. 林胜兴
53. 苏元合
54. 陈元兴
55. 蔡兴盛
56. 王得万
57. 李德利
58. 陈振丰
59. 魏兴宝
60. 陈凤陞
61. 金隆顺
62. 洪振源
63. 黄万春
64. 苏振万
65. 王起兴
66. 徐良兴
67. 徐永兴
68. 林藏兴
69. 沈得万
70. 柯荣顺
71. 柯瀛兴
72. 柯荣胜
73. 郑从达
74. 郭　长
75. 严淑鸿
76. 林陞漳
77. 吴万丰
78. 谢得万
79. 王大利
80. 林荣兴
81. 李廷辅
82. 郑全兴

83. 叶泰茂
84. 林合顺
85. 洪得祥
86. 王尚志
87. 施简侯
88. 刘裕德
89. 张源兴
90. 黄祥光
91. 陈章盛
92. 陈　誉
93. 苏富盛
94. 吴　兴
95. 伍得胜
96. 陈　琦
97. 许廷辅
98. 黄同春
99. 曾长源
100. 庄　豸
101. 陈振丰
102. 王合利
103. 苏元合
104. 曾方泰
105. 范仓盛
106. 洪振源
107. 陈兴利
108. 萧洪遂
109. 陈胜宝
110. 郑　发
111. 陈天植
112. 魏亿周
113. 林藏兴
114. 魏德合

115. 柯瀛兴
116. 郭　长
117. 林元盛
118. 魏德进
119. 陈协和
120. 柯荣顺
121. 魏德宜
122. 潘天顺
123. 张彩鸣
124. 陈三合
125. 叶泰茂
126. 林镇顺
127. 傅大有
128. 谢万发
129. 张永安
130. 林合顺
131. 林永盛
132. 陈得胜
133. 傅大顺
134. 俞传兴
135. 俞顺兴
136. 徐拾德
137. 施大兴
138. 洪得详
139. 邓乐传
140. 苏富盛
141. 陈永顺
142. 苏永盛
143. 魏得胜

附录五 1717—1732 年间往天津贸易船只的货物*价值估算

要对每艘驶往天津船只的所载货物价值进行估算并不容易。除糖以外,关于其他商品价值的信息十分有限。不过,鉴于多数船货中,糖都占大宗,据此进行估算与实际数字应该不会差太多。1723 年左右,每担白糖在台湾的价格约是 1.35 两,而乌糖是 0.85 两。[①] 1730—1731 年间,糖价高涨。这两年的平均价格是白糖每担 2.1 两,乌糖每担 0.85 两。[②] 1723—1731 年间,每担白糖、乌糖的平均价格分别是 1.725 两和 0.85 两。松糖的售价无法确知,不过可以通过白糖、乌糖价格的平均值(1.288 两)来估算。

至于天津贸易中所提到其他商品的价值,没有确切的数据可以引用。不过,《厦门志》记载了它们每个重量单位的税额。[③] 完整的清单最早于 1724 年公开。如果我们能弄清楚每个单位税额所代表的价格,就能大致估算出不同商品的价值。尽管可以进行估算,但这只是理想化的数字,因为真实的价格总是随时处于波动中。对三种不同等级蔗糖的从量税(每个单位的税额)估算如下:

1723—1731 年间的糖价从量税

(单位:两/担)

等级	1723—1731 年间的均价	每单位税额	%
白糖(上等)	1.725	0.1	6
松糖(中等)	1.288	0.06	5
乌糖(次等)	0.85	0.03	4

上表显示国内商品的税率大约在 5%。进口商品也以较为稳定的比例

---

* 供给的来源为台湾或厦门。
[①] 黄叔璥:《台海使槎录》,《台湾文献丛刊》第 4 种,1957 年,第 21 页。
[②] 《雍正朱批谕旨》第 16 函第 2 册,第 13b 页,福建巡抚赵国麟雍正九年三月十九日折,第 5409 页。
[③] 《厦门志》(道光版),卷七,第 10~32 页。

从价征税。明末,所有外国商品以价格2%的标准征税。[①] 根据马士的记录,该税率在17世纪80年代增加到6%,[②]但在外国商人们看来还是"非常轻"的。[③] 尽管没有足够的证据,但考虑到18世纪20—30年代国内商品已经以5%的标准征税,或许可以假设当时外国商品的总体税率至少已经上涨到10%。

货物价值估算

(单位:两)

货物↓ 船只序号:→	1	2	3	4	5	6
1. 糖						
白糖	1148	1262	1023	174	959	800
松糖	—	—	76	714	1425	960
乌糖	6	—	—	—	—	—
冰糖	72	48	70	120	22	38
小计	1226	1310	1169	1008	2406	1798
%	67	81	44	51	88	53
2. 陶瓷						
粗碗	500	300	1000	500	30	247
小物件	—	—	228	112	—	—
小计	500	300	1228	612	30	247
%	27	18	46	31	1	7
3. 茶叶	—	—	210	336	192	1074
%	—	—	8	17	7	32
4. 福建土产						
糖果	41	7	3	—	70	129
烟草	—	—	2	—	—	18
其他	42	2	38	21	8	10
小计	83	9	43	21	78	157
%	5	1	2	1	3	5

---

① 《重纂福建通志》[同治七年至十年(1868—1871)刊刻版],第二七〇卷,第8页。

② Hosea B. Morse, *The Chronicles of the East India Company Trading to China 1635-1834*, Vol. 1, Oxford: The Clarendon Press, 1926, p. 81.

③ Hosea B. Morse, *The Chronicles of the East India Company Trading to China 1635-1834*, Vol. 1, Oxford: The Clarendon Press, 1926. 马士的原话是:"……根据中国官方的税则,关税的法定税率,如果不计规费和贿赂在内,是非常轻的,只是从价的6%。"

续表

货物↓　　　船只序号:→	1	2	3	4	5	6
5. 外国商品						
苏木、胡椒、鱼翅	23	—	—	9	32	85
没药与乳香	—	—	—	—	—	—
小计	23	—	—	9	32	85
%	1	—	—	0	1	3
6. 其他土产						
火腿与绍兴酒	—	—	—	—	—	—
%	—	—	—	—	—	—
总计	1832	1619	2650	1986	2738	3361

货物↓　　　船只序号:→	7	12	13	14	15	16
1. 糖						
白糖	264	238	261	171	1489	45
松糖	846	716	681	2277	578	1193
乌糖	—	—	—	—	—	—
冰糖	58	19	46	36	125	2
小计	1168	973	988	2484	2192	1240
%	76	48	46	76	50	38
2. 陶瓷						
粗碗	—	195	450	195	120	—
小物件	—	118	—	—	—	—
小计	—	313	450	195	120	—
%	—	15	21	6	3	—
3. 茶叶	—	96	22	300	1794	1908
%	—	5	1	9	40	59
4. 福建土产						
糖果	141	15	97	90	139	—
烟草	120	—	5	39	11	—
其他	64	75	316	116	90	80
小计	325	90	418	245	240	80
%	21	4	20	7	5	2

续表

货物↓	船只序号：→	7	12	13	14	15	16
5. 外国商品							
苏木、胡椒、鱼翅		51	561	252	65	42	22
没药与乳香		—	—	—	—	37	—
小计		51	561	252	65	79	22
%		3	28	12	2	2	1
6. 其他土产							
火腿与绍兴酒		—	—	—	—	—	—
%		—	—	—	—	—	—
总计		1544	2033	2130	3289	4425	3250

货物↓	船只序号：→	17	20	22	23	46	47
1. 糖							
白糖		148	1351	540	540	449	830
松糖		1243	909	820	764	—	27
乌糖		—	—	—	—	—	—
冰糖		36	79	2	96	24	96
小计		1427	2339	1362	1400	472	953
%		79	41	82	83	17	26
2. 陶瓷							
粗碗		—	233	—	—	2000	2401
小物件		—	—	—	22	269	332
小计		—	233	—	22	2269	2733
%		—	4	—	1	83	74
3. 茶叶		42	2916	19	—	—	14
%		2	52	1	—	—	0
4. 福建土产							
糖果		—	44	—	127	—	—
烟草		—	—	—	11	—	—
其他		324	67	73	—	7	2
小计		324	111	73	138	7	2
%		18	2	4	8	0	0

续表

货物↓ 船只序号:→	17	20	22	23	46	47
5. 外国商品						
苏木、胡椒、鱼翅	7	66	216	120	—	—
没药与乳香	—	—	—	—	—	—
小计	7	66	216	120	—	—
%	1	1	13	8	—	—
6. 其他土产						
火腿与绍兴酒	—	—	4	—	—	—
%	—	—	0	—	—	—
总计	1800	5665	1674	1683	2749	3702

货物↓ 船只序号:→	48	49	50	51	52	53
1. 糖						
白糖	1658	471	9	1651	493	2227
松糖	1132	—	796	1289	—	1211
乌糖	—	—	—	—	—	—
冰糖	170	48	—	84	46	77
小计	2960	519	805	3024	539	3515
%	93	33	73	95	23	95
2. 陶瓷						
粗碗	—	900	—	—	1810(?)	—
小物件	—	132	—	—	—	—
小计	—	1032	—	—	1810(?)	—
%	—	66	—	—	75(?)	—
3. 茶叶	68	—	180	—	—	—
%	2	—	16	—	—	—
4. 福建土产						
糖果	—	—	—	3	—	—
烟草	—	—	—	—	—	—
其他	104	9	97	159	42	171
小计	104	9	97	162	42	171
%	3	1	9	5	2	5

续表

货物↓ 船只序号:→	48	49	50	51	52	53
5. 外国商品						
苏木、胡椒、鱼翅	42	—	23	—	7	18
没药与乳香	—	—	—	—	—	—
小计	42	—	23	—	7	18
%	2	—	2	—	0	0
6. 其他土产						
火腿与绍兴酒	—	—	—	—	—	—
%	—	—	—	—	—	—
总计	3174	1560	1105	3186	2398(?)	3704

货物↓ 船只序号:→	54	55	56	57	58	59
1. 糖						
白糖	—	135	2377	1214	3003	173
松糖	—	—	111	636	—	978
乌糖	—	—	—	—	—	—
冰糖	—	—	—	—	—	—
小计	—	135	2488	1850	3003	1151
%	—	26	99	96	100	99
2. 陶瓷						
粗碗	360	380	—	—	—	—
小物件	14	—	—	—	—	—
小计	374	380	—	—	—	—
%	21	73				
3. 茶叶	1356	—	—	—	—	—
%	76	—	—	—	—	—
4. 福建土产						
糖果	—	—	—	—	—	—
烟草	—	—	—	—	—	—
其他	50	5	13	—	—	—
小计	50	5	13	—	—	—
%	3	1	1			

续表

货物 船只序号:→	54	55	56	57	58	59
5. 外国商品						
苏木、胡椒、鱼翅	—	—	11	—	—	7
没药与乳香	—	—	—	—	—	—
小计	—	—	11	—	—	7
%	—	—	0	—	—	1
6. 其他土产						
火腿与绍兴酒	—	—	—	81	—	—
%	—	—	—	4	—	—
总计	1780	520	2512	1931	3003	1158

货物 船只序号:→	60	61	62	63	64	65
1. 糖						
白糖	1744	202	478	128	1375	1516
松糖	683	1099	855	848	394	486
乌糖	—	—	—	—	—	—
冰糖	70	—	24	—	—	154
小计	2497	1301	1357	976	1769	2156
%	91	100	94	93	98	61
2. 陶瓷						
粗碗	—	—	—	—	—	—
小物件	—	—	—	—	—	—
小计	—	—	—	—	—	—
%	—	—	—	—	—	—
3. 茶叶	14	—	—	60	—	930
%	0	—	—	6	—	27
4. 福建土产						
糖果	—	—	—	3	—	—
烟草	—	—	—	9	—	—
其他	180	—	12	—	39	58
小计	180	—	12	12	39	58
%	7	—	1	1	2	2

续表

货物↓	船只序号:→	60	61	62	63	64	65
5. 外国商品							
	苏木、胡椒、鱼翅	45	—	74	5	—	356
	没药与乳香	—	—	—	—	—	—
	小计	45	—	74	5	—	356
	%	2	—	5	0	—	10
6. 其他土产							
	火腿与绍兴酒	—	—	—	—	—	—
	%	—	—	—	—	—	—
总计		2736	1301	1443	1053	1808	3500

货物↓	船只序号:→	66	67	68	69	70	71
1. 糖							
	白糖	—	2751	3626	499	633	1929
	松糖	—	461	174	486	748	1037
	乌糖	—	—	—	—	—	—
	冰糖	—	—	26	149	—	175
	小计	—	3212	3826	1134	1381	3141
	%	—	100	98	59	85	95
2. 陶瓷							
	粗碗	—	—	—	—	—	—
	小物件	—	—	—	—	—	—
	小计	—	—	—	—	—	—
	%	—	—	—	—	—	—
3. 茶叶		3288	—	—	612	—	—
	%	100	—	—	32	—	—
4. 福建土产							
	糖果	—	—	2	—	—	—
	烟草	—	—	—	—	9	—
	其他	—	—	80	142	70	173
	小计	—	—	82	142	79	173
	%	—	—	2	8	5	5

续表

货物↓ 船只序号:→	66	67	68	69	70	71
5. 外国商品						
苏木、胡椒、鱼翅	—	—	—	22	170	8
没药与乳香	—	—	—	—	—	—
小计	—	—	—	22	170	8
%	—	—	—	1	10	0
6. 其他土产						
火腿与绍兴酒	—	—	—	—	—	—
%	—	—	—	—	—	—
总计	3288	3212	3908	1910	1630	3322

货物↓ 船只序号:→	72	73	74	75	76	77
1. 糖						
白糖	22	735	361	1232	323	—
松糖	1160	837	666	1553	612	—
乌糖						
冰糖	38	17	53	158	77	
小计	1220	1589	1080	2943	1012	—
%	100	95	77	59	98	—
2. 陶瓷						
粗碗	—	—	—	—	—	—
小物件	—	—	—	—	—	—
小计	—	—	—	—	—	—
%	—	—	—	—	—	—
3. 茶叶	—	60	—	1320	—	2940
%	—	4	—	26	—	100
4. 福建土产						
糖果	—	—	—	—	—	—
烟草	—	—	—	—	—	—
其他	—	24	323	670	4	—
小计	—	24	323	670	4	—
%	—	1	23	13	0	—

续表

货物 ↓	船只序号：→	72	73	74	75	76	77
5. 外国商品							
苏木、胡椒、鱼翅		—	—	—	99	23	—
没药与乳香		—	—	—	—	—	—
小计		—	—	—	99	23	—
%		—	—	—	2	2	—
6. 其他土产							
火腿与绍兴酒		—	—	—	—	—	—
%		—	—	—	—	—	—
总计		1220	1673	1403	5032	1039	2940

货物 ↓	船只序号：→	78	79	80	90	91	92
1. 糖							
白糖		169	28	252	2	169	135
松糖		1368	1173	702	849	636	747
乌糖		—	—	—	—	—	—
冰糖		—	43	—	—	—	—
小计		1537	1244	954	851	805	882
%		99	100	45	86	49	90
2. 陶瓷							
粗碗		—	—	500	98	130	—
小物件		—	—	—	44	—	—
小计		—	—	500	142	130	—
%		—	—	23	14	8	—
3. 茶叶		—	—	408	—	552	12
%		—	—	19	—	34	1
4. 福建土产							
糖果		—	—	—	—	—	—
烟草		—	—	—	—	—	—
其他		9	—	248	—	149	84
小计		9	—	248	—	149	84
%		1	—	11	—	9	9

附录

253

续表

货物 ↓	船只序号：→	78	79	80	90	91	92
5. 外国商品							
	苏木、胡椒、鱼翅	—	—	32	—	5	—
	没药与乳香	—	—	—	—	—	—
	小计	—	—	32	—	5	—
	%	—	—	2	—	0	—
6. 其他土产							
	火腿与绍兴酒	—	—	—	—	—	—
	%	—	—	—	—	—	—
总计		1546	1244	2142	993	1641	978

货物 ↓	船只序号：→	93	94	95	96	97	98
1. 糖							
	白糖	193	348	67	328	3259	
	松糖	898	703	685	1079	23	
	乌糖						
	冰糖						
	小计	1091	1051	752	1407	3282	
	%	85	85	40	82	100	
2. 陶瓷							
	粗碗	—	—	—	180	—	
	小物件	—	—	—	—	—	
	小计	—	—	—	180	—	
	%	—	—	—	10	—	
3. 茶叶		72	180	456	60	—	
	%	6	15	25	4	—	
4. 福建土产							
	糖果	—	—	—	—	—	
	烟草	—	—	—	—	—	
	其他	122	—	653	68	—	
	小计	122	—	653	68	—	
	%	9	—	35	4	—	

续表

货物↓	船只序号：→	93	94	95	96	97	98
5. 外国商品							
苏木、胡椒、鱼翅		—	—	—	—	—	
没药与乳香		—	—	—	—	—	
小计		—	—	—	—	—	
％		—	—	—	—	—	
6. 其他土产							
火腿与绍兴酒		—	—	—	—	—	
％		—	—	—	—	—	
总计		1285	1231	1861	1715	3282	

注释说明：

1. 白糖、松糖、乌糖这三种等级的糖价分别估算为每担1.725、1.288、0.85两。其余货物的价格根据《厦门志》卷七第11～32页记载的每单位重量的税额进行估算，国内及外国商品的税率分别假设为货物价格的5％和10％。

2. 就茶叶而言，按不同的价格来分有三个等级。好茶叶和武夷茶可以算作上等。当史料没有明确指出茶叶等级时，假定为中等的。

3. 每单位的估算价格如下：

货物	估价	货物	估价
冰糖	2.4	陈皮	2
粗碗	2.0/100件	青皮	1.6
陶瓷小物件	4.0/500件	槟榔	1
茶叶：上等	12	枳实	2
中等	6	门冬	2
次等	2	香附	12
糖果	1.7	银珠	26
烟草	3	黄丹	7
鱼鳔	2	栀子	2
海藻类	0.3	姜黄	2
海粉	20	红曲	1
鲞鱼	0.6	白矾	1
鱼胶	4	大料	?
鱼酱	0.6	茯苓草②	?

续表

货物	估价	货物	估价
糟鱼	?	三奈	?
笋	1.6	泽泻	2
落花生	1.2	香珠	0.8
芦叶(?)①	?	松香	1.6
香蕈	4	布料	16.0 或 0.12/匹③
地瓜粉	0.3	筷子	?
姜	0.3	藤鞭杆④	1.6
莲子	1.2	杠木独板	?
乌梅干	1	独板	?
橘饼	2	假乌木筷⑤	?
蜜萝	0.4	柱木⑥	?
元眼	2	苏木	1.8
桂圆(干)	10	锡	?
佛手	0.4	鱼翅	4.6
香圆片	0.4	胡椒	7.4
糖水	0.2	没药	12.3
荔枝干	?	乳香	12
荔枝	?	火腿	4
荔枝酒	1.0/坛	绍兴酒	0.18/坛

译者注：

①原文为 lu-ts'ai(?)，作者认为可能是"芦菜"，核对原引奏折，"菜"疑为"叶"字。

②原文为 ling-ling-ts'ao(?)，作者认为可能是"苓苓草"，核对奏折原文，疑为"茯苓草"。

③布料列有2种价格或与种类及品质不同有关，原引奏折中所提到布料有"白布""蓝布""白标布""斜纹布"等。

④原文为 rattans，校对原引奏折，包括"藤鞭杆""鞭杆""藤线""藤丝""藤篾"等。

⑤原文为 ebony-like wood，意为仿乌木，查附录二并对照《雍正朝关税史料》，记为"假乌木快伍捆"，指的可能是仿乌木筷。

⑥原文为 pillar wood，查附录二并对照《雍正朝关税史料》，记为"折实五包"，暂据英文直译为柱木。

256

术语汇编

一、人名

Chang Hsüeh-sheng	张学圣	Ch'eng Yün-ch'ing	程运青
Chang Jui	张 瑞	Chi Ch'i-kuang	季麒光
Chang Mei	张 湄	Chiang Sheng	江 胜
Chang Tao-p'ei	张道沛	Chin Yung-shu	金永顺
Chang T'ing-mei	张廷枚	Chu I-kuei	朱一贵
Chang Yü-i	张喻义	Chu Shu-ch'üan	朱叔权
Ch'en Hung-mou	陈宏谋	Chun T'ai	准 泰
Ch'en Jou-yüan	陈柔远	Chung Yin	钟 音
Ch'en Ju-hsien	陈汝咸	Fan Ch'eng-mo	范承谟
Ch'en Lun-chiung	陈伦炯	Fang Pao	方 苞
Ch'en Mao	陈 昴	Han I	韩 奕
Ch'en Meng-lin	陈梦林	Hsi-chu	席 柱
Ch'en Shih-hsia	陈时夏	Hsieh Hsi-hsien	谢希贤
Ch'en Ta-shou	陈大受	Hsin-chu	新 柱
Ch'en Wu-sheng	陈吴胜	Hsin T'ing-fen	辛(信)廷芬
Cheng Ch'eng-kung	郑成功	Hsin T'ing-ying	辛(信)廷英
Cheng Chih-lung	郑芝龙	Hsü Cheng	许 正
Cheng Ching	郑 经	Hsü Ts'ang-hsing	许藏兴
Cheng Jui	郑 瑞	Huang Wu	黄 梧
Cheng K'e-shuang	郑克塽	Huang Ying-tsuan	黄应缵
Cheng Lien	郑 联	Hung Lei	洪 磊
Cheng Ning-yüan	郑宁远	I Chao-hsiung	宜兆熊
Cheng Te-lin	郑德林	I-erh-ke-t'u	伊尔格图
Cheng T'ai	郑 泰	Kao Kung-ch'ien	高拱乾
Cheng Ts'ai	郑 彩	Kuo Ch'i-yüan	郭起元

257

Kuo I-lung	郭益隆	Ts'ai Hsin	蔡新
Kuo Wan-ying	郭万盈	Ts'ai Kuo-lin	蔡国琳
Lan Li	蓝理	Ts'ai Shih-yüan	蔡世远
Lan Ting-yüan	蓝鼎元	Ts'ai Tsu	蔡祖
Li Kuang-ti	李光地	Ts'ao Shih-hsing	曹士馨
Li Pang	李邦	Wan Cheng-se	万正色
Li Sheng-hsing	李胜兴	Wang Chi-fu	王吉甫
Li Ting-feng	李鼎丰	Wang Ch'i-tsung	王起宗
Li Tsai-san	利在三	Wang P'ei-hsing	王沛兴
Li Wei	李卫	Wang Shih-yü	王士豫
Li Yü-hung	李玉鋐	Wang Tzu-li	王子礼
Li Yüan-tsu	李元祚	Wang Yüan-sheng	王源盛
Lin Kuang-ho	林广和	Wei Yüan	魏源
Liu Erh-wei	刘而位	Weng T'ien-yu	翁天佑
Ma Te-kung	马得功	Wu Ch'ang-chin	吴昌缙
P'an Ch'i	潘启	Wu Hsing-yeh	吴兴业
（Puankhequa）	（潘启官）	Wu Hung yeh	吴宏业
P'an Ssu-chü	潘思榘	Wu Nan-chen	吴南珍
Sheng Ch'i-yüan	沈起元	Wu Shu-yeh	吴树业
Shih Hsiang-jui	石祥瑞	Wu Yüan-chia	吴源嘉
Shu-shan	书山	Wu Yüan-teng	吴元登
Su Wan-li	苏万利	Yeh Tsu-ch'uan	叶祖传
Teng Mao-ch'i	邓茂七		

二、地名

Amoy	厦门	Ch'ang-t'ai	长泰
An-ch'i	安溪	Chao-an	诏安
An-hai	安海	Ch'ao-chou	潮州
An-p'ing	安平	Che-Min	浙闽
Cha-p'u	乍浦	Ch'e-t'ien	车田
Ch'ang [-men]	闾门	Chen-chiang	镇江
Chang-chou	漳州	Chen-hai	镇海
Chang-hua	彰化	Ch'eng-shan-t'on	成山头
Chang-p'ing	漳平	Chi-lung	鸡笼（基隆）
Chang-p'u	漳浦	Chia-ho-yü	嘉禾屿

Chia-hsing	嘉兴	Huai-te	怀德
Chia-i	嘉义	Hui-an	惠安
Chia-ying-chou	嘉应州	Hui-chou	惠州
Chien-ning	建宁	Kan-chou	赣州
Chihli	直隶	Ke-lo-pa	葛罗巴（咬嚼吧）
Chin-chiang	晋江	Kiaochow	胶州
Chin-chou	锦州	Ku-ch'eng	古城
Chiu-lung	九龙	Kuei-yü	圭屿
Chou-shan（Chusan）	舟山	Kulangsu	鼓浪屿
Chu-ch'ien	竹堑	Kwangtung	广东
Ch'u-chou	处州	Lang-chiao	郎娇；琅峤
Chu-lo	诸罗	Lang-shan	狼山
Ch'üan Chang	泉漳	Lieh-yü	烈屿
Ch'üan-chou	泉州	Lu-erh-men	鹿耳门
Ch'ung-ming	崇明	Lu-men	鹭门
Chung-tso-so	中左所	Lü-shun	旅顺
Feng-ch'iao	枫桥	Lu-tao	鹭岛
Feng-shan	凤山	Lu-tsai-kang	鹿仔港
Foochow	福州	Lung-ch'i	龙溪
Fu-chai	附寨	Lung-yen	龙岩
Fu-ning	福宁	Ma-hsiang	马巷
Fu-shan	福山	Mei-chou	湄洲
Fukien	福建	Mei-ling	梅岭
Hai-ch'eng	海澄	Min	闽
Hai-t'an	海坛	Min-hsien	闽县
Han-chiang	涵江	Min-nan	闽南
Hangchow	杭州	Nan-ao	南澳
Heng-ch'un	恒春	Nanchang	南昌
Ho-feng	和凤	Nan-an	南安
Hou-lung-kang	后垅港	Nan-ching	南靖
Hsia-men	厦门	Nan-hao	南濠
Hsin-chu	新竹	Nan-sheng	南胜
Hsing-hua	兴化	Nan-t'ai	南台
Hsing-yü	星屿	Nan-t'ung	南通
Hu-chou	湖州	Nanyang	南洋
Hu-wei	虎尾	Ning-yang	宁洋

术语汇编

Ningpo	宁波	Taiwanfu [-ch'eng]	台湾府[城]
Ning-te	宁德	Tan-shui	淡水
Pen-kang	笨港	T'ang-pei	塘北
P'ing-ho	平和	Ta-tan	大担
P'eng-hu	澎湖	Tainan	台南
P'ing-t'an	平潭	Te-hua	德化
P'u-t'ien	莆田	Tientsin	天津
P'u-t'ou-hsiang	埔头乡	Ting-chou	汀州
Quemoy	金门	Tou-liu-men	斗六门
Jen-ho	仁和	Tung-an	同安
Shao-hsing	绍兴	Tung-kang	东港
Shao-wu	邵武	Tung-kang	冬港
Shih-ching	石井	T'ung-shan	铜山
Shih-hsün	石浔	Wen-chou	温州
Shih-ma	石码	Wu-yü	浯屿
Soochow	苏州	Yen-p'ing	延平
Ssu-ming-chou	思明州	Yüeh-kang	月港
Ta-chia	大甲	Yün-hsiao	云霄
Ta-kou	打狗	Yung-ch'un-chou	永春州
T'ai-chou	台州	Yung-ning	永宁

三、术语

an-min t'ung-shang	安民通商	chiao	郊
Chao	照	chiao-shang sheng-hsi	交商生息
Ch'en	陈	chieh	街
ç'h'eng	城	chieh-mai	接买
cheng-e	正额	Ch'ien-chieh ling	迁界令
cheng-k'ou	正口	Ch'ien-lung	乾隆
Ch'i chia	齐家	chien-sheng	监生
Chia	家	chih-hsien	知县
chia	甲	chin-shih	进士
Chia-ching	嘉靖	ch'ing	顷
chia-jen	家人	ching-shih chi-min	经世济民
chia-ting	家丁	Ch'ing-shui [-tsu-shih]	清水祖师
Ch'iang-tsu han-tien	强族悍佃	Chou	州

ch'ü-ch'uan	艍船	heng-yang ch'uan	横洋船
ch'u-hai	出海	Ho Ho Ch'eng	和合成
chü-jen	举人	Hsia fang-t'ing	厦防厅
ch'uan-chu	船主	hsiang-kuan	乡官
Ch'üan-fang-t'ing	泉防厅	hsiang-shen	乡绅
Ch'uan-hu	船户	hsiao-hsing	小姓
chüan-na	捐纳	hsien	县
chuan-yünshih	转运使	hsien-hsüeh	县学
Chuang	庄	hsien-yü	羡余
Co-hong	公行	hsing	姓
fan-Ch'ing fu-Ming	反清复明	hs'ü-shang	恤商
fan-ch'uan	番船	hsun-chien	巡检
fan-shang	番商	hsün-hai	巡海
Fang	房	hu	斛
fen-hsün	分巡	hu-kuan	户官
fen-shou	分守	hu-pu	户部
Fu	府	huai-jou pai-shen	怀柔百神
Fu	抚	hui	会
fu-chiang	副将	hui-fei	会匪
Fu-chien-jen	福建人	hui-kuan	会馆
fu-hu	富户	hui-tang	会党
fu-min t'ung-chih	抚民同知	huo-chang	火长
fu-ta	附搭	huo-k'e	货客
Hai	海	i	夷
Hai-ch'eng-kung	海澄公	i-ch'uan	夷船
hai-fang	海防	i-nan	义男
hai-kuan	海关	i-t'ien liang-chu	一田两主
hai-kuan chien-tu	海关监督	i-t'ien san-chu	一田三主
hai-shang	海商	kan-chü	赶艍
han-lin yüan	翰林院	kan-tseng	赶繒
Hang	行	kang	港
hang-chia	行家	Kang Chiao	港郊
hang-hui	行会	K'ang-hsi	康熙
hang-pao	行保	k'e-shang	客商
hang-shang	行商	keng (or ching)	更
hao-hsien	耗羡	k'ou	口

k'ou-an	口岸	nei-wu fu	内务府
Koxinga	国姓爷	ni-ming t'ieh	匿名帖
ku	谷	pa-ch'ih hang-shih	把持行市
ku-ch'uan	鈷船	pai-ti chü-ch'uan	白底艍船
ku-tzu-t'ou	鈷仔头	Pao	保
kuan-shang	官商	Pao chia	包家
kuan-shen	官绅	pao-chia	保家
Kuan-ti	关帝	pao-shang	保商
Kuei	鬼	Pei Chiao	北郊
kung-kuan	公馆	pei-ts'ao	北漕
kung-sheng	贡生	Pei-yang hai-tao	北洋海道
kung-ssu (kongsi)	公司	p'eng-ch'uan	艋船
kuo-chi min-sheng	国计民生	p'eng-tzu-ch'uan	艋仔船
Li	里	pien-ch'ang pu-chi	鞭长不及
Li	李	p'u-hu	铺户
liang-min	良民	p'u-shang	铺商
liao-shou	缭手	san-chiao	三郊
lou-kuei	陋规	San I T'ang	三益堂
Lu, Prince	鲁王	san-pan-t'ou	三板头
lu-chu	炉主	shan-pan	杉板
lung-hu	眷户	shang	商
Ma-tsu	妈祖	shang-chi	商籍
Mi	米	shang-ch'uan	商船
mi-ch'uan	米船	shang-hang	商行
min-ch'uan	民船	shang-tsung	商总
Min-ch'uan	闽船	shang-yün	商运
Min-hai-kuan	闽海关	she	社
Min-jen	闽人	shen	绅
Min-ku	闽贾	shen-chin	绅衿
Min-nan	闽南	shen-ch'üan	绅权
Min-nan-jen	闽南人	shen-shih	绅士
Min-shang	闽商	sheng-fu-hsien	省府县
Mou	亩	sheng-yüan	生员
Nan Chiao	南郊	shih	市
nan-ts'ao	南艚	shih	石
Nan-yang hai-tao	南洋海道	shih-po	市舶

shu-yüan	书院	tsu-ch'üan	族权
shui-shih t'i-tu	水师提督	tsung-han	总捍
ssu	司	tsung-k'ou	总口
ssu-shan-pan	司杉板	tsung-p'u	总铺
ssu-tien	祀典	tsung-li	总理
ssu-ting	司碇	tsung-ping	总兵
ssu-ya	私牙	tsung-p'u	总铺
ssu-yün	私运	tsung-tsu	宗族
Su	苏	tu	都
ta-hsing	大姓	tu	督
ta shang-ch'uan	大商船	t'u	图
ta sheng-i	大生意	T'u-ti-kung	土地公
ta-tsu	大族	T'ung	同
tai	贷	t'ung	桐
tai-wei mai-mai	代为买卖	t'ung-an-so	同安梭
T'ai-yün	台运	t'ung-chih	同知
T'ang Chiao	糖郊	t'ung-p'an	通判
t'ang-ch'uan	糖船	t'ung-shang pien-min	通商便民
tao	道	t'ung-sheng	童生
ti-chi min-p'in	地瘠民贫	tung-shih	董事
t'i-tu	提督	T'ung Wen Hang	同文行
Tien	典	tzu-jan liu-t'ung	自然流通
T'ien-fei	天妃	Wan	万
T'ien-hou	天后	wo-k'ou	倭寇
tien-tang	典当	Wu-chen-jen	吴真人
T'ien-ti-hui	天地会	Wu-miao	武庙
t'ing	厅	wu-pu man-tsai erh kuei	无不满载而归
ting	丁		
to-kung	舵工	wu-yeh che	无业者
ts'ai-fu	财富	xingshang	行商
ts'ai-tung	财东	ya	牙
ts'ao	艚	ya-hang	牙行
ts'o-ch'uan	艚船	ya-pan	亚班
tso-ching kuan-t'ien chih chien	坐井观天之见	ya-shang	牙商
		ya-t'ieh	牙帖
tsu	族	yamen	衙门

术语汇编

263

yang-ch'uan	洋船	yin-tz'u	淫祠
yang-hang	洋行	ying-yu	赢余
yang-huo hang	洋货行	yü	渔
yang-shang	洋商	yu-chi	游击
Yao-wang	药王	yü-ch'uan	渔船
yeh-chu	业主	yü-k'o	裕课
yeh-hu	业户	yü-k'o t'ung-shang	裕课通商
yin-ch'eng	银城	yü-shui liang-chia	雨水粮价
yin-hui	银会	Yung-cheng	雍正
yin-shih shang-jen	殷实商人		

参考文献

一、奏折

《宫中档乾隆朝奏折》，原件收藏于台北故宫博物院，未出版。（译者注：《宫中档乾隆朝奏折》共75册，已于1982年由台北故宫博物院出版。《厦门的兴起》于1983年首次出版，是在作者博士论文的基础上修改而成，写作修改时，《宫中档乾隆朝奏折》尚未出版。）

故宫文献编辑委员会编：《宫中档康熙朝奏折》，台北：台北故宫博物院，1976年。

故宫文献编辑委员会编：《宫中档雍正朝奏折》，台北：台北故宫博物院，1977—1980年。

《宫中档雍正朝奏折》，原件收藏于台北故宫博物院，未出版。

李光涛编著：《明清档案存真选辑》，台北："中央研究院"历史语言研究所，1959年。

《明清史料己编》，台北："中央研究院"历史语言研究所，1957—1958年。

《明清史料庚编》，台北："中央研究院"历史语言研究所，1960年。

《明清史料丁编》，台北："中央研究院"历史语言研究所，1972年重印版。

《明清史料戊编》，台北："中央研究院"历史语言研究所，1953—1954年。

《雍正朝关税史料》，故宫博物院文献馆编：《文献丛编》第10、11、17、18、19辑，北平：故宫博物院，1931—1934年。

《雍正朱批谕旨》，台北：文海出版社，1965年重印。

二、方志

万历《漳州府志》，1573年刻本。
康熙《漳州府志》，1714年刻本。
光绪《漳州府志》，1877年刻本。
康熙《漳浦县志》，1700年刻本，1928年重印。
光绪《浙江通志》，上海：商务印书馆，1934年重印。
乾隆《晋江县志》，1765年刻本。
康熙《诸罗县志》，1717年刻本，《台湾文献丛刊》第141种，台北：台湾银行经济研究室，1962年。
乾隆《泉州府志》，1763年刻本，1870年重印。
乾隆《重修台湾府志》，1741年刻本，《台湾文献丛刊》第74种，台北：台湾银行经济研究室，1961年。
康熙《重修台湾府志》，1712年刻本，《台湾文献丛刊》第66种，台北：台湾银行经济研究室，1960年。
乾隆《台湾府志》，1745年刻本，《台湾文献丛刊》第105种，台北：台湾银行经济研究室，1961年。
乾隆《重修台湾县志》，1752年刻本，《台湾文献丛刊》第113种，台北：台湾银行经济研究室，1961年。
乾隆《福建通志》，1737年刻本。
同治《福建通志》，1868—1871年刻本。
乾隆《海澄县志》，1762年刻本。
道光《厦门志》，1839年刻本。
乾隆《续修台湾府志》，1774年刻本，《台湾文献丛刊》第121种，台北：台湾银行经济研究室，1962年。
嘉庆《续修台湾县志志》，1807年刻本，《台湾文献丛刊》第140种，台北：台湾银行经济研究室，1962年。
同治《广东通志》，1864年重刊本。
乾隆《龙溪县志》，1762年刻本，1879年重刊。
道光《龙岩州志》，1835年刻本，1890年重刊。
乾隆《马巷厅志》，1777年修，1893年补刊。
康熙《南安县志》，1672年刻本。

弘治《八闽通志》,1490年刻本。

康熙《平和县志》,1719年刻本,1889年重印。

民国《平潭县志》,1923年刊印本。

康熙《台湾府志》,1696年刻本,《台湾文献丛刊》第65种,台北:台湾银行经济研究室,1960年。

康熙《台湾县志》,1720年刻本,《台湾文献丛刊》第103种,台北:台湾银行经济研究室,1961年。

同治《淡水厅志》,1871年刻本,《台湾文献丛刊》第172种,台北:台湾银行经济研究室,1963年。

光绪《同安县志》,1885年刻本。

民国《同安县志》,1929年刊印本。

嘉庆《云霄厅志》,1816年刻本。

嘉靖《永春县志》。

三、其他明清史料

张燮:《东西洋考》,台北:正中书局,1962年。

张学礼:《使琉球记》,《小方壶斋舆地丛钞》第十帙。

赵翼:《陔余丛考》,台北:世界书局,1960年。

赵翼:《檐曝杂记》,《笔记小说大观》第7编第4册。

赵遵路:《榆巢杂识》,《笔记小说大观》第1编第8册。

陈伦炯:《海国闻见录》,1793年刻本,1730年作者作序。

陈懋仁:《泉南杂志》,《笔记小说大观》第4编第6册。

郑振图:《治械斗议》,《皇朝经世文编》卷二三,第47～50页。

计六奇:《明季北路》,《笔记小说大观》第12编第4册。

姜宸英:《海防总论》,曹溶编纂:《学海类编》"集余"第46册,1920年上海涵芬楼重印。

江日昇:《台湾外记》,《笔记小说大观》第2编第10册。

江苏省博物馆编:《江苏省明清以来碑刻资料选集》,北京:三联书店,1959年。

宣统《晋江灵水吴氏家谱》,1909年版。

光绪《钦定大清会典》,据1899年刻本重印,台北:成文出版社,

1963年。

光绪《钦定大清会典事例》,据1899年刻本重印,台北:成文出版社,1963年。

清高宗敕撰:《清朝文献通考》,二册,上海:商务印书馆,1936年重印。

《清代台湾大租调查书》,《台湾文献丛刊》第152种,台北:台湾银行经济研究室,1963年。

周亮工:《闽小记》,《小方壶斋舆地丛钞》第九帙。

瞿昌文:《粤行纪事》,《笔记小说大观》第2编第7册。

朱仕玠:《小琉球漫志》,《台湾文献丛刊》第3种,台北:台湾银行经济研究室,1957年。

范承谟:《条陈闽省利害书》,《皇朝经世文编》卷八四,第61~62页。

《福建省例》,《台湾文献丛刊》第199种,台北:台湾银行经济研究室,1964年。

光绪《海澄梧贯吴氏家谱》,1908年版。

夏琳:《闽海纪要》,《台湾文献丛刊》第11种,台北:台湾银行经济研究室,1958年。

王锡祺编纂:《小方壶斋舆地丛钞》,1877年序。

谢肇淛:《五杂俎》,《笔记小说大观》第8编第8册。

贺长龄编纂:《皇朝经世文编》,台北:国风出版社,1963年重印。

黄叔璥:《台海使槎录》,《台湾文献丛刊》第4种,台北:台湾银行经济研究室,1957年。

洪亮吉:《乾隆府州厅县图志》,《洪北江先生遗集》,1788年序,1879年重印。

川口长孺:《台湾割据志》,《台湾文献丛刊》第1种,台北:台湾银行经济研究室,1957年。

郭起元:《论闽省务本节用书》,《皇朝经世文编》卷二三,第20~21页。

郭柏苍:《闽产录异》,1886年刻本。

蓝鼎元:《论南洋事宜书》,《皇朝经世文编》卷八三,第37~39页。

蓝鼎元:《平台纪略》,《台湾文献丛刊》第14种,台北:台湾银行经济研究室,1958年。

蓝鼎元:《东征集》,《台湾文献丛刊》第12种,台北:台湾银行经济研究室,1958年。

梁章钜:《退庵随笔》,《笔记小说大观》第1编第9册。

林谦光:《台湾纪略》,《小方壶斋舆地丛钞》第九帙。

《笔记小说大观》,台北:新兴书局,1973年。

沈起元:《条陈台湾事宜状》,《皇朝经世文编》卷八四,第51~54页。

沈云:《台湾郑氏始末》,《台湾文献丛刊》第15种,台北:台湾银行经济研究室,1958年。

施琅:《靖海纪事》,《台湾文献丛刊》第13种,台北:台湾银行经济研究室,1958年。

乾隆《大清一统志》,1764年刻本。

官修《大清历朝实录:高宗朝》。

官修《大清历朝实录:圣祖(康熙)朝》。

官修《大清历朝实录:世宗朝》。

黄典权编纂:《台湾南部碑文集成》,《台湾文献丛刊》第218种,台北:台湾银行经济研究室,1966年。

《台湾私法债权编》,《台湾文献丛刊》第79种,台北:台湾银行经济研究室,1960年。

《台湾私法商事编》,《台湾文献丛刊》第91种,台北:台湾银行经济研究室,1961年。

台湾银行经济研究室:《台湾文献丛刊》,台北:台湾银行经济研究室,1957—1972年。

丁曰健:《治台必告录》,《台湾文献丛刊》第17种,台北:台湾银行经济研究室,1959年。

蔡世远:《与浙江黄抚军请开米禁书》,《皇朝经世文编》卷四四,第24~25页。

王先谦编纂:《东华录》,上海:广百宋斋,1884年作者自序。

董天工:《台海见闻录》,《台湾文献丛刊》第129种,台北:台湾银行经济研究室,1961年。

汪志伊:《敬陈治化漳泉风俗疏》,《皇朝经世文编》卷二三,第42~43页。

王胜时:《漫游纪略》,《笔记小说大观》第2编第7册。

王世懋:《闽部疏》,《笔记小说大观》第4编第6册。

王韬:《瀛壖杂志》,《笔记小说大观》第2编第9册。

杨英：《从征实录》，北平：中央研究院，1931年重印。

姚莹：《东槎纪略》，《台湾文献丛刊》第7种，台北：台湾银行经济研究室，1957年。

郁永河：《郑氏逸事》，《裨海纪游》，《台湾文献丛刊》第44种，台北：台湾银行经济研究室，1959年。

郁永河：《采硫日记》，《笔记小说大观》第6编第8册。

郁永河：《宇内形势》，《裨海纪游》，《台湾文献丛刊》第44种，台北：台湾银行经济研究室，1959年。

四、中文及日文现代文献

天野元之助：《明代农业的展开》，《社会经济史学》第23卷第5/6号（1958年2月），第395～416页。

张炳南：《鹿港开港史》，《台湾文献》第19卷第1期（1968年3月），第1～44页。

赵泉澄：《清代地理沿革表》，沈云龙主编：《近代中国史料丛刊》第2编第63辑，第628种，台北：文海出版社，1979年。

陈忠华：《闽人移殖台湾史略》，《台北文献》直字第1/4期合辑，1968年7月，第69～81页。

陈汉光：《台湾移民史略》，林熊祥等编：《台湾文化论集》，台北：中华文化出版事业委员会，1954年。

陈乃蘖：《台北市兴革述略》，《台湾文献》第8卷第2期（1957年6月），第23～28页。

全汉昇：《中国经济史论丛》，香港：香港中文大学新亚书院，1972年。

庄金德：《清代初期台湾土地开发导言》，《台北文献》直字第15/16期（1971年6月），第166～172页。

庄金德：《蓝鼎元的治台谈论》，《台湾文献》第17卷第2期（1966年6月），第1～27页。

庄为玑等：《福建晋江专区华侨史调查报告》，《厦门大学学报》1958年第1期，第93～127页。

中国人民大学中国历史教研室：《明清社会经济形态的研究》，上海：上海人民出版社，1957年。

方豪:《台南之"郊"》,《大陆杂志》第44卷第4期(1962年4月),第177~199页。

傅衣凌:《明清时代商人及商业资本》,北京:人民出版社,1956年。

傅衣凌:《明清农村社会经济》,北京:三联出版社,1961年。

傅衣凌:《傅衣凌治史五十年文编》,北京:中华书局,2007年。

傅宗懋:《清代督抚制度》,台北:政治大学,1963年。

平松量:《清初的外国贸易》,《史学研究》第43号(1951年3月),第49~62页。

萧一山:《清代通史》,5册,台北:台湾商务印书馆,1967年。

谢浩:《明郑思明州建置史料考异》,《台北文献》直字第28期(1974年6月),第53~65页。

薛澄清:《明末福建海关情况及其地点变迁考略》,《禹贡》第5卷第7期(1936年6月),第43~45页。

伊能嘉矩:《台湾文化史》,3卷,东京,1965年再版。

片冈芝子:《关于福建的一田两主制》,《历史学研究》第294号(1964年9月),第42~49页。

片山诚二郎:《明代海上走私贸易与沿海地方乡绅阶层——朱纨的海禁政策强化及其挫折过程的考察》,(日本)《历史学研究》第164号(1953年7月),第23~32页。

加藤繁:《清代福建江苏的船行》,《史林》第14卷第4期(1929年10月),第529~537页。

香坂昌纪:《清初沿海贸易研究——以雍正朝福建到天津之间为例》,(日本)《文化》第35期1/2期(1971年春/夏),第28~65页。

李文治等编:《中国近代农业史资料》,3辑,北京:三联书店,1957年。

梁嘉彬:《广东十三行考》,上海:国立编译馆,1937年。

连横:《台湾通史》,《台湾文献丛刊》第128种,1962年。

刘枝万:《清代台湾之寺庙》,《台北文献》第4、5、6期(1963年6、9、12月),第101~120、45~110、48~63页。

刘重日、左云鹏:《对"牙人""牙行"的初步探讨》,《文史哲》1957年第8期,第33~40页。

刘兴唐:《福建的血族组织》,《食货》第4卷第8期(1936年9月),第35~44页。

刘翠溶:《清初顺治康熙年间减免赋税的过程》,周康燮主编:《中国近三百年社会经济史论集》,2卷,香港:崇文书店,1972年。

罗尔纲:《太平天国革命前的人口压迫问题》,1947年初版,周康燮主编:《中国近代社会经济史论集》,2卷,香港:崇文书店,1971年。

卢家兴:《嘉义县属海岸线演变考》,《台湾文献》第10卷第3期(1959年9月),第27~34页。

前田胜太郎:《明清时期福建的农家副业》,《铃木教授还历纪念东洋史论丛》,东京:三阳社,1964年。

松浦章著,卞凤奎译:《东亚海域与台湾的海盗》,台北:博扬文化,2008年。

松浦章:《清代帆船东亚航运与中国海商海盗研究》,上海:上海辞书出版社,2009年。

松浦章著,董科译:《清代内河水运史研究》,南京:江苏人民出版社,2010年。

松浦章:《清代帆船沿海航运史的研究》,吹田:关西大学出版社,2010年。

南栖:《台湾郑氏五商之研究》,《台湾研究丛刊》第90期(1966年9月),第43~51页。

根岸佶:《中国的行会》,东京:日本评论新社,1953年。

仁井田陞:《中国法制史研究(土地法·取引法)》,东京:东京大学出版会,1960年。

仁井田陞:《中国的农村家族》,东京:东京大学出版会,1954年。

斯波义信:《宋代福建商人及其社会经济背景》,《和田博士古稀纪念东洋史论丛》,东京:讲谈社,1960年。

重田德:《关于清初湖南的地主制——小论"湖南省例成案"》,《和田博士古稀纪念东洋史论丛》,东京:讲谈社,1960年。

清水泰次:《明代福建的农家经济——关于一田三主的惯例》,《史学杂志》第63编第7号(1954年7月),第604~624页。

清水泰次:《明代土地制度史研究》,东京:大安出版社,1968年。

下田礼佐:《广州贸易研究》,《史林》第15卷第1期(1930年1、3月),第42~53页。

戴炎辉:《清代台湾乡庄之社会的考察》,《台湾银行季刊》第14卷第4

期(1963年12月),第198～228页。

寺田隆信:《关于清朝的海关行政》,《史林》第49卷第2期(1966年3月),第263～287页。

田汝康:《17—19世纪中叶中国帆船在东南亚洲》,上海:上海人民出版社,1957年。

窦季良:《同乡组织之研究》,重庆:正中书局,1943年。

曾迺硕:《清季打狗之渔业》,《台湾文献》第8卷第2期(1957年6月),第19～22页。

浦廉一著,赖永祥译:《清初迁界令考》,《台湾文献》第6卷第4期(1955年12月),第109～122页。

王尔敏:《厦门开关之港埠区画》,《食货》复刊,第4卷第6期(1974年9月),第221～232页。

王世庆:《清代台湾的米产与外销》,《台湾文献》第4卷第3/4期(1958年3月)。

魏应麒编著:《福建三神考》,1928年初版,台北,1969年再版。

颜兴:《郑成功的财经政策》,《文史荟刊》第1辑(1959年6月),第38～44页。

余英时:《历史与思想》,台北:联经出版社,1976年。

五、英文文献

Amyot, Jacques. *The Manila Chinese: Familism in the Philippine Environment*. Quezon City: Institute of Philippine Culture, 1973.

Baker, Hugh D.R. "Extended Kinship in the Traditional City", in *The City in Late Imperial China*, ed. G. William Skinner. Stanford: Stanford University Press, 1977.

Balazs, Etienne. *Chinese Civilization and Bureaucracy*, ed. Arthur F. Wright, trans. H.M. Wright. New Haven: Yale University Press, 1964.

Blair, Emma H. and James A. Robertson, eds. *The Philippine Islands*, 55 vols. Cleveland: The Arthur H. Clark Co., 1903.

Blusse, Leonard. "Chinese Century: The Eighteenth Century in the China Sea Region", *Archipel* 58: 107-129.

Chang Te-ch'ang. "The Economic Role of the Imperial Household (Nei-wu-fu) in the Ch'ing Dynasty", *Journal of Asian Studies* 31, 2 (Feb. 1972): 243-273.

Chü T'ung-tsu. *Local Government in China under the Ch'ing*. Cambridge: Harvard University Press, 1962.

Ch'üan Han-sheng and Richard A. Kraus. *Mid-Ch'ing Rice Markets and Trade: An Essay in Price History*. Cambridge: Harvard University Press, 1975.

Crawfurd, John. *History of the Indian Archipelago*. Edinburgh: Archibald Constable & Co., 1820.

Croizier, Ralph C. *Koxinga and Chinese Nationalism: History, Myth, and the Hero*. Harvard East Asian Monographs, 67. Cambridge: Harvard University Press, 1977.

Cushman, Jennifer W. "Duke Ch'ing-fu Deliberates: A Mid-Eighteenth Century Reassessment of Sino-Nanyang Commercial Relations", *Papers on Far Eastern History* 17 (Mar. 1978): 137-156.

Cushman, Jennifer W. "Fields from the Sea: Chinese Junk Trade with Siam during the Late Eighteenth and Early Nineteenth Centuries". Unpublished PhD dissertation, Cornell University, 1975. (该论文于1995年由康奈尔大学出版社出版)

Cushman, Jennifer W. and A.C. Milner. "Eighteenth and Nineteenth-Century Chinese Accounts of the Malay Peninsula", *Journal of the Malaysian Branch of the Royal Asiatic Society* 52, 1 (June 1979): 1-56.

Du Halde, P. *The General History of China*, 4 vols. London, 1741. (最初的法语版于1736年出版)

Eberhard, Wolfram. "Data on the Structure of the Chinese City in the PreIndustrial Period", *Economic Development and Cultural Change* 4, 3 (Apr. 1956): 253-268.

Elvin, Mark and G. William Skinner, eds. *The Chinese City between Two Worlds*. Stanford: Stanford University Press, 1974.

Feuchtwang, Stephan. "City Temples in Taipei under Three Regimes", in *The Chinese City between Two Worlds*, ed. Mark Elvin and

G. William Skinner. Stanford: Stanford University Press, 1974.

Feuchtwang, Stephan. "School-Temple and City God", in *The City in Late Imperial China*, ed. G. William Skinner. Stanford: Stanford University Press, 1977.

Feuerwerker, Albert. *China's Early Industrialization: Sheng Hsüan-huai (1844-1916) and Mandarin Enterprise*. Cambridge: Harvard University Press, 1958.

Freedman, Maurice. *Chinese Lineage and Society: Fukien and Kwangtung*. London: Athlone Press, 1966.

Freedman, Maurice. *Lineage Organization in Southeastern China*. London: Athlone Press, 1958.

Geertz, Clifford. *Agricultural Involution: The Process of Ecological Change in Indonesia*. Berkeley: University of California Press, 1963.

Golas, Peter J. "Early Ch'ing Guilds", in *The City in Late Imperial China*, ed. G. William Skinner. Stanford: Stanford University Press, 1977.

Hamilton, Gary G. "Nineteenth Century Chinese Merchant Associations: Conspiracy or Combination? The Case of the Swatow Opium Guild", *Ch'ing-shih wen-t'i* 3, 8 (Dec. 1977): 50-71.

Ho Ping-ti. "Early-Ripening Rice in Chinese History", *Economic History Review* 9 (1956-1957): 200-218.

Ho Ping-ti. *Studies on the Population of China, 1386-1953*. Cambridge: Harvard University Press, 1959.

Hu Hsien-chin. *The Common Descent Group in China and Its Functions*. New York: Viking Fund, 1948.

Huang Pei. "Aspects of Ch'ing Autocracy: An Institutional Study, 1644-1735", *Tsing Hua Journal of Chinese Studies*, new series, 6, 1/2 (Dec. 1967): 105-149.

Hummel, Arthur W., ed. *Eminent Chinese of the Ch'ing Period (1644-1912)*, 2 vols. Washington: Library of Congress, 1943.

Jones, Susan Mann. "The Ningpo Pang and the Financial Power at Shanghai", in *The Chinese City between Two Worlds*, ed. Mark Elvin and G. William Skinner. Stanford: Stanford University Press, 1974.

Lamley, Harry J. "The Formation of Cities: Initiative and Motivation in Building Three Walled Cities in Taiwan", in *The City in Late Imperial China*, ed. G. William Skinner. Stanford: Stanford University Press, 1977.

Lamley, Harry J. "Hsieh-tou: The Pathology of Violence in Southeastern China", *Ch'ing shih wen-t'i* 3, 7 (Nov. 1977): 1-39.

Liu, Hui-chen Wang. *The Traditional Chinese Clan Rules*. New York: J.J. Augustin Inc., 1959.

Mayers, Wm. Fred, et al. *The Treaty Ports of China and Japan*. London: Trübner and Co., 1867.

Metzger, Thomas A. "Ch'ing Commercial Policy", *Ch'ing-shih wen-t'i* 1, 3 (Feb. 1966): 4-10.

Metzger, Thomas A. "The State and Commerce in Imperial China", *Asian and African Studies* (Jerusalem), 6 (1970): 23-46.

Morse, Hosea B. *The Chronicles of the East India Company Trading to China 1635-1834*, 5 vols. Oxford: The Clarendon Press, 1926.

Mote, F. W. "The Transformation of Nanking, 1350-1400", in *The City in Late Imperial China*, ed. G. William Skinner. Stanford: Stanford University Press, 1977.

Myers, Ramon H. "Taiwan under Ch'ing Imperial Rule, 1684-1895: The Traditional Economy", *Journal of the Institute of Chinese Studies of the Chinese University of Hong Kong* 5, 2 (Dec. 1972): 413-453.

Myers, Ramon H. "Some Issues on Economic Organization during the Ming and Ch'ing Periods: A Review Article", *Ch'ing-shih wen-t'i* 8, 2 (Dec. 1974): 77-97.

Ng Chin-keong. "The Peasant Society of South Fukien 1506-1644", *Nanyang University Journal* 6 (1972): 189-213.

Ng Chin-keong. "Gentry-Merchants and Peasant-Peddlers: The Responses of the South Fukienese to the Offshore Trading Opportunities 1522-1566", *Nanyang University Journal* 7 (1973): 161-175.

Perkins, Dwight H. *Agricultural Development in China 1369-1968*. Chicago: Aldine, 1969.

Pitcher, Rev. Philip Wilson. *In and About Amoy*. Shanghai and Foochow: The Methodist Publishing House in China, 1909.

Rawski, Evelyn S. *Agricultural Change and the Peasant Economy of South China*. Cambridge: Harvard University Press, 1972.

Rozman, Gilbert. *Urban Networks in Ch'ing China and Tokugawa Japan*. Princeton: Princeton University Press, 1973.

Schipper, Kristofer M. "Neighbourhood Cult Associations in Traditional Taiwan", in *The City in Late Imperial China*, ed. G. William Skinner. Stanford: Stanford University Press, 1977.

Shiba Yoshinobu, "Ningpo and Its Hinterland", in *The City in Late Imperial China*, ed. G. William Skinner. Stanford: Stanford University Press, 1977.

"Shin-ch'i Shih-chi Tai-wan ying-kuo mou-i shih-liao" 十七世纪台湾英国贸易史料 (Sources on the trade between Taiwan and the English East India Company in the seventeenth century). *Tai-wan yen-chiu ts'ung-k'an*, no. 57 (Nov. 1959).（此处文本为翻译本,附有摘抄自英联邦关系办公室印度事务部图书馆所藏商站记录的原始文本）

Sills, David L., ed. *International Encyclopedia of the Social Sciences*, Vols. 7-8. New York: Macmillan and Free Press, 1969.

Skinner, G. William, "Marketing and Social Structure in Rural China, Part 1", *Journal of Asian Studies* 24, 1 (Nov. 1964): 3-43.

Skinner, G. William, *The City in Late Imperial China*. Stanford: Stanford University Press, 1977.

Spence, Jonathan D. and John E. Wills, Jr, eds. *From Ming to Ch'ing: Conquest, Region, and Continuity in Seventeenth-Century China*. New Haven and London: Yale University Press, 1979.

Stover, Leon E. *The Cultural Ecology of Chinese Civilization: Peasants and Elites in the Last of the Agrarian States*. New York: New American Library, 1974.

Taeuber, Irene B. and Nai-chi Wang. "Population Reports in the Ch'ing Dynasty", *Journal of Asian Studies* 19, 4 (Aug. 1960): 403-417.

Van Dyke, Paul A. *The Canton Trade: Life and Enterprise on the China Coast, 1700-1845*. Hong Kong: Hong Kong University Press, 2005.

Viraphol Sarasin. *Tribute and Profit: Sino-Siamese Trade 1652-1853*. Harvard East Asian Monographs, 76. Cambridge: Harvard University Press, 1977.

WangGungwu. "The Melayu in Hai-kuo wen-chien lu", *Journal of the Historical Society* (Kuala Lumpur) 2 (1963/64): 1-9.

Watt, John R. "The Yamen and Urban Administration", in *The City in Late Imperial China*, ed. G. William Skinner. Stanford: Stanford University Press, 1977.

Weber, Max. *The Religion of China*. New York: Macmillan, 1964.

Wiens, Mi Chü. "The Origins of Modern Chinese Landlordism", in *Festschrift in Honor of the Eightieth Birthday of Professor Shen Kang-po*. Taipei, 1976.

Wills, John E., Jr. *Pepper, Guns, and Parleys: The Dutch East India Company and China 1622-1681*. Cambridge: Harvard University Press, 1974.

"Maritime China from Wang Chih to Shih Lang", in *From Ming to Ch'ing: Conquest, Region, and Continuity in Seventeenth-Century China*, ed. Jonathan D. Spence and John E. Wills, Jr. New Haven and London: Yale University Press, 1979.

Worcester, G. *The Junks and Sampans of the Yangtze*, 2 vols. Shanghai: Inspectorate General of Customs, 1947.

Yang Lien-sheng. "Government Control of Urban Merchants in Traditional China", *Tsing-hua Journal of Chinese Studies*, new series, 8, 1-2 (Aug. 1970): 186-209.

译后记

我对翻译的兴趣来自于对所居之城的兴趣。多年前，因为对百年前的鼓浪屿的好奇，我尝试翻译了一本介绍鼓浪屿救世医院创办者、美国传教士郁约翰医生生平的小册子 A Little Big Man（《一个平凡的伟人》）；出于同样的好奇，近几年我又翻译了英国传教士马约翰（John Macgowan）写的 Beside the Bamboo（《竹树脚下》）和 Pictures of Southern China（《华南纪胜》）的第四章"厦门"。这两部书对150年前厦门岛和鼓浪屿的人文风情、社会情况皆有较深入而生动的描述。透过另一种文字，以他者的视角，以比较的视野，来观察一个地方的人文历史，是对地方史的补充和突破，亦为地方史走向区域性文化研究提供了参照系。这本身就是一件有趣而极富挑战性的事情。

厦门大学人文学院副院长王日根教授知道我对厦门文史方面的翻译有兴趣，所以去年春天，他对我说有一本书也许我会有兴趣翻译。这本书，就是《厦门的兴起》。我无知者无畏，仅闻其名就满口答应下来，全然不知，这本书的深度与难度、厚度与分量。

我至今记得，那天我从厦门大学图书馆采购部主任陈娟女士那里拿到这本书的馆藏本的情形。深蓝的封面一艘帆船正要扬帆起航，泛黄的书页透着岁月的沉淀——它是如此普通如此陈旧，加上它的英文书名 Trade and Society: The Amoy Network on the China Coast 1683-1735（《贸易与社会：1683—1735年中国沿海的厦门网络》）学术得吓人，听说前面已吓跑几个试图翻译者，我心中也忍不住打起退堂鼓。但是，它的中文书名挽救了我。

《厦门的兴起》！是的，厦门的兴起！

凭此书名，我就决定豁出去了。不为别的，只为厦门，是我所居之城！

于是我开工了。每天中午和晚上，坐在鹭江道同文顶上的电脑桌前，或者捧着笔记本电脑在鹭江对岸的鼓浪屿家中,读一行一行蝌蚪一样的英文,敲下一行一行蝴蝶一样的中文,从一天一页,到一天两页,到一天三四五页,进展虽慢,但日有所进,我心有所慰。

四个月后,我向王日根教授报告,正文终于翻译完毕。王日根教授说,何不趁热打铁把脚注和附录一气呵成都翻译了呢?如此,才是完整的译著。我没办法偷懒,只好每天继续在键盘上埋头苦干。

相对于正文,那些密如蚂蚁的脚注的翻译更需要耐心与细心。文献引文、页码,英文与日文人名、书名,稍不留神,或者看花了眼,错漏之处几乎在所难免。这对我真是一次耐心的考验。一个月后,脚注的翻译总算齐了。

翻译的信、达、雅的境界,虽然我绝不敢奢望,但准确流畅是基本要求。好在原著中罗马字拼音的地名、人名都已列表标出,但明清官制、中文原始文献原文引注则须一一核查,稍有不慎,则谬之千里,贻笑大方,甚至贻害无穷。如果没有好的校译,我宁可将译稿束之高阁。王日根教授深以为然。我们都认为校译非专业背景深厚、英语水平精深者不可为。

于是,胡舒扬博士上场了。

作为王日根教授的历史学博士,胡舒扬的历史专业知识和英文水平都非常过关。果然,经她校译的译稿立即眉目清秀了好多。关键是中文原始文献的原文出处,她都一一找出。这让我大大松了口气。胡舒扬博士还一鼓作气顺带完成了附录的翻译。如是,此书翻译算是大功告成,功德圆满。

如今,时过一年,几经校译,这本书的翻译稿终于完整地呈现:近二十万字广征博引的正文,上千条密如蚂蚁的脚注,厚达近百页的附录……我仍然有些难以相信,恍如梦中。要知道,这本书的学术深度与知识密度对于任何一个试图翻译者都是一种挑战。而此书作者吴振强教授最后的亲自审校,并作"这是高质地的翻译,读起来十分舒服,没有欧化或冗长的字句"的评语,使本译著终于可以完美面世。而我亦终于可以面对自己,以无愧之心!

为此,我要深致感谢:

如果不是王日根教授力邀我作为这本书的翻译,给予我最大的信任,就不会有这本书翻译的缘起和终成正果。作为"海上丝绸之路研究丛书"的主编,王日根教授是这本书中译本得以面世的真正推手。

如果没有陈娟主任慷慨地将这本书的馆藏本借之于我,我不知道该到哪里去找这本书。

如果没有胡舒扬博士高水准的校译和附录的翻译,这本书的翻译就不可能是现在的模样:准确、流畅和完整。

如果不是厦门大学出版社慧眼识珠,斥资购买这本书第二版的翻译版权,这本书中文版的出版可能遥遥无期。薛鹏志主任与章木良编辑两位对本书的偏爱使得本书的每一个细节都精益求精。

如果不是我所在的单位厦门市社科联、厦门市社科院的领导和同事们的鼓励和支持,给予我宽松的环境,这本书的翻译就不会如此顺利地完成。

如果不是我的父母兄弟姊妹给予我无私博大的爱,我就不能如此随心所欲任性而为,做这件在许多人眼里的"无用之事"。

最后,最重要的是,新加坡国立大学的吴振强教授写了这本书。唯有国学功底与英文水平皆博大精深者方可在中西文文献中游刃有余,自由穿梭。《大清历朝实录》、清廷"官中档历朝奏折"、各种志书等大量一手原始文献的参考与引用,现当代中国、日本、西方学者论著、论文等的借鉴与辩证,使《厦门的兴起》既有宏观视野的广度,又具微观肌理的深度。此书成于三十五年前,是基于吴振强教授费时多年写就的博士学位论文。翻译之余,不禁为其超越时代的视域和判断而惊叹。国际著名海外华人研究专家王赓武教授亲自为之作序,此书之学术价值和时代意义由此可见一斑。我确信,厦门的城市史因此而深刻和精确了许多,厦门当在其中发现自己的定位与方向。为此,厦门当谢吴振强!

译稿最后也得到吴振强教授逐字逐句的审读,校正了若干错误,其严谨治学、一丝不苟、精益求精的精神令人感动。为此,我要再次向吴教授致以最深的感谢。

所有的付出,最后都成就了自己。

阳光照耀所有的人。总有一束光,打在你脸上。

詹朝霞

2018年12月